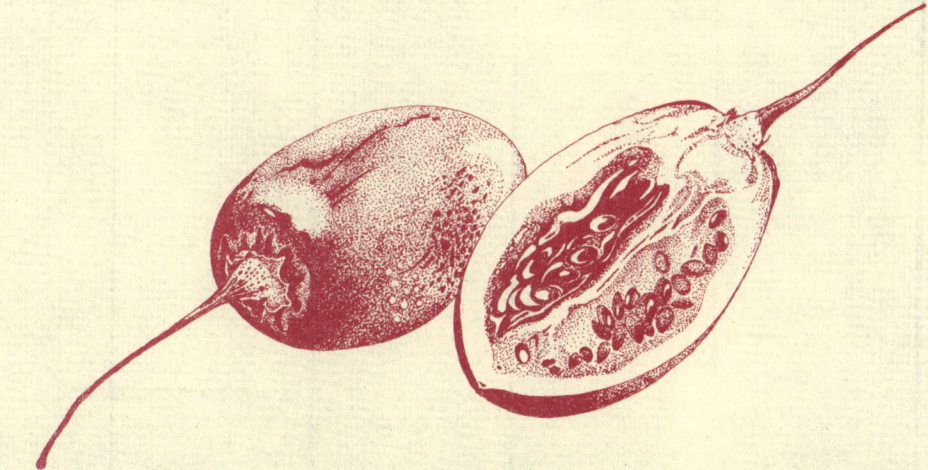

Das große Buch der Exoten

Das große Buch der

EXOTEN

Obst aus den Tropen und Subtropen

Mit dem großen farbigen Bildlexikon

Idee und Konzept:	Christian Teubner
Exoten-Lexikon:	Hans-Rudolf Gysin
	Hans-Georg Levin
Beiträge:	Sybil Gräfin Schönfeldt
	Prof. Harald Hansen
Küchenpraxis/Rezepte:	Christian Teubner
	Friedrich-W. Ehlert
	Ernst Lechthaler

Teubner Edition

Inhalt

Exoten-Geschichte

Die Fahrt ins Paradies

Von Sybil Gräfin Schönfeldt

Kaum war das Paradies verloren, da begannen die Menschen davon zu träumen: von einem friedlichen Garten mit Löwe und Lamm, mit Blumen und Bäumen, die alle Tage ihre süßen Früchte darbringen, nimmer welken und faulen und dem Auge ein ewiges Bild der Schönheit bieten. Ein Abbild dieses Traumes sieht jeder Hiesige der Gegenwart in jedem Supermarkt. Aber damals, als Mönche in kargen Zellen das Evangelium studierten und Maler das Paradiesgärtlein mit Brunnen und Blüten malten, kannte man die Fülle der Felder und Gärten nur einmal im Jahr, zur Erntezeit. Mißernten und Mangel ließen schon den Apfel als verlockende Frucht erscheinen, die, namenlos laut Schöpfungsgeschichte, am Paradiesbaum der Erkenntnis hing.

Äpfel, Birnen, Pfirsiche, Kirschen, Waldbeeren, manchmal ein kostbarer Granatapfel, der dank seiner Lederhaut selbst eine Reise über die Alpen überstand, manchmal Feigen, die in sonnigen Winkeln heimisch geworden waren - das findet man auf den frühen Bildern in Kirchen und Klöstern, in den Ranken und Girlanden, mit denen Mönche den Text der Heiligen Schrift ausschmückten, denn zum Lobe der Heiligen Dreifaltigkeit und Unserer lieben Frau wurde alles mit feinem Pinsel festgehalten, was das Herz des armen Sünders in der so elendigen Welt erfreute. *"Ubi sunt gaudia?"* Wo sind die Freuden des Paradieses? "Eia wärn wir da." So sangen sie mit den Bauern und Rittern, und manch einer von denen, die einen Kreuzzug ins Heilige Land gesund und heil überstanden hatten, mochte sich die Antwort geben: dort, im Morgenland, wo es keinen Winter gibt, der mir wie der Hunger im Leibe zwickt, und wo diese Granatäpfel und Datteln und Feigen mir in den Mund gewachsen sind, ja wie im Paradies - eia wärn wir da!

Daheim, jenseits der Alpen, gab es nichts als Kletzen und Schlehenmus, und so blieb es des Kreuzritters ganzes Leben lang, noch Jahrhunderte später. Gewiß, in Venedigs verborgenen Gärten wurden die sonderbarsten Pflanzen aus Samen und Schößlingen gezogen, die Seefahrer und Händler bis zu diesem Umschlagplatz des Abendlandes brachten, aber wie sollten diese Kinder der Flora nach Norden kommen? Das gelang nur den getrockneten und transportablen Gewürzen, Ingwer und Pfeffer, Nelken und Galgant. Sie wurden hochgeschätzt, hoch bezahlt und üppig verwendet, sicher um den Geschmack der mittelalterlichen Speisen so zu überdecken, daß man nicht mehr merkte, was ihnen Maden, Muff und Alter schon angetan hatten. Sicher aber auch, weil man den Gewürzen die Kraft zuschrieb, die Pest abzuwehren. Die Stunde der Früchte und der Süßigkeit, der Leichtigkeit des Lebens schlug erst später wieder. Zuerst mußten die Niederländer von Spanien abfallen, aus der Tyrannei in die Freiheit einer Republik geraten und die ökonomische Notwendigkeit spüren, sich überseeische Provinzen anzueignen. Sie bauten die damals besten Schiffe und nahmen eine Insel nach

Mit Columbus, dem Seefahrer, beginnt erst richtig die Geschichte der tropischen Früchte. Vertraut allerdings wurden uns die meisten Exoten in frischem Zustand erst durch die modernen Transportmittel.

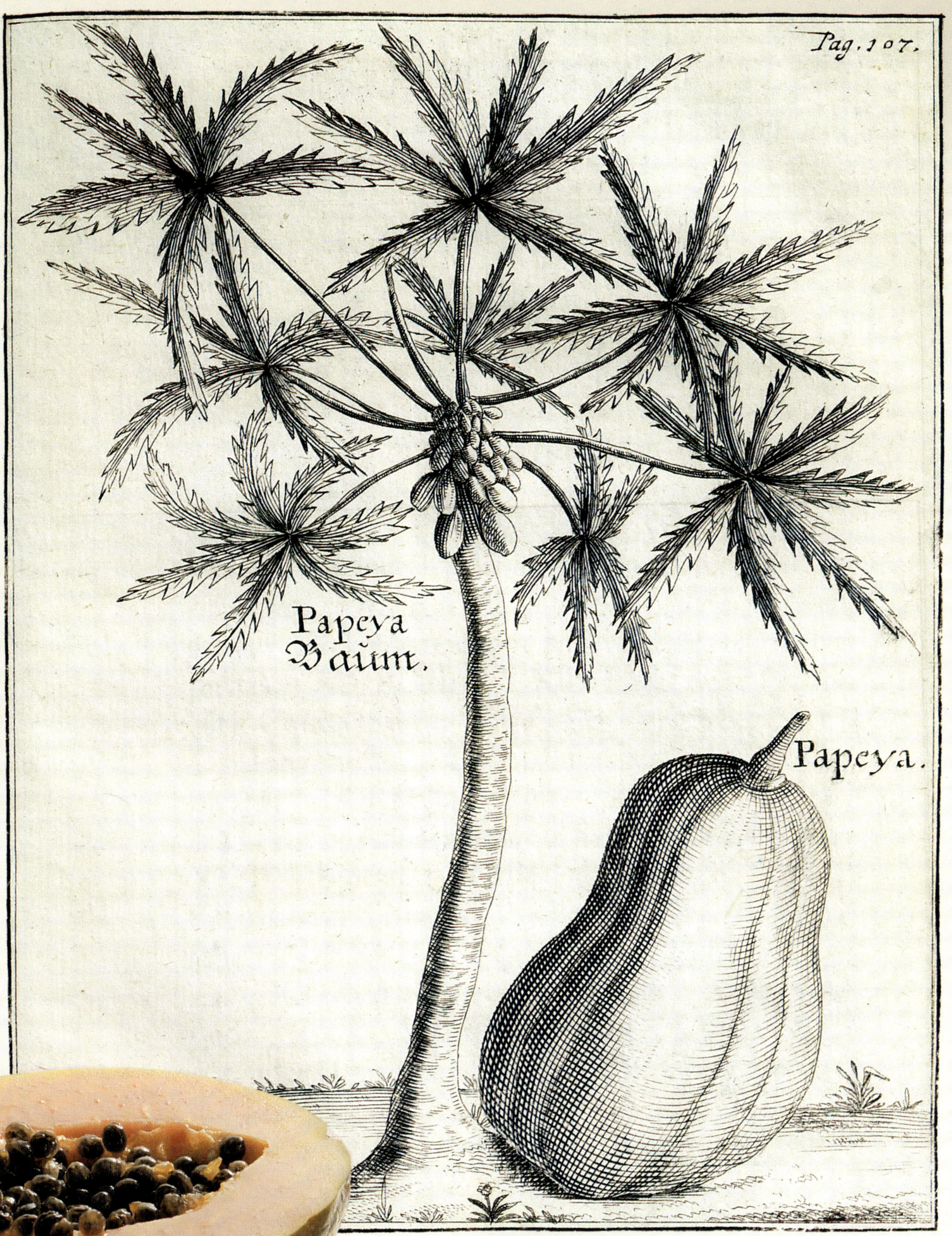

Pag. 107.

Papeya Baum.

Papeya.

Dieser Fruchtstand eines Papayabaumes zeigt deutlich, daß der Kupferstecher M. Bodenehr seinerzeit die in Indien wachsenden Früchte im fernen Dresden erstaunlich naturgetreu nachempfunden hat.

Eine Papaya Jahrgang 1692 unterscheidet sich kaum von einer heutzutage im Supermarkt erstandenen frischen Frucht. Und die Beschreibung des Autors aus dem 17. Jahrhundert, daß "die Blüthe weißlich" sei, "die Frucht wie Teutsche Melonen, grüngelbig / inwendig mit vielen schwartzen Kernen", die einen "scharfen Geschmack / fast wie Senff" haben, war schon sehr genau. Die Papayas werden auch heute noch als Baummelonen bezeichnet.

der anderen in Besitz: Java, Ceylon, die Molukken. Sie gründeten die Ostindische Compagnie und machten aus den Sunda- die Gewürzinseln. Ihre Handelsflotte betrug Mitte des 17. Jahrhunderts 34 850 Schiffe, vier Fünftel der europäischen Marinen, und in der Heimat blühten Kunst, Philosophie und Wissenschaft.

Die Welt wurde weit und groß und ihre Schönheit entdeckt, die Schönheit der Dinge, Gold und Elfenbein aus China, die Schönheit der Pflanzen. Ein Triumphzug der Blumen begann von Holland aus, Europa zu entzücken. Und wer Neuheiten aus den Kolonien brachte, konnte steinreich werden. Das hatte Wirkungen, die nicht das Auge, sondern auch die Zunge betrafen. Noch zu Beginn dieses Jahrhunderts hatten Seefahrer Charles de Lecluse, dem kaiserlichen Gartendirektor Maximilians II. in Wien, später Professor der Botanik in Leiden, Ananas aus Java mitgebracht. Er schilderte sie als unerträglich, fast übelkeitserregend süß. Das war noch der Pfeffergeschmack des Mittelalters. In den künftigen Jahrzehnten wandelte er sich zum Leichten und vor allem zum Süßen. Aber auch die Gärten wandelten sich. Vergessen die Kräutergärten der alten Klöster. Jetzt wurde es Mode, botanische Gärten anzulegen, in denen sich Nutzen und Vergnügen mischten, und Fürsten und Städte versuchten einander mit den kostbarsten neuesten Gewächsen zu übertrumpfen. Neben dem Großen Kurfürst von Brandenburg versuchte Kurfürst August von Sachsen mit aller Kraft und auch mit Erfolg, die Obstkultur in seinem Lande veredeln zu lassen. In dem "sehr liebreich und auserlesen Obstgarten- und Piltzbuch" aus dem Jahre 1620 wurden 115 Sorten Äpfel, 110 Birnen, 13 Kirschen und 19 Sorten Pflaumen aufgezählt; aber es dauerte nach dem Dreißigjährigen Krieg eine Zeit, ehe sich die zerstörten Städte und Landschaften wieder erholten, ehe man die verwüsteten oder vernachlässigten Gärten wieder in Blüte bringen konnte. Es lohnte sich gewiß in dieser Zeit, die Gartenkunst zu erlernen, und wer das tat, der mußte reisen. Es gab keine Lehrbücher oder illustrierte Werke, durch die sich der Gärtner hätte umfassend bilden können, und von den Pflanzen, die aus dem Osten oder aus Übersee kamen, herrschten noch abenteuerliche Vorstellungen. Die Kartoffel galt als Teufelswurzel, und vom Tabak hieß es, "er stillet das Zahnweh, behütet den Mensch vor der Pest, verjaget die Läuse, heilet den Grind". Ein Bild und einen Begriff konnte sich also nur der machen, der sich alles genau betrachtete und merkte, was er sah: Stiel, Blüte, Blatt und Frucht, Duft und Farben. So eine neugierige Natur war Georg Meister, der sich später George nannte, im Königreich Sachsen die Gärtnerei erlernte und alle Gärten liebte, "an welchen Gott und die Natur nicht, aber die Menschen gearbeitet haben". Solche Anlagen wollte er kennenlernen und bat nach dem Tode seines ersten Dienstherrn einen Rittmeister, ihn auf der Reise zu seinem Regiment bis an die holländische Grenze mitzunehmen. Reisen war zu dieser Zeit gefährlich, die Landstraßen waren unbefestigt, die Wirtshäuser elend, die Räuber und Beutelabschneider zahlreich. So brauchte man Begleiter, womöglich mit einem zweiten Pferd. Die beiden Männer brachen im März 1677 in Thüringen auf und nahmen den Weg über Kassel, Unna, Wesel, Kleve bis Utrecht. Überall besuchte Meister Lust- und Tiergärten und wollte über die Schweiz wieder heimreisen. Doch in Amsterdam überredete ihn ein abgedankter kaiserlicher Leutnant von Frankfurt am Main,

Das Portrait eines Mannes, "den Indien geliebet, und in Botanicus Vor andern sich geiebet". George Meister ist der (sich seiner Verdienste wohlbewußte) Verfasser des 1692 erschienenen Werkes "Der Orientalisch-Indianische Kunst- und Lust-Gärtner".

Ein Kunstwerk für sich war schon allein der Innentitel des Meister-Werkes aus dem Jahre 1692. Selbstverständlich mit der entsprechenden Eigenwerbung des Autors und Verlegers. Für die staunenden Leser der damaligen Zeit wurden die beeindruckenden Erlebnisse der Weltreisenden so naturgetreu, wie das seinerzeit möglich war, wiedergegeben.

"ihme einen Compagnon nach Ost-Indien abzugeben". Wieder verlockten Meister Neugier und Ehrgeiz, diese weitere und höchst gefährliche Reise anzutreten. Er legte also im Ost-Indischen Hause den Eid der Treue ab, denn nur, wenn er sich auf sieben Jahre als Soldat verpflichtete, nahm ihn ein Schiff der Ost-Indischen Compagnie mit. Im Mai 1677 lichtete die Flotte Anker, und Meister arbeitete die sieben Monate der Fahrt als Schiffs-Gärtner. Der Admiral ließ pro Schiff vier Kisten mit Erde auf die Steuermannshütte und auf die Campagne setzen, "damit man wehrender Reise etwas von Sallat und allerhand zum Essen dienenden Kräuter-Werck darein sehen und pflantzen könne". Weihnachten 1677 warfen sie vor Batavia Anker. Nach einem kriegerischen Zwischenspiel ließ sich Georg Meister von Andreas Cleyer, einem deutschen Arzt, der dort schon seit Jahren lebte, wieder als Gärtner in die Dienste nehmen. In den kommenden zehn Jahren begleitete er seinen Herrn auf vielen Handels- und Forschungsreisen durch die Insulinde, Indien und Japan. Von überall brachte er Pflanzen und Samen mit, "aus denen öden Feldern, Püschen und Wildnüßen", um Cleyer "einen herrlichen nuzbaren Garten mit vielen raren frembden Bäumen und Gewächsen" anzulegen. 50 Sklaven arbeiteten für Meister, und schon nach zwei Jahren beherrschte er "so viel mir nöthig die portugiesische, malleyische, javanische und ballische Sprachen". Und konnte so auch die einheimischen Namen der ihm fremden exotischen Pflanzen und Früchte verzeichnen, meist phonetisch, also wie er es hörte. Fragt sich zum Beispiel der Autor eines Exotenbuches 1968, wonach die Familie der *Musa*-Gewächse benannt ist, und vermutet "nach dem Leibarzt des römischen Kaisers Augustus, Antonius Musa", so hat Meister diese Frage schon um 1680 beantwortet. Die "Malayer auf Malacca nennen die Frucht Pysan, wie also von ihnen sie auch die Holländer heißen. Die Portugieser heißen sie Fygat Java, die Araber Musa oder Amusa." So kamen die Früchte vom indianischen Feigenbaum, "Schwefel- oder Hoch- und Dunkelgelbe, haben einen schönen Geruch und

Annanas.

p.119.

Darstellungen von
Pflanzen und Früchten
aus dem subtropischen
Raum, wie dieser
früchtetragende Kaktus,
wurden weit korrekter
ausgeführt, weil die
natürlichen Vorbilder
greifbar waren.

aus den Maßen guten Geschmack", die wir unterdessen Bananen nennen, zu ihrem Familiennamen. Meister beschrieb nicht nur Wuchs, Vorkommen und Eigenart der "Wunderpflanzen", er notierte auch die Zubereitung, zum Beispiel der Bananen: sie werden "getrucknet und mit Zucker eingeleget / sind gut zu kochen oder auch / wenn man zu See reiset / ungekocht mit Reiß zu essen / so man sie voneinander schneidet / und mit Wein gekocht / und Kaneel bestreuet / ist ein gutes Essen / welches besser ist als gekochte Quitten". Er notierte auch die Verwendung der anderen Pflanzenteile, der Bananenblätter bedienen sich "die Indianer-Könige / statt eines Himmels oder Sonnen-Schirms / um Taffel halten zu können ...". Lang ist diese Liste bei der Cocos- oder Klappernuß, die so heißt, weil die Indianer auf Java Maior Clappus zu ihr sagten. Meister lobt die Kokospalme als der allernützlichsten Baum, "als ob es gar der Baum des Erkenntnis Gutes oder Böses / von welchem unsere ersten Eltern im Paradiese genascht / seyn müsse". Er sah, wie jede Einzelheit des Baumes verwendet wurde, Hanf und Fleisch, Saft und Mark, Holz und Blätter. Das war alles gut zu beschreiben. Schwer fiel ihm dagegen, ohne ein wissenschaftliches System die Pflanzen zu definieren, wie vor allem Duft und Aroma sind. Er mußte zu Analogien greifen. Vom Guaben-Baume heißt es: er wächst wie die Quitten, die Blätter sind wie vom Lorbeer, die Frucht "als ein länglicher Apfel" mit "quittenhaftem Geschmack", jedoch süßer und angenehmer. Und vom Baum Mangas: "ihre Frucht ist wie eine große Pfirsche / doch glatter Schaalen und länger: wenn sie reiff / ist sie gelbig / wie die Spilgen-Pflaumen / teihls auch etwas röthlich / haben inwendig breite Steine / welche man nicht essen kan / ist Saffran-gelb / hat einen sehr lieblichen Geschmack / besser als die pfirschen in Europa ... Kleingeschnitten von ihrem Kerne / an Fleisch zu kochen / schmecket aus der Maßen gut und hertzhaftig / weil sie weinsäuerlich seyn / item sie sind gut in Pottagien zu gebrauchen", also in Suppen, und "mit Reiß und Zucker. Man legt diese grüne Mangas auch ein in Saltz und Eßig / wie unsere Gurcken / oder kleingeschnitten wie welsche Nüße mit Gewürtze und Syrup eingemachet ...".

Georg Meister lernte den ganzen vollen Früchtekorb der Tropen kennen und beschrieb sie so gut wie die Hottentotten und ihre Sterbesitten, wie grausame Tigertiere, große Waldmücken, possierliche Affen, Fledermäuse, und wie die Herstellung von Palmzucker und Tee. Am wichtigsten war ihm aber eine "indianische Baum-Schule", in der man alles wiederfindet: die Bethelnuß und die Zimtrinde, Lorbeer, Kaffee, Muskatnüsse, Campfer- und Nägleinbäume, Mangas Tangas (Mangostane), Annone, Sursack, Durion (von düri, was malayisch Stachel heißt), den Cattun-, Tamarin- und Sappanbaum, Cajons (Cashew), die Bambusen und Granatäpfel, "Tieger-Limonen, von den Holländern Pumpelmus genannt". Wahrhaft bewundernswert, wie Georg Meister inmitten dieser Wunder und in einer so wundergläubigen Zeit nicht wie die meisten anderen Weltreisenden ins Fabulieren fiel, sondern bei aller Begeisterung sachlich und genau blieb. Zehn Jahre im irdischen Garten des Paradieses: in diesen Jahren ließ Meister den Garten seines Herrn erheblich vergrößern, zweitausend Palmen und Bananenstauden darin pflanzen, zeichnete und notierte alles, was ihm merkwürdig erschien, und wunderte sich immer wieder über die "herrlichen

Werke des Allerhöchsten in den allerschönsten Gefilden", die in Indien "gleichsam überflüssig ausgesäet, ewig schade, daß diese Fürtreflikeiten die allerblindesten Heyden genießen sollen". Als Georg Meister nach diesem Jahrzehnt nach Sachsen heimkehrte, vollendete er seinen Bericht, stattete ihn mit erstaunlich präzisen Zeichnungen der "Frucht- und Blumenbäume" aus und widmete ihn seiner gnädigsten kurfürstlichen Durchlaucht in Dresden in tiefster Demut. Das war 1692.

Vier Jahrzehnte später bereiste ein schwedischer Botaniker im Auftrag seiner Regierung die nördlichen Meere und erhielt später einen Ruf nach Holland, an die Universität Leiden. Dort mag er Georg Meisters Werk in der Hand gehalten und ihm nachempfunden haben, wie schwer es ist, fremde Pflanzen nur durch den Vergleich mit bekannten beschreiben zu können. In diesen Jahren in Holland, der Heimat der Blumenzucht, brachte der

Schwede Karl v. Linné die Pflanzen in ein System, das im
18. Jahrhundert von großer Bedeutung wurde. Er führte
zum ersten Mal die binäre Nomenklatur ein, benannte
die Pflanzen also mit zwei Namen, dem der Gattung und
dem ihrer Art, wobei er sich hauptsächlich nach Zahl
und Anordnung der Geschlechtsteile, also von Staub-
und Fruchtblättern, richtete. Er selbst empfand dieses
Sexualsystem als künstlich, aber es half Generationen
von Botanikern, auch den Schätzen des "fruchtreichen
Indiens" in den *"Systema naturae"* einen angemesse-
nen Platz einzuräumen.

Karambole und Mango, Guave und Bilimbi, Rambutan
und Cashew-Apfel, Mangostane und Langsat - alles Tropenfrüchte, die heute auf unseren Märkten keine Seltenheit mehr
sind, die aber schon im 17. Jahrhundert erstaunlich genau
beschrieben wurden. Wenn man bedenkt, daß die Kupferstecher solche Darstellungen einzig und allein nach den Aufzeichnungen und Beschreibungen der Reisenden anfertigten,
dann ist das schon eine ganz erstaunliche Leistung.

In Asien gehören alle jene Früchte, die in unseren Breiten als "exotische" gehandelt werden, zum alltäglichen Marktangebot. Welch hohen Stellenwert sie dennoch dort haben, läßt dieser sorgfältig und liebevoll arrangierte Obststand auf einem Markt in Phuket, Thailand, erkennen.

Exoten-Handel und -Handling

Vom fachgerechten Umgang mit tropischen Früchten

Von Prof. i. R. Harald Hansen

Für den Verbraucher ist es heute selbstverständlich, daß ganzjährig ein umfangreiches Angebot an tropischen und subtropischen Früchten verfügbar ist. Dabei ist nur wenigen Verbrauchern bekannt, welche Maßnahmen, beginnend von der Ernte in den Plantagen bis hin zur Vermarktung im Verbraucherland, getroffen werden müssen, damit die meist verderbempfindlichen Exoten in guter Qualität den Käufer erreichen.

Nach der Ernte gehen in den Früchten trotz Abtrennung von der Mutterpflanze die natürlichen Stoffwechselprozesse weiter. Dadurch unterscheiden sich frische Früchte grundsätzlich von anderen Lebensmitteln wie Fleisch, Milch, Mehl, usw., die wohl von lebenden Organismen abstammen, aber nicht mehr den Gesetzmäßigkeiten unterliegen, die für lebende Organismen gelten. Frisches Obst lebt, und wie bei allem Lebendigen, so ist auch hier die Atmung ein charakteristisches Kennzeichen der Lebensvorgänge. Sie bildet die Grundlage für die Energie, die die Früchte zur Erhaltung des Lebens und für die vielfältigen Auf- und Umbauprozesse benötigen. Chemisch betrachtet, sind diese Prozesse eine langsame biologische Oxydation von Inhaltsstoffen, die in den Früchten zu Strukturveränderungen und zum Verbrauch von Reservestoffen führt. Je schneller in einer Frucht diese als Alterung zu bezeichnenden Prozesse ablaufen, um so geringer ist deren Haltbarkeit. Die wichtigste Maßnahme zur Verlangsamung dieser Alterungsprozesse besteht im Einsatz von Kälte. Ein Absenken der Temperatur um jeweils 10°C führt zu einer Verlangsamung dieser biochemischen Prozesse um den Faktor 2 bis 3. Die Kälteanwendung ist ein natürliches, umweltschonendes Frischhalteverfahren, das der Menschheit seit Urzeiten bekannt ist. Jede Fruchtart, und zum Teil auch -sorte, hat einen bestimmten Temperaturbereich, in dem eine optimale Hemmung der Alterungsprozesse erfolgt. Der Temperaturbereich liegt bei kälteunempfindlichen Früchten, wie zum Beispiel Feigen, Kaki und Kiwi, nur geringfügig über dem Gefrierpunkt des Zellsaftes. Dagegen dürfen Bananen und Mangos, um keine Kälteschäden auftreten zu lassen, nicht unter 12° bis 13°C abgekühlt werden.

Vorkühlung: Je schneller nach der Ernte die optimale Lagertemperatur erreicht wird, um so besser ist bei den Früchten die Qualitätserhaltung. Von dieser Beobachtung ausgehend, wurden Vorkühlverfahren entwickelt, die mit Hilfe von kaltem Wasser oder kalter Luft den Früchten nach der Ernte die Wärme entziehen. Welches Vorkühlverfahren eingesetzt wird, richtet sich nach der Fruchtart sowie nach ökonomischen Gesichtspunkten. Bei Bananen wird zum Beispiel bevorzugt kaltes Wasser zur Abkühlung verwendet. Dieser Vorgang schließt gleich-

Das bunte, rege und laute Treiben wie auf diesem Markt in Saint-Pierre auf Martinique ist typisch für alle mittelamerikanischen Märkte. Die "exotischen" Früchte sind dort so selbstverständlicher Bestandteil des Angebots wie bei uns die Äpfel.

zeitig das Waschen der Früchte und das Abstoppen des Latexflusses aus den Schnittstellen ein. Bei anderen Exoten, die vor allem in kleineren Mengen als Bananen zur Anlieferung kommen, erfolgt die Vorkühlung vorwiegend in normalen Kühlräumen oder Kühl-Containern, in denen die zur schnellen Abkühlung erforderliche rasche Luftzirkulation ("forced air cooling") durch Zusatzventilatoren erzielt wird. Die Intensität der Vorkühlung richtet sich nach der geplanten Transportart. Soll per Luftfracht exportiert werden, genügt eine Abkühlung auf 15°C. Für Seetransporte, die mehrere Wochen dauern können, muß bis auf die optimale Lagertemperatur abgekühlt werden.

Transport: Der Lufttransport kommt aus Kosten- und Kapazitätsgründen nur für die verderbempfindlichen Früchte und für die sogenannten "Spezialitäten" in Betracht. Diese Transportart hat ganz entscheidend am Aufbau des heutigen Exportmarktes beigetragen. Unterstützt wurde diese Entwicklung durch den Einsatz

moderner Großraum-Passagierflugzeuge, die jeweils etwa 50 Tonnen Fracht befördern können. Aufgrund der nur Stunden dauernden Flugzeiten treten Qualitätsprobleme bei den transportierten Exoten nur selten auf. Für den Massentransport von exotischen Früchten werden Kühlschiffe und seit einigen Jahren in verstärktem Maße Kühl-Container eingesetzt. Transportiert werden vor allem Bananen, deren Jahresbedarf allein in Deutschland bei 650 000 Tonnen liegt. Versuche, auch andere Exoten, wie Mangos, Ananas, Papayas und Avocados, auf dem Seeweg zu transportieren, verliefen in der Vergangenheit wenig erfolgreich. Lediglich unreife und unterentwickelte Früchte überstanden den langen Seetransport. Diese aber entwickelten in den Verbraucherländern niemals eine akzeptable Genußqualität und schreckten viele Verbraucher von weiteren Exoten-Käufen ab. Der angestiegene Bedarf an exotischen Früchten in den Industriestaaten und der Aufbau einer leistungsfähigen Plantagenwirtschaft in den tropischen Entwicklungsländern haben in den 80er Jahren zu einer intensiven Weiterentwicklung der verschiedenen Transportsysteme geführt. Besonders erfolgreich verliefen die Entwicklungsarbeiten beim Bau von Kühl-Containern. Nachdem die Abdichtungsprobleme gelöst waren, konnte bei ihnen die sogenannte CA-Technik eingeführt werden. Mit deren Hilfe lassen sich die nur durch Kühlung zu erzielenden Lagerzeiten bei einigen Exoten-Arten, wie zum Beispiel bei der Avocado, verdoppeln. Unter CA ("controlled atmosphere") versteht man die Regelung des Sauerstoff- (O_2) und des Kohlendioxydanteils (CO_2) in der Transportatmosphäre. Durch Verminderung des O_2-Gehalts unter 5% bei gleichzeitiger Zunahme der CO_2-Konzentration auf beispielsweise 3% werden in den Früchten die Stoffwechselprozesse und damit die Fruchtalterung im Vergleich zur Lagerung in normaler Luft stark verlangsamt. Die gegenüber Luft

Aufbewahrung und Lagerung

Fruchtart	Lager- und Transport-Temperatur in °C	rel. Luftfeuchtigkeit in %	Lagerungszeit in Wochen	Bemerkungen:	Nachreifungstemperatur in °C	Lagertemperatur für genußreife Früchte in °C
Ananas	8,5-12	85-90	3-4	grüne Früchte bei 12°C lagern	10-15	8
Annonen	8-9	90	1-1½	mehrere Arten	20-25	8
Avocado	4,5-12	80-90	4-6	Lagertemperatur ist sortenabhängig	20-25	0-4
Babaco	6	90	4-5	-	20	4
Bananen	12,5-13	90-95	4-6	mehrere Sorten	20	12
Bilimbi	8-10	90	2	-	20	8
Cherimoya	10	85	2	sehr transportempfindlich	18-20	8
Curuba	8-10	80-85	2	sehr transportempfindlich	-	8
Datteln	0-1	80-85	4-6	reif ernten	-	0-4
Feigen	0-1	90-95	2-3	reif ernten	-	0-4
Granadilla	8	80-85	4-6	reif ernten	-	8
Granatapfel	0-2	80-85	4-6	-	20	0-4
Guave	8-9	85-90	2	-	20-25	8
Kaki	0	90-95	8	vor Austrocknung schützen	20	0-4
Kaktusfeige	3-5	85-90	4	reif ernten	-	0-4
Karambole	5-8	85-90	3	-	20	5
Kiwi	0	90-95	16.	vor Austrocknung schützen	15	0-4
Limette	5-9	90	5-6	-	-	5
Litchi	1,5-2	90-95	3-4	vor Austrocknung schützen	-	0-4
Longane	8-10	80-85	2-3	-	-	8
Loquat	0	95	3-4	in PE-Beuteln lagern	20-25	0-4
Lulo	7-8	85	4	-	20-25	4
Mango	10-13	85	3-4	mehrere Sorten	20-25	8
Mangostane	5-6	85	6	reif ernten	-	4
Maracuja	8-10	85	4	reif ernten	-	8
Melonen:						
"Kantalup"	4	90	2-3	-	20	0-4
"Honey Dew"	10	80	2-3	-	20	4
"Spanische"	16-18	70-80	6	-	20	4
"Wassermelone"	12	80	2-3	-	-	8
Papaya	8-10	80-85	3-4	-	20	4
Pepino	5-6	80-85	4	-	20	4
Physalis	5-8	70-80	4-5	reif ernten	-	0-4
Pitahaya	4-6	80-85	4	vor Austrocknung schützen	20	0-4
Rambutan	5-6	90-95	4	in PE-Beuteln lagern	-	4
Sapote	0-2	85-90	2-3	nur reife Früchte einlagern	-	0-4
Sharonfrucht	0-1	90-95	6-8	vor Austrocknung schützen	20	0-4
Tamarillo	3-5	90	4-6	-	20-25	4

veränderte Zusammensetzung dieser beiden natürlich vorkommenden Gase - die Atemluft des Menschen enthält zum Beispiel 4% CO_2 - hemmt ebenfalls das Wachstum wichtiger Fäulnispilze und ermöglicht dadurch eine Einsparung an Pflanzenbehandlungsmitteln. Ferner kann durch die Herabsetzung des Pilzwachstums die Luftfeuchtigkeit in den CA-Containern in der Nähe des Taupunktes liegen, wodurch die Frische der Früchte erhalten bleibt und der Gewichtsverlust der Ladung gering ist. Der Einbau eines Ethylenabsorbers im CA-Container ermöglicht den gemeinsamen Transport verschiedener Exotenarten (Mischtransport). Auf diese Weise können selbst ethylenproduzierende Früch-

te zusammen mit ethylenempfindlichen Früchten in einem Container angeliefert werden.

Lagerung: Im Verbraucherland bis hin zum Endverbraucher sind bei der Lagerung der Exoten die artspezifischen Ansprüche an die Lagertemperatur und Luftfeuchtigkeit zu berücksichtigen. Um das Auftreten von Kälteschäden zu vermeiden, müssen die meisten Exoten in dem Temperaturbereich von 8° bis 10°C gelagert werden. Die optimalen Lagerbedingungen sind in der obenstehenden Tabelle zusammengestellt. Das Auftreten von Kälteschäden, die sich vor allem in Verfärbungen des Fruchtfleisches und in mangelndem Nachreife-

vermögen zeigen, wird neben der Temperaturabweichung besonders durch die Zeit bestimmt, in der die exotischen Früchte unterkühlt wurden. Je länger gelagert werden soll, um so geringer dürfen deshalb die Temperaturbedingungen von der optimalen Lagertemperatur abweichen. Bei den kälteempfindlichen Bananen gilt die Grundregel: 10 Stunden unter 10° C gelagert, ergibt "Chill" (d.h., durch Kälteeinwirkung verdorben). Bei anderen Exoten kann diese Zeitspanne mehrere Tage betragen. Bei einigen Fruchtarten, wie Papaya, Mango, Ananas und Avocado, nimmt mit dem Reiferwerden der Früchte die Kälteempfindlichkeit deutlich ab, so daß dann die Lagertemperatur um 2° bis 3°C

Der steigende Bedarf in den Industrieländern hat zu einer intensiven Weiterentwicklung der Transportsysteme geführt. Mit Hilfe einer neuen Technik bei Kühl-Containern ist es heute möglich, verderbempflindliche Früchte, die bisher nur in unreifem oder unterentwickeltem Zustand die langen Seetransporte überstanden, ohne Qualitätsverlust auf dem Seeweg zu befördern.

Täglich erreicht uns in unvorstellbarer Menge und Vielfalt ein riesiges Angebot an Früchten aus den Anbaugebieten rund um den Erdball. Sorfältig ausgewählt und fachgerecht verpackt, kommen sie zunächst in die großen "Schaltzentralen" des Handels, wie den Pariser Großmarkt Rungis (Bild). Von dort gelangen sie dann binnen kürzester Zeit in den Einzelhandel.

tiefer liegen kann. Handel und Verbraucher sollten aber bedenken, daß es sich bei den Exoten um kurzlebige Früchte handelt, deren Haltbarkeit aufgrund des aktiven Stoffwechsels begrenzt ist. Überlagerte Exoten verlieren die Fähigkeit, normal nachzureifen und ihren typischen Geschmack zu entwickeln.

Nachreifen: Um den Transport und die Vermarktung im Verbraucherland ohne Qualitätseinbußen überstehen zu können, werden die exotischen Früchte zwar ausreichend entwickelt , aber noch nicht verzehrreif geerntet. Das eigentliche Nachreifen der Exoten, d.h., die Entwicklung von der Pflückreife zur Genußreife, erfolgt erst im Importland beim Großhandel, häufig erst beim Endverbraucher. Ungenügend oder falsch nachgereifte Exoten sind geschmacklich minderwertig. Bis heute wird eine großtechnische Nachreifung nur bei Bananen durchgeführt. Benutzt werden hier spezielle Reifekammern, in denen die Reifeparameter exakt zu steuern sind. Das Nachreifen der anderen Exoten wird fast ausnahmslos den Käufern überlassen. Die günstigsten Nachreifebedingungen, bei denen die Früchte ihre typische Farbe und Textur sowie ihren optimalen Geschmack bekommen, findet der Endverbraucher im eigenen Wohnzimmer. Die Temperatur sollte bei über 20°C liegen. Um hier ein Austrocknen im Verlaufe der Nachreifung zu vermeiden, sollten die Früchte in gelochten Folienbeuteln gelagert werden. Nach Erreichen der Genußreife lassen sich einige Exoten noch kurzfristig im Kühlschrank aufbewahren (siehe Tabelle auf Seite 14).

Nur von allerbester Qualität sollen die Früchte sein, die wir bei uns kaufen. Ein Anspruch, der zu Recht erhoben wird. Doch allzu oft lassen wir uns vom makellosen Äußeren einer Frucht beeindrucken; für die gute Qualität ist das in vielen Fällen jedoch kein sicheres Kriterium.

Exoten-Lexikon

Der Obstmarkt hat sich in den letzten Jahrzehnten drastisch verändert. Zum einen haben sich die Verzehrgewohnheiten gewandelt - man ißt bewußter; dem für die gesunde Ernährung wichtigen Obst kommt dabei eine besondere Rolle zu. Zum anderen hat sich, bedingt durch die erhöhte Nachfrage, das Angebot auf dem Weltmarkt explosionsartig vergrößert, woran wiederum die "Exoten" einen beträchtlichen Anteil haben. Die Früchte aus den Tropen und Subtropen waren seit jeher ein wichtiger Wirtschaftsfaktor der Erzeugerländer, die man - mit wenigen Ausnahmen - der Dritten Welt zuordnen kann. Profitiert haben von dieser Entwicklung in erster Linie die Verbraucher in den Industrienationen, aber auch die "neuen" (und finanzkräftigen) Erzeugerländer, wie Israel und Neusee-land, die mit ihren besseren Vermarktungsmöglichkeiten den traditionellen Produktionsländern einiges voraus haben. Man denke nur an die "Karriere" der Kiwi, ein Paradebeispiel für erfolgreiches Frucht-Marketing. Wobei hier natürlich auch so günstige Eigenschaften wie monatelange Haltbarkeit eine Rolle spielten. Schwieriger ist das mit so empfindlichen Früchten wie beispielweise der Mango, die eigentlich nur reif geerntet und vermarktet werden dürfte, um in einwandfrei-er Qualität zum Verbraucher zu gelangen. Dank der modernen Transportmög-lichkeiten könnte das problemlos funktionieren. Statt dessen werden die feinen Tropenfrüchte meist unreif auf den Markt gebracht - auf Wunsch des Handels, der auf diese Weise leichter disponieren kann; das richtige Nachreifen bleibt aber nur selten dem Spezialisten, meist dem ungenügend informierten Handel oder gar dem Verbraucher überlassen. Mit dem Ergebnis, daß leider nur sehr wenige Mangos (und andere empfindliche Früchte) in optimalem Zustand konsumiert werden.

Wie die importierten Exoten richtig zu beurteilen und, einmal gekauft, auch richtig zu handhaben sind - dabei soll das hier folgende Exoten-Lexikon behilflich sein.

Hayward heißt die wichtigste neuseeländische Kiwi-Sorte. Ihre Größe, ihr ausgezeichneter Geschmack und die erstklassige Qualität machen die rund-ovale, bis zu 100 g schwere Frucht zur besten und gefragtesten Kiwi: rund 80% der Weltproduktion werden mit dieser Sorte bestritten, obwohl sie geringere Erntemengen als andere erbringt.

Die Kiwiblüten verwandeln die Plantagen in eine zartgelbe Pracht. Ohne Blüten wäre eine Unterscheidung des zweihäusigen Rankgewächses kaum möglich. Die ist aber wichtig, denn 7 bis 8 weibliche Pflanzen brauchen 1 männliche zum Befruchten. Kiwis klettern ähnlich wie Weinreben an Gittern und Streben bis zu 8 m empor und bilden eine dichte Laubdecke.

Kiwi

EIN MARKENARTIKEL AUS NEUSEELAND

Als der Engländer Robert Fortune Mitte des letzten Jahrhunderts die Kiwi unter dem Namen "Chinesische Stachelbeere" als Zierpflanze in Europa einführte, ahnte er nicht, welch steile Karriere der auch heute noch nach ihrem Ursprungsland bezeichneten Frucht bevorstand. Die Verbreitung der Pflanze ist indes eher dem Zufall zu verdanken: Der Neuseeländer Alexander Allison erhielt 1906 von einem Freund aus China Samen und zog daraus die ersten Ranken. Die neuseeländischen Farmer beschäftigten sich anfangs kaum mit der Chinesischen Stachelbeere, obgleich erste Züchtungsversuche unternommen wurden. Erst 1937 gelang der Durchbruch: Der Hobbygärtner Jim MacLoughlin entschloß sich, ein größeres Areal in die Kultur dieser strauchartigen Rankgewächse zu investieren. In der Bay of Plenty, der "Bucht des Überflusses", fand er ideale Bedingungen für einen erfolgversprechenden Plantagenanbau: Sonne, mildes Klima, sandigen Boden und Frost kurz vor der Ernte. Seitdem wurde die

Züchtung dieser Beerenfrucht ständig weiterentwickelt, so daß bereits 1953 die ersten Chinesischen Stachelbeeren nach Amerika exportiert werden konnten. Angeregt durch einen Händler aus San Francisco, einen werbewirksameren Namen einzuführen, tauften die Neuseeländer ihre kleine Frucht um: fortan hieß sie "Kiwi-Kiwi", benannt nach dem flügellosen, in Erdlöchern lebenden Nationalvogel des südpazifischen Inselreichs. Tatsächlich läßt sich eine gewisse Ähnlichkeit nicht von der Hand weisen: Die braune, pelzartige Schale, auch die Form der Frucht erinnern entfernt an den Schnepfenstrauß. Als die Kiwi Mitte der 70iger Jahre in Europa immer bekannter und beliebter wurde, rechneten sich neben Neuseeland auch andere Länder gute Chancen für einen Anbau aus: Australien, Kalifornien, Südafrika, Chile, Japan, die UdSSR. Auch Israel und vor allem die Mittelmeerländer - Italien, Frankreich, Spanien und Griechenland - produzieren seit einigen Jahren Früchte von ausgezeichneter Qualität. Trotz der starken Konkurrenz - vor allem aus Italien, das beispielsweise in Deutschland inzwischen zum Marktführer avancierte - konnte Neuseeland bisher seine Stellung als größter Kiwi-Produzent der Welt halten. Ab April beginnt auf den "Orchards", den neuseeländischen Plantagen, die Kiwi-Ernte. Die noch harten Früchte werden per Hand gepflückt und nach einer sofortigen Kühlung auf 0°C entweder direkt nach Europa verschifft oder vor Ort in Kühlräumen gelagert. Erst während Transport und Lagerung, die bis zu 6 Monaten dauern kann, reifen die Kiwis nach. Doch selbst die feinste Kiwi schmeckt nur wirklich gut, wenn sie richtig reif ist, sich also mit dem Finger leicht, wie ein Pfirsich, eindrücken läßt. Die vergleichsweise junge Kulturfrucht gehört als Frischobst heute zum normalen Speiseplan. Sie eignet sich aber auch hervorragend als Zartmacher: Reibt man Fleisch einige Minuten vor dem Braten oder Grillen kräftig mit der grünen Schnittfläche einer aufgeschnittenen Kiwi ein, wird es wunderbar mürbe, sein Geschmack ausgeprägter. Die Ursache dafür ist das eiweißspaltende Enzym Actinidin. Dies bewirkt allerdings auch, daß Milchprodukte in Verbindung mit rohen Kiwis einen bitteren Beigeschmack bekommen, und es verhindert, daß Gelatine fest wird.

Äußerlich kann man die verschiedenen Sorten der *Actinidia chinensis* nur an ihrer Form und Größe unterscheiden. So ist die Sorte **"Bruno"** (Bild oben) länglich, schon fast zylindrisch, die **"Abbot"** (Mitte) mehr länglich-rund, die **"Monty"** (unten) wirkt dagegen ein wenig kantig. Sie alle sind deutlich kleiner als die marktführende "Hayward".

Actinidia arguta ist eine sehr alte, aus Japan stammende Art, die lange Zeit in Vergessenheit geraten war. Nach jahrzehntelanger Selektion ist es Züchtern im bayerischen Weihenstephan gelungen, daraus eine bis minus 30°C winterharte, zwar sehr viel kleinere, aber haarlose Kiwi mit dünner, eßbarer Schale und süßem Fruchtfleisch zu züchten: die "Bayern-Kiwi".

Actinidiaceae (Strahlengriffelgewächse). Diese Familie besteht mehrheitlich aus Kletterpflanzen, die durch ihr schönes Laub bestechen. **Kiwi, Chinesische Stachelbeere** *(Actinidia chinensis)*, engl. kiwi, kiwifruit, Chinese gooseberry, franz. kiwi, groseille de Chine. In nur 20 Jahren hat sie alle Kontinente erobert: der Exporthandel steigerte sich in dieser Zeit um das 180fache! Da sich die Erntezeiten in den verschiedenen Anbauländern überschneiden, sind Kiwis das ganze Jahr über erhältlich; von Mitte Mai bis Ende November vorwiegend aus Neuseeland, in der übrigen Zeit aus den Mittelmeerländern, Chile, auch aus Kalifornien und Australien. Die Frucht hat etwa die Größe eines Hühnereis. Die ledrige, dünne Schale ist mit vielen Borstenhärchen bedeckt. Unter ihr verbirgt sich ein saftiges, smaragdgrünes Fruchtfleisch, das von zahlreichen schwarzen, eßbaren Kernchen durchsetzt ist. Es schmeckt angenehm süßsäuerlich und erinnert an eine Mischung aus Melone, Erdbeere und Stachelbeere. Zu ihren guten geschmacklichen Eigenschaften gesellen sich bei der Kiwi besondere ernährungsphysiologische Vorzüge. Ihr außerordentlich hoher Gehalt an Vitamin C wird von keiner Zitrusfrucht übertroffen. Außerdem enthalten Kiwis Vitamin E, reichlich Kalium, Calcium und Eisen. Reife Kiwis halten sich im Kühlschrank etwa 4 Wochen. Harte Früchte reifen bei Zimmertemperatur langsam nach. Schneller geht es, wenn man die Kiwi mit einem Apfel oder einer Banane in einem geschlossenen Plastikbeutel aufbewahrt. Kiwis sind vor allem als Frischobst beliebt; dazu werden sie halbiert und ausgelöffelt. Geschält und in Scheiben, Würfel oder Spalten geschnitten, werden sie für Obstsalate, Sorbets, Torten und Bowlen verwendet. Als Garnitur bereichern sie oft Canapes und Süßspeisen. Warm kombiniert man Kiwis mit kurzgebratenem Fleisch, zum Beispiel in Butter geschwenkt als Beilage, oder püriert als Sauce. Außerdem sind sie bestens für Konfitüre und Chutney geeignet.

Anacardiaceae (Nierenbaumgewächse). Eine außergewöhnlich große Familie, zu der eine der wichtigsten tropischen Früchte zählt, die Mango, aber auch der Cashew-Apfel und die im Mittelmeerraum heimische Pistazie. Alle Früchte der Anacardiaceen enthalten viel ätherisches Öl, oft auch Harze, Säuren und Phenole. **Ambarella,** Goldpflaume oder -apfel, Süße Balsampflaume *(Spondias dulcis)*, engl. ambarella, golden apple, otaheite apple, Tahitian quince, franz. pomme de cythère, prune d'Amérique. Die auf Tahiti beheimatete Frucht wird heute auch in Thailand, Indonesien, Malaysia, auf den Philippinen und in Brasilien angebaut. Die Haut der bis 10 cm langen Frucht, die 5 Längsrillen aufweist, ist bei voller Reife gelborange gefärbt und meist rostbraun gefleckt. Bei reifen Früchten läßt sich die Schale leicht abziehen. Das weiche Fruchtfleisch kann man ausgepreßt, kleingeschnitten oder püriert verwenden. Unreife, grüne Ambarellas werden im Fernen Osten auch viel zu Chutneys verarbeitet. **Cashew-Apfel, Kaschuapfel** *(Anacardium occidentale)*, engl. cashew apple, franz. cajou, acajou. In Brasilien wird die Frucht "cajú" genannt,

Die Ambarella schmeckt angenehm süß, manchmal leicht harzig. Sie ist etwas kleiner als die verwandte Mango, rund oder oval, eignet sich aber dank ihres zwar faserigen, doch sehr saftigen Fruchtfleischs ebenso gut zum Frischverzehr, für Kompott, Konfitüre, Cremes und Getränke. Weil Ambarellas empfindlich sind, findet man sie nur selten auf europäischen Märkten.

In Trauben hängen die Ambarellas an den wedelartigen Zweigen des bis 18 m hohen Baums. Seine Blätter kocht man auf Java zusammen mit zähem Fleisch, damit es mürbe wird.

Der Kaschuapfel sieht wie eine Birne aus, ist jedoch keine Frucht, sondern der fleischig verdickte Fruchtstiel, aus dem die nierenförmige Cashew-Nuß wächst. Im Vergleich zu den Nüssen haben die Äpfel in der Küche kaum Bedeutung; sie werden in den Anbauländern nur in geringem Umfang frisch gegessen oder zu Kompott, Konfitüre, Wein und Likör verarbeitet.

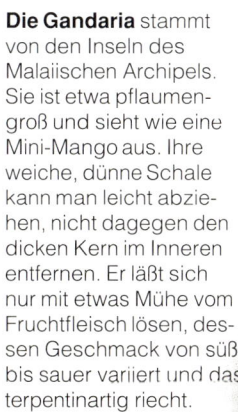

Die Gandaria stammt von den Inseln des Malaiischen Archipels. Sie ist etwa pflaumengroß und sieht wie eine Mini-Mango aus. Ihre weiche, dünne Schale kann man leicht abziehen, nicht dagegen den dicken Kern im Inneren entfernen. Er läßt sich nur mit etwas Mühe vom Fruchtfleisch lösen, dessen Geschmack von süß bis sauer variiert und das terpentinartig riecht.

Der immergrüne Mango-
baum ist einer der größ-
ten Obstbäume über-
haupt. Er kann gut 25 m
hoch werden. Vor allem
wildwachsende Bäume
erreichen gegenüber
den eher kurzstämmigen
Kulturformen eine be-
trächtliche Höhe. Typisch
sind die weitausladende
Krone mit dichtem Laub-
werk und die dunkelgrü-
nen, ledrigen, bis 20 cm
langen Blätter. Die Man-
gofrüchte hängen an
langen Stielen - wie im
Bild rechts im Hochland
Kolumbiens - und be-
rühren manchmal fast
den Boden.

Tausende einzelner,
unscheinbarer weißer,
gelber oder leicht rosa-
farbener Blüten sitzen an
jeder einzelnen der lan-
gen Rispen, den Blüten-
ständen. Doch nur ein
geringer Teil von ihnen
bildet am Ende vollreife
Früchte aus, die meisten
der Blüten oder der be-
reits angesetzten Man-
gos fallen vorzeitig ab.

**Mangos sind Stein-
früchte,** die sich in 2 bis
5 Monaten aus den Blü-
ten entwickeln. Unreif
grün, nehmen sie vollreif
je nach Sorte und Her-
kunft unterschiedliche
Farben an. Der Ertrag
schwankt enorm, da er
u.a. stark von der Sorte,
dem Klima, hier insbe-
sondere der Witterung
während der Blüte, und
den Bodenverhältnissen
abhängig ist.

wovon sich die deutsche Schreibweise "Kaschu"
ableitet. Ursprünglich im Amazonas-Becken beheimatet, gedeiht der Cashew-Baum heute überall in den Tropen, mit Schwerpunkt in Indien,
Moçambique und Tansania. Trotz seines hohen
Vitamin-C-Gehalts ist der sehr gerbstoffhaltige
und daher adstringierende Saft nur in Brasilien als
Getränk beliebt. Da der Apfel rasch verdirbt, wird
er nicht exportiert. **Gandaria** (Bouea macrophyl-
la), engl. und franz. gandaria. Die in Malaysia,
Thailand und Indonesien angebaute Frucht ähnelt
sehr einer kleinen Mango. Wenn sie reif ist, gibt sie
auf Fingerdruck leicht nach. Grüne, unreife Gan-
darias sind sehr sauer, man verarbeitet sie entweder mit viel Zucker zu Konfitüren, Chutneys und
Getränken oder legt sie salzig ein. In Verbindung
mit anderen Gewürzen verwendet man sie auch
für scharfe Speisen, zum Beispiel als Ersatz für Ta-
marindensaft. **Mango** (Mangifera indica), engl.
mango, franz. mangue, span. mango. Sie wird seit
weit über 4000 Jahren - indischen Forschungser-
gebnissen zufolge schon seit rund 6000 Jahren -
an den fruchtbaren Ufern des Ganges kultiviert.
Die Mango ist die Nationalfrucht der Inder, die ihr
sogar geheimnisvolle Kräfte zuschreiben. Sie ist
eng mit der Geschichte des Landes verbunden
und sowohl für die Hindus als auch die Buddhisten
von religiöser Bedeutung. Schon der indische
Herrscher Akbar ließ im 16. Jahrhundert einen
großen Mangowald anlegen. Der majestätische
Baum kann bis zu 100 Jahre alt werden und
verkörpert "Kraft und Stärke". Die Mangoblüte
bringt man bei religiösen Zeremonien mit Hindu-
Gottheiten in Verbindung, und in der indischen
Dichtkunst ist es der Duft der Mangoblüten, der
die einsam Liebenden noch unglücklicher stimmt.
Schon Buddha ruhte im Schatten des immergrü-
nen Mangobaums, wie viele Abbildungen zeigen.
Die Mangokultur wurde zuerst aus Indien nach
Malaysia gebracht und wenig später, um 1400 n.
Chr., durch mohammedanische Missionare und
Piraten auf den Philippinen verbreitet. Nachdem
die Mango überall im südasiatischen Raum angesiedelt war, brachten sie die Portugiesen vermutlich zu Beginn des 16. Jahrhunderts von Goa nach
Ostafrika, von dort nach Westafrika und danach
über verschiedene Inselgruppen nach Brasilien.
In der zweiten Hälfte des 18. Jahrhunderts gelangten Samenkerne aus Rio de Janeiro nach Barbados und Jamaica, und schließlich über Mexiko
nach Florida. Nach einer anfänglichen Misere war
der Anbau dort im Jahre 1861 erfolgreich, etwas
später auch auf Hawaii. Nach Australien (Queensland) kam die Mango um 1870. Trotz des weitver-
breiteten Anbaus ist Indien nach wie vor Produk-
tionsland Nummer eins. Mit 13,4 Mio. t (1989)
produziert es mehr als alle anderen Länder zusammen, aber nur etwa 0,2% der gesamten Ernte
gehen in den Export. Die Hauptlieferländer für
Europa sind: Brasilien (Oktober bis Februar), USA/
Florida (Juni bis September), Costa Rica (März bis
August), Südafrika (Dezember bis März), Elfenbeinküste (März bis Juni), Mexiko (April bis August), Kenia (Oktober bis Juni, mit Unterbrechun-
gen) und Israel (Juli bis Oktober). Die Masse der

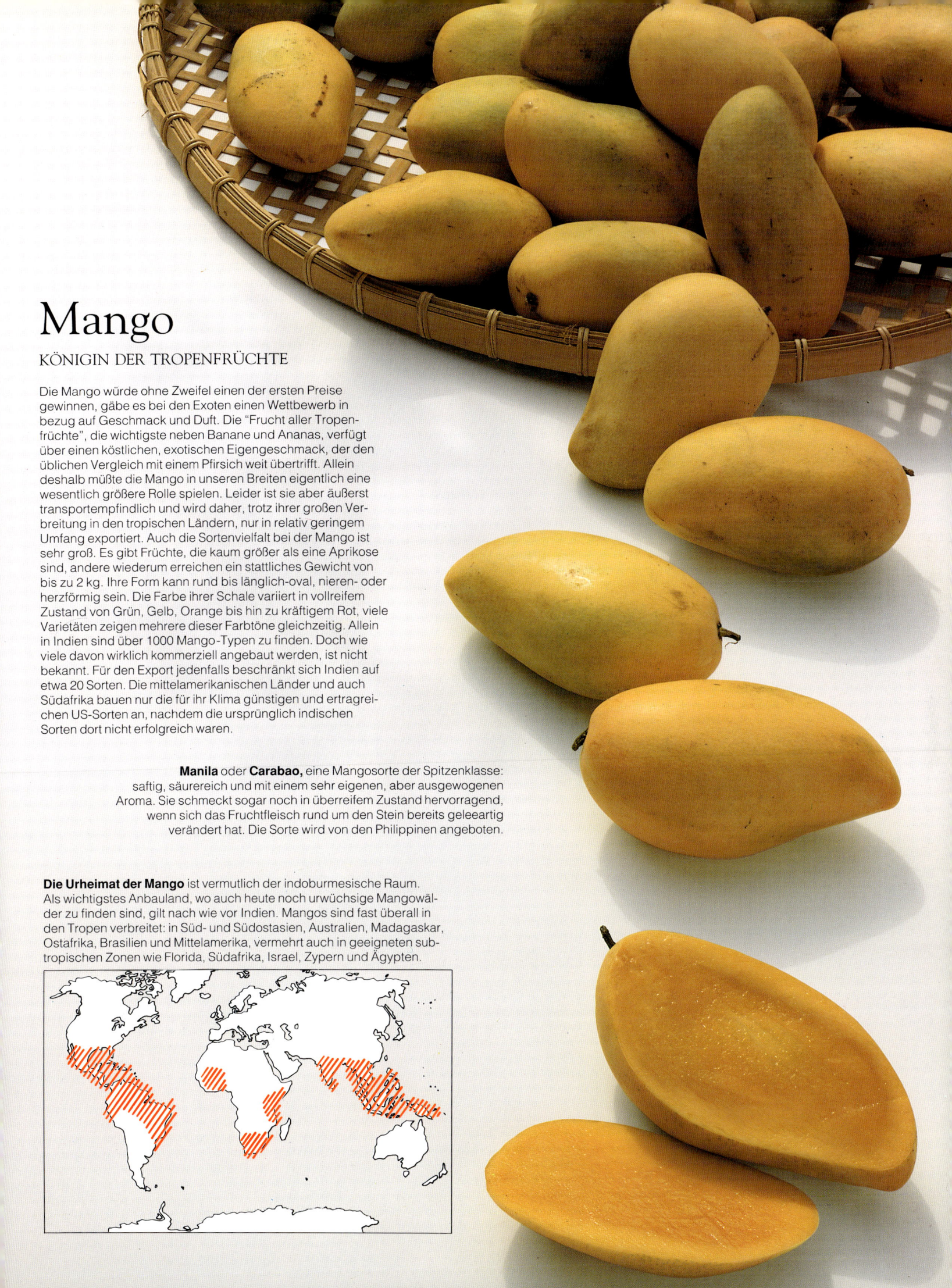

Mango

KÖNIGIN DER TROPENFRÜCHTE

Die Mango würde ohne Zweifel einen der ersten Preise gewinnen, gäbe es bei den Exoten einen Wettbewerb in bezug auf Geschmack und Duft. Die "Frucht aller Tropenfrüchte", die wichtigste neben Banane und Ananas, verfügt über einen köstlichen, exotischen Eigengeschmack, der den üblichen Vergleich mit einem Pfirsich weit übertrifft. Allein deshalb müßte die Mango in unseren Breiten eigentlich eine wesentlich größere Rolle spielen. Leider ist sie aber äußerst transportempfindlich und wird daher, trotz ihrer großen Verbreitung in den tropischen Ländern, nur in relativ geringem Umfang exportiert. Auch die Sortenvielfalt bei der Mango ist sehr groß. Es gibt Früchte, die kaum größer als eine Aprikose sind, andere wiederum erreichen ein stattliches Gewicht von bis zu 2 kg. Ihre Form kann rund bis länglich-oval, nieren- oder herzförmig sein. Die Farbe ihrer Schale variiert in vollreifem Zustand von Grün, Gelb, Orange bis hin zu kräftigem Rot, viele Varietäten zeigen mehrere dieser Farbtöne gleichzeitig. Allein in Indien sind über 1000 Mango-Typen zu finden. Doch wie viele davon wirklich kommerziell angebaut werden, ist nicht bekannt. Für den Export jedenfalls beschränkt sich Indien auf etwa 20 Sorten. Die mittelamerikanischen Länder und auch Südafrika bauen nur die für ihr Klima günstigen und ertragreichen US-Sorten an, nachdem die ursprünglich indischen Sorten dort nicht erfolgreich waren.

Manila oder **Carabao,** eine Mangosorte der Spitzenklasse: saftig, säurereich und mit einem sehr eigenen, aber ausgewogenen Aroma. Sie schmeckt sogar noch in überreifem Zustand hervorragend, wenn sich das Fruchtfleisch rund um den Stein bereits geleeartig verändert hat. Die Sorte wird von den Philippinen angeboten.

Die Urheimat der Mango ist vermutlich der indoburmesische Raum. Als wichtigstes Anbauland, wo auch heute noch urwüchsige Mangowälder zu finden sind, gilt nach wie vor Indien. Mangos sind fast überall in den Tropen verbreitet: in Süd- und Südostasien, Australien, Madagaskar, Ostafrika, Brasilien und Mittelamerika, vermehrt auch in geeigneten subtropischen Zonen wie Florida, Südafrika, Israel, Zypern und Ägypten.

Alphonso aus West-
indien gilt als eine der
besten Mangosorten:
aromatisch, saftig, fest-
fleischig und faserfrei,
leicht terpentinartig-har-
zig. Die 200 bis 300 g
schwere Frucht, die
wichtigste Sorte an der
indischen Westküste,
ist die Ausgangssorte
vieler Neuzüchtungen.

Irwin, hier aus Puerto Rico, hat festes
Fruchtfleisch mit nur wenigen Fasern.
Kräftig aromatisch-süß, 250 bis 450 g.

Diese Irwin aus Peru (etwa 450 g schwer)
sieht äußerlich völlig anders aus als die
gleiche Sorte aus Puerto Rico (links).

Ngowe, eine Sorte aus Kenia, zeichnet
sich durch saftiges Fleisch und ein herr-
liches Mango-Terpentin-Aroma aus.

Apple, saftig und etwa 350 g schwer,
hat einen leicht säuerlichen, pfirsichähnlichen Geschmack.

Smith, im Bild aus Costa Rica, eine Sorte mit wenig Säure und angenehm fruchti-
gem, aber nicht mangotypischem Aroma.

Sindri (im Bild aus
Pakistan) gehört von
Farbe und Aussehen
her zu den indischen
Mangos. Sie ist wun-
derbar aromatisch und
sehr süß, könnte aller-
dings ein wenig mehr
Säure haben.

Mora hat einen pfirsichähnlichen Geschmack und wiegt zwischen 350 und
550 g. Diese hier ist aus Costa Rica.

Parkins wird aus Afrika angeboten. Sie
ist saftig, säurearm und fruchtig, jedoch
nicht mangotypisch. Etwa 500 g schwer.

Red Haden, hier aus Costa Rica, ist
angenehm fruchtig und leicht säuerlich.
Mangotypisches Aroma. Gewicht 650 g.

Gouverneur, identisch mit der Sorte
Amelie, mit ausgesprochenem Apriko-
senaroma. Vollreif ist die Haut orange.

Manga Rosa heißt diese kleine saftige,
fruchtige Mangosorte mit leichter Säure,
die aus Brasilien kommt.

Tommy Atkins (Mittel- und Südamerika)
schmeckt fruchtig und leicht nach Pfirsich, der typische Mangocharakter fehlt.

Zill ist eine delikate, ganz leicht säuerliche Frucht mit vollem Mangoaroma, aber ohne den terpentinartigen Beigeschmack. Mit bis zu 400 g Gewicht kommt sie z. B. aus Südafrika.

Keith (Keitt) kommt aus Israel, aber auch aus Mittelamerika. Sie ist eine bis zu 900 g schwere, späte Sorte mit faserfreiem, aromatischem Fruchtfleisch.

Langra ist neben der "Chausa" die wirtschaftlich wichtigste Sorte im Norden Indiens und wird auch in Pakistan angebaut. Ihre Haut ist grün, das gelbe und weiche Fleisch ist sehr aromatisch und süß.

Parvin hat ein weiches, faserarmes Fleisch, aber kein besonders auffälliges Aroma. Sie wird in Mittelamerika, zum Beispiel in Puerto Rico, angebaut. Gewicht: 300 bis 450 g.

Sheil gleicht mit ihrem pfirsichartigen Geschmack den amerikanischen Sorten, wie der "Tommy Atkins". Sie wird etwa 600 g schwer. Die abgebildete Frucht kommt aus Israel.

Julie heißt die kleine rundliche, leicht flache, in der Karibik wichtige Sorte von 200 bis 300 g Gewicht. Ihr gelborangefarbenes, größtenteils faserfreies Fruchtfleisch ist sehr aromatisch.

Banganpalli oder **Safeda** (250 bis 350 g) spielt in Südindien wirtschaftlich die größte Rolle. Ihre Vorzüge sind festes Fleisch, leicht säuerlicher Geschmack und gute Haltbarkeit.

Pairi, auch als **Raspuri** bekannt, ist eine kleine rundliche Sorte aus Indien von 200 bis 250 g Gewicht, mit weichem, etwas faserigem Fleisch und ausgeprägtem Mangoaroma.

Mabruka, eine etwa 400 g schwere Mangosorte aus Israel mit leicht faserigem Fleisch und angenehmem, mangotypischem Aroma. Sie hat einen leichten terpentinartigen Beigeschmack.

Diese thailändische Mango behält auch vollreif ihre grüne Schalenfarbe. Sie zeichnet sie sich durch einen sehr angenehmen, dezent säuerlichen Eigengeschmack aus.

Zwei Extreme: Die Kent ist eine der größten Mangos - süß, saftig, fruchttypisch im Geschmack, doch arm an Säure. **Sensation** (unten) aus Südafrika dagegen ist eine der kleineren Sorten. Sie ist ausgesprochen fruchtig, säuerlich und ohne nennenswerten Terpentingeschmack.

Mangos für Europa kommt jedoch aus Mittelamerika, Südafrika und zum Teil aus anderen afrikanischen Ländern. Die asiatischen Länder beliefern vor allem den Nahen Osten, Japan, Neuseeland und Australien. Obwohl die Erntezeit der Mangos weniger als 3 Monate dauert, sind die empfindlichen Früchte während des ganzen Jahres in unseren Geschäften erhältlich. Der Transport per Luftfracht und die vielen verschiedenen Produktionsländer machen dies möglich. Was also die Verfügbarkeit betrifft, ist die Mango für den europäischen Markt eine ideale Tropenfrucht. Ein wirkliches Problem allerdings sind die sehr unterschiedlichen Qualitäten, die wiederum mit der Sorte nichts zu tun haben, sondern nur mit dem Reifezustand bzw. den Transport- und Lagerkonditionen und eventuellen Nacherntebehandlungen, ebenso wie mit der Behandlung der Früchte im Handel. Reife Mangos sind sehr transportanfällig, da sie sehr druckempfindlich sind und niedrige Temperaturen (schon ab 13°C) nicht vertragen; unreife Früchte sind in dieser Hinsicht sogar noch anfälliger als reife. Der normale Handel (nicht die Spezialisten) aber besteht auf unreif geernteten Mangos, Ware also, die während des Transports nicht verdirbt und über einen längeren Zeitraum disponierbar ist. Die Lagerung erfordert jedoch viel Fingerspitzengefühl und wegen der notwendigen höheren Temperatur eigene Räume. Gerade aber durch zu kühle Lagerung werden die meisten Fehler gemacht; es kommt zu Kälteschäden, die sich in der bräunlichen Verfärbung des Fruchtfleischs äußern. Mangos müßten also eigentlich nahezu vollreif (per Luftfracht) geliefert werden und innerhalb der folgenden 8 bis 10 Tage den Verbraucher erreichen. Unreif geerntete Früchte wiederum können - vorausgesetzt, sie wurden richtig transportiert und gelagert - nur optimal bei 25 bis 30°C nachreifen, was unserer durchschnittlichen Zimmertemperatur keineswegs entspricht. Der Verbraucher tut daher gut daran, sich gerade im Fall von Mangos an den spezialisierten Fruchthändler zu wenden; nur dann hat er die Gewähr, einwandfreie und geschmacklich optimale Mangos zu erhalten. Beim Verbraucher liegt es dann auch, diese richtig weiterzubehandeln: also niemals im Kühlschrank zu lagern - es sei denn, kurz vor dem Servieren.

Die vielfältigen Sorten und Varietäten unterscheiden sich erheblich in Größe, Form und Farbe, und doch haben sie alle eines gemeinsam: eine ledrige, ungenießbare Schale. Unter ihr verbirgt sich saftiges, goldgelbes, mehr oder weniger aromatisches Fruchtfleisch, das je nach Sorte weich bis fest und faserig bis faserfrei ist. Während man die Schale nach dem Einschneiden gut abziehen kann, ist der große ovale, flache Stein in der Mitte ziemlich fest mit dem Fruchtfleisch verbunden. Ebensolche Unterschiede wie in Form und Größe weist die Frucht auch im Geschmack auf. Er läßt sich nur schwer beschreiben und ist aufgrund der enorm großen Sortenauswahl viel breiter gefächert als zum Beispiel beim Apfel. Die bei uns angebotenen frischen Mangos sind dem europäischen Ge-

So geht man mit reifen Mangos richtig um. Wenn man nur einigermaßen die Regeln befolgt, dann lassen sich auch ganz weiche, reife Früchte ohne Probleme zerkleinern. Es stimmt zwar, daß Mangosaft Flecken verursacht, die aus Kleidungsstücken nie wieder ganz verschwinden. Aber dazu muß es gar nicht erst kommen, wenn man reife Früchte nach der untenstehenden Methode (demonstriert an einer vollreifen Manila-Mango) öffnet und verarbeitet. Man braucht dazu nur ein scharfes Messer und einen Eßlöffel.

Mangos schälen und schneiden

Die Angst, daß Mangos bei der Vorbereitung Probleme bereiten könnten, läßt viele vor ihrer Verwendung zurückschrecken, selbst wenn diese These noch durch keine eigenen praktischen Erfahrungen erhärtet worden ist. Bezeichnungen wie "Badewannenfrucht" (nur in der Badewanne zu essen) beweisen indes nur, daß es an den richtigen Anleitungen für den Umgang mit den saftig-süßen Früchten mangelt.
Feste Früchte, beispielsweise grüne, unreife, wie man sie für Chutneys verwendet, oder annähernd reife, die zu Kompott verarbeitet werden sollen, können als ganze Frucht geschält und dann weiterverarbeitet werden.

Die Frucht auf einem Brett hochkant stellen und längs in 3 Teile schneiden; im mittleren Teil liegt der Stein.

So kann man noch genauer schneiden: die linke Hand hält und dreht die Frucht, mit der rechten führt man das Messer ganz dicht am Stein entlang.

Feste oder grüne Mangos vorbereiten: Mit dem Kartoffelschäler lassen sich die Früchte ganz einfach und sparsam schälen • Auch ein Obstmesser mit leicht gerundeter Schneide ist geeignet, möglichst dünn zu schälen • Am Stein entlang die beiden "Backen" abschneiden, dann den Rest des Fruchtfleischs vom Stein schneiden.

Aus den beiden "Backen" mit einem Eßlöffel das Fruchtfleisch in einem Stück herauslösen. Dabei mit dem Löffel ganz dicht an der Schale bleiben.

Das schön in einem Stück ausgelöste Fruchtfleisch kann nun, in Würfel, Spalten oder Scheiben geschnitten, weiterverarbeitet werden.

Vom Mittelstück die Schale mit einem Messer lösen. Dabei dicht an der Schale entlangfahren, damit kein Fruchtfleisch verloren geht.

So läßt sich eine Mango dekorativ servieren: Das Fruchtfleisch in der Schale längs und quer, wie zu

Mit einer Gabel oder den Fingern den Stein auf das Schneidbrett drücken und mit dem Messer das Fruchtfleisch bzw. den Saft abstreichen.

Würfeln, einschneiden. Nicht mit zu viel Druck: darum einen Finger aufsetzen, um zu vermeiden, daß die Schale mit durchtrennt wird • Die Mangohälfte "umstülpen" • So umgestülpt auf einen Teller setzen; die einzelnen Würfel können mit einem Löffel direkt von der Schale gegessen werden.

Die Ausbeute an Fruchtfleisch ist bei dieser Methode optimal. Übrig bleiben nur die äußere, dünne Schale und der saubere Stein.

Diese fast überreife, nachgereifte Mango weist zwar eine runzelige und fleckige Schale auf, das Fruchtfleisch aber ist optimal, weich und geschmacklich einwandfrei.

Solche Flecken auf der Schale müssen, wie dieses Beispiel zeigt, nicht unbedingt die Qualität des Fruchtfleischs beeinflussen. Doch Vorsicht - der Grund kann auch eine Krankheit sein, wie Antracnose oder Bacterial Black Spot.

Eine vollreife Mango (Sorte "Smith") mit geleeartigem Fruchtfleisch rund um den Stein. Das kann optimale Süße und bestes Aroma bedeuten, bei überreifen Früchten ist dieser Teil möglicherweise aber auch schon in Gärung übergegangen.

Mango-Problem Nummer eins:
DER RICHTIGE REIFEZUSTAND

Auch die feinste Mango schmeckt nur, wenn sie wirklich reif ist. Doch woran erkennt man den idealen Reifezustand? Fest steht, daß man ihn eher "erriechen" als durch Drücken testen kann. Nur grüne, unreife Mangos lassen sich durch Anfassen eindeutig als solche klassifizieren: sie fühlen sich rundum hart an. Reifen diese Früchte nach, werden sie zwar weich und geben auf leichten Druck nach, doch ist das noch kein Zeichen von Reife. Tests haben ergeben, daß zum Beispiel aus Sendungen unreifer Mangos mit den Sorten "Haden", "Tommy Atkins" und "Mora" die Früchte auch durch Nachreifen bei 25°C nicht wirklich reif wurden. Äußerlich kaum verändert, war das Fruchtfleisch mit braunen Flecken durchsetzt. Reife Früchte aus Sendungen etwa mit der "Manila" oder der grünen thailändischen Sorte hingegen konnten ohne Qualitätsverlust länger als 10 Tage gelagert werden. Fazit: Die Qualität importierter Mangos ist für den Verbraucher unberechenbar, solange grüne Früchte eingeführt und die Nachreifung einem ungenügend informierten Handel oder gar dem Verbraucher überlassen bleibt.

Auf den Märkten der Erzeugerländer, wie hier in Bangkok, werden in der Regel ideal ausgereifte Mangos angeboten, es sei denn, die Früchte sollen zu Chutney oder Gemüse verarbeitet werden. Für diesen Zweck werden sie noch grün, also unreif, verkauft.

Ein Fehler, der häufig auftritt, äußerlich aber nicht feststellbar ist. Man spricht hier von einem "internal breakdown", der meist physiologische Ursachen hat, aber auch auf unsachgemäße Nachreifung (Ethylen-Einsatz) zurückzuführen sein kann.

Wenn während der Nachreifung solche Flecken auftreten, ist oft eine Pilzkrankheit (Antracnose) der Grund, die die Früchte gleich nach der Blüte befällt, oder eine ähnliche Krankheit, "Bacterial Black Spot" genannt.

Von außen kaum zu sehen: Für das braun verfärbte Fleisch kann eine zu niedrige Lagertemperatur verantwortlich sein, aber auch eine forcierte Reifung durch Ethylengas. Geschmacklich ist meist auch das innere, vermeintlich einwandfreie Fleisch betroffen.

Die thailändische "immergrüne" Mango ist ein gutes Beispiel dafür, daß man den idealen Reifezustand der Frucht äußerlich nicht erkennen kann. Erst aufgeschnitten läßt sich die vollreife, gelbfleischige Mango (links oben) von der helleren, noch unreifen Frucht unterscheiden.

schmacksempfinden angepaßt. Sie haben ein süßes Aroma und meist nur eine leichte, fruchttypische Terpentinnote, die uns, wenn sie zu stark ist, eher unangenehm, in den Ursprungsländern dagegen sehr beliebt ist. Zudem zeichnen sich die modernen Handelssorten gegenüber den kleinen, sehr faserigen Wildformen durch ein melonenzartes und zum Auslöffeln geeignetes Fruchtfleisch aus. Der sehr hohe Gehalt reifer Mangos an Vitamin A (der höchste sämtlicher Obstarten) und der mit einer Zitrone vergleichbare Vitamin-C-Reichtum (am höchsten bei unreifen Früchten) machen die Mango zu einem äußerst wertvollen Lebensmittel. Außerdem enthält die Frucht eine Reihe von Mineralstoffen, wie Calcium, Eisen, Kalium, Magnesium und Kupfer. Das Fruchtfleisch wirkt verdauungsfördernd und leicht laxativ. Nach der Banane ist die Mango das bedeutendste Volksnahrungsmittel für die Bewohner der heißen Länder. Sie läßt sich äußerst vielseitig verwenden, wird aber in erster Linie frisch verzehrt. Das köstliche Aroma der Frucht kommt am besten zur Geltung, wenn man sie gekühlt, aber nicht eiskalt serviert und in Desserts möglichst als einziges Obst einsetzt. Auch in Form von Kompott, Sorbet, Gelee und Konfitüre bietet sie höchsten Genuß. Püriertes Mangofruchtfleisch schmeckt hervorragend mit Quark, Mascarpone oder anderen Milchprodukten vermischt. Die Mango bereichert viele Schinken-, Fisch- und Geflügelvorspeisen und harmoniert als kühle Beilage mit pikanten Fleischgerichten ebenso wie mit Curries. Eine indische Spezialität ist Mango-Chutney, das, mild oder stark gewürzt, bei keiner Reistafel fehlen darf. In Indien bereitet man unreife Mangos auch als Gemüse zu. Die Mango eignet sich wie kaum eine andere Frucht zur Herstellung von Fertigprodukten, wie Chutney, Püree, Nektar und Trockenpulver. **Rote Mombinpflaume,** Rote Balsampflaume *(Spondias purpurea),* engl. Jamaica plum, Spanish plum, franz. mombin rouge, prune rouge, span. ciruela roja, jocote. Sie gehört zu einer Gattung, deren Arten in den tropischen und teilweise subtropischen Gebieten gut verbreitet sind. Wegen der großen Qualitätsunterschiede und ihres meist geringen Anteils an eßbarem Fruchtfleisch haben sie wirtschaftlich kaum Bedeutung. Die Rote Mombinpflaume beispielsweise, vor allem in Westindien und den Tropen Südamerikas zu finden, kommt wegen ihrer schlechten Transportfähigkeit nur selten auf unsere Märkte. Die kleinen, 2,5 bis 5 cm langen Früchte sind ei- oder pflaumenförmig und haben eine zähe Haut. Es gibt auch eine **Gelbe Mombinpflaume** *(Spondias mombin),* engl. hogplum, mompe, franz. mopé.

Apocynaceae **(Hundsgiftgewächse).** Zu dieser Familie zählen unser Immergrün und der im Mittelmeerraum wachsende Oleander. In den Tropen und Subtropen gehören neben kautschukliefernden Bäumen auch Arten dazu, die Früchte liefern. **Kerandang,** Karaunda *(Carissa carandas),* engl. caranda. Die in Indien beheimatete Frucht wird auch in Malaysia angebaut, hat aber wirtschaftlich keine Bedeutung. Wegen ihrer starken Säure ist sie für den Frischverzehr nicht geeignet.

Die Rote Mombinpflaume ist mit der Ambarella verwandt, wie man an dem kleinen Baum mit den ähnlich wedelartigen Ästen und typischen Blattpaaren erkennen kann (Bild oben). Die roten oder gelbbraunen Früchte (ganz oben) haben saftiges, süßaromatisches Fleisch ohne jeden Terpentin-Geschmack und werden in ihrer Heimat vorwiegend frisch verzehrt.

Die Kerandang wächst an einem kleinen, stacheligen, 3 bis 5 m hohen Baum, der neben den Früchten auch Kautschuk liefert. Ursprünglich in Indien beheimatet, gedeiht er heute überall in den Tropen. Kerandangs werden nur in kleinem Umfang regional kultiviert, die Bäume wegen ihres attraktiven Aussehens auch gern zur Zierde in Gärten angepflanzt. Die rötlichweißen Früchte schmecken sehr sauer und werden daher überwiegend als Pickles eingemacht, gekocht oder zusammen mit anderen Früchten zu Konfitüre verarbeitet.

Iacca Sursack

pag: 87.

Stachelannonen sind die größten ihrer Gattung, manchmal über 3 kg schwer und groß wie ein Fußball. Die nierenförmigen, mit zahlreichen weichen Stacheln besetzten Früchte wachsen meist das ganze Jahr über an einem immergrünen, 3 bis 8 m hohen Baum (rechts). Ihr oftmals ausgeprägt saurer Geschmack hat ihnen schon in der Vergangenheit den Namen "Sauersack" eingebracht, wie der alte Kupferstich zeigt.

Die Stachelannone hat wegen ihres Umfangs und etwas fremdartigen Geschmacks für den Export fast keine Bedeutung. Nur kleinere Exemplare werden gelegentlich angeboten. Eine um so größere Rolle aber spielt die Frucht mit dem saftigen, gelblichweißen Fleisch in ihrer südamerikanischen Heimat. Dort nimmt man in erster Linie den ausgepreßten Saft für die Herstellung von Erfrischungsgetränken, Eiscreme und Konfitüre, roh wird sie selten verzehrt.

So werden Annonen (hier eine Cherimoya) verarbeitet:

Den Stiel mit dem holzigen Ende einfach herausziehen, bei einer reifen Frucht geht das ganz leicht.

Die Frucht mit einem scharfen Messer nach Wunsch längs oder quer halbieren.

Das Fruchtfleisch mitsamt den dunklen Kernen mit dem Löffel herauslösen.

Anschließend das Fruchtfleisch mit Hilfe eines Gummispatels durch ein Sieb streichen, so daß nur die Kerne zurückbleiben.

Die Cherimoya gilt unter Feinschmeckern als die beste Tropenfrucht überhaupt. Süß und sahnig, wie Erdbeere, Himbeere und Birne zugleich, mit einem Hauch von Zimt als Würze - so läßt sich das einzigartige Aroma ihres weißen, leicht bläulich schimmernden Fruchtfleischs am besten beschreiben. Man sollte sie daher nur frisch verzehren.

Die Schuppenannone, auch Zimt- oder Zuckerapfel genannt, schmeckt ähnlich cremig-fruchtig wie die Cherimoya, jedoch süßer, mit einer kräftigen Zimtnote. Ihr gelbweißes Fleisch läßt sich nur schwer von den vielen Kernen und Fasern trennen. Bei der Verwendung gibt man daher meist dem passierten Fruchtfleisch, als Grundlage für Getränke und Desserts, den Vorzug.

Die Netzannone verdankt ihren Namen der netzartigen Zeichnung der Schale. Als "Rahmapfel" wird sie besonders in Indien und Indonesien geschätzt. Tatsächlich ist ihr Fruchtfleisch sehr cremig, fast ein wenig ölig, fällt aber geschmacklich gegenüber den anderen Annonen ab. Es schmeckt zwar saftig und süß, doch wenig aromatisch, eher etwas fade.

Annonaceae **(Annonengewächse).** Aus dieser Familie ist vor allem die Gattung *Annona* wichtig, die etwa 120 meist im tropischen Amerika heimische Arten umfaßt, von denen wiederum etwa 20 als Obstlieferanten genutzt werden. Überregional sind es allerdings nur 4 Arten, die Bedeutung haben. **Stachelannone,** Sauersack *(Annona muricata),* engl. soursop, sour apple, franz. corossol épineux, cachiman épineux, span. guanábana. Außer in Mittel- und Südamerika ist diese Annonenart heute überall im tropischen Flachland rund um den Äquator zu finden, auch in Südchina und Australien. Kommerziell gesehen, ist sie die wichtigste Annone, da sie sich vorzüglich für die industrielle Verarbeitung eignet. Das erfrischend säuerliche Fruchtfleisch mit zartem Aroma wird vorwiegend püriert für Getränke, Eiscreme und Konfitüre verwendet. **Cherimoya,** Zucker- oder Rahmapfel *(Annona cherimola),* engl. cherimoya, franz. chérimole, span. chirimoya. Im Gegensatz zu den anderen Annonenarten verträgt sie das tropische Flachlandklima nicht. Sie gedeiht am besten in den kühleren Höhenlagen (über 800 m) der nördlichen Anden Ecuadors, Kolumbiens und vor allem Perus. Sie ist sogar in den Subtropen anzutreffen. Von September bis Februar erreichen uns Importe aus Südspanien, kleinere Mengen werden aus Israel und Chile eingeflogen. Die herzförmige Frucht hat eine blaßgrüne, ledrig-weiche Schale, deren Schuppenmuster an Fingerabdrükke erinnert. Das Fruchtfleisch ist mit dunkelbraunen, leicht herauszulösenden Samen durchsetzt. Eine harte, noch unreife Cherimoya reift in wenigen Tagen bei Zimmertemperatur nach. Sie ist verzehrbereit, wenn sich die Haut braunschwarz verfärbt hat und auf leichten Druck nachgibt. Die Cherimoya ist reich an Traubenzucker, Vitamin C, Calcium und Phosphor. Weil sich das Fleisch nach dem Anschneiden leicht verfärbt, ist es ratsam, die Frucht sofort mit Zitronen- oder Limettensaft zu beträufeln, auch um ihr feines Aroma noch stärker hervorzuheben. Für Cremespeisen und Getränke aller Art läßt sie sich leicht pürieren. **Schuppenannone,** Zimtapfel, Rahmapfel *(Annona squamosa),* engl. custard apple, sweetsop, sugar apple, franz. annone écailleuse, pommecanelle, span. anona blanca. Die aus dem tropischen Andengebiet stammende, ovale bis herzförmige Frucht genießt heute im Fernen Osten ihre weiteste Verbreitung, wird aber plantagenmäßig kaum angebaut. Bei voller Reife brechen die stark ausgeprägten Schuppen gerne auf und die Frucht zerfällt in ihre kegelförmigen Einzelteile. Aufgrund ihres milden Aromas, dem der Cherimoya ähnlich, verträgt sie gut etwas Zitronen- oder Limettensaft. **Netzannone,** Rahmapfel, Ochsenherz *(Annona reticulata),* engl. bullock's heart, franz. cachiman, span. corazón, anona colorada. Im tropischen Amerika zu Hause, ist sie heute fast ausschließlich im Fernen Osten, in Indien, Sri Lanka und Thailand, sowie in der Karibik anzutreffen. Die runden bis herzförmigen Früchte haben eine schuppige, erst grüne, später dunkelrote Haut ("Ochsenherz"). Ihr weiches, helles Fleisch wird für Getränke und Desserts verwendet.

Vor allem in Südostasien erfreut sich die Schuppenannone größter Beliebtheit. Dort werden die empfindlichen Früchte, wie hier in Sri Lanka, oft an Schnüren hängend verkauft. Die Juni-Annonen gelten als die besten.

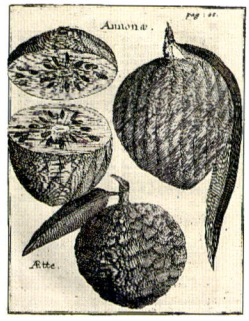

Annonen haben eine lange Geschichte. Bereits die Ureinwohner Südamerikas schätzten die wohlschmeckenden Früchte, deren harte, schwarzglänzende Samen in alten peruanischen Gräbern gefunden wurden.

Die Große Sapote, auch unter ihrem kolumbianischen Namen "chupa chupa" bekannt, ist als Frischfrucht sehr geschätzt. Sie schmeckt angenehm süß und erinnert geschmacklich entfernt an die Mango.

Die hohen, immergrünen Bäume der Großen Sapote verzweigen sich schon knapp über dem Boden, tragen sehr große, bis 30 cm lange und 20 cm breite Blätter und üppig viele Früchte.

Das Fruchtfleisch der Sapote läßt sich leicht freilegen. Links (von oben nach unten): Der Stiel samt anhängendem Fruchtkelch wird herausgedreht; bei einer weichen Frucht geht das sehr leicht. · Die Schale wird wie bei einer Orange mit einem Messer mehrmals eingeritzt und dann abgezogen. Die durch starke Fasern mit dem Fruchtfleisch verbundenen Samenkerne werden entfernt. Für Obstsalate, Kompotte und Konfitüren wird das Fruchtfleisch dann zerkleinert. Rechts: Sapoten werden vor allem roh verzehrt. Dazu schneidet man die ledrige Haut rundherum bis auf das Fruchtfleisch ein und hebt die obere Hälfte wie einen Deckel ab. Das säurearme Fruchtfleisch wird mit Zitronensaft beträufelt und mit dem Löffel von Kern gelöst.

Monstera deliciosa, eine sehr aromatische Frucht der in den Tropen weit verbreiteten Familie der Araceae, die Europäern vor allem wegen ihrer ornamentalen Blattpflanzen (wie Philodendron, Dieffenbachia) bekannt ist.

Bombacaceae (Wollbaumgewächse). Von dieser rund 28 Gattungen und 200 Arten umfassenden, in den Tropen verbreiteten Familie sind vor allem die Gattungen *Adanosia* (Affenbrotbaum), *Durio* (Durian), *Ceiba* (Kapok) und *Bombax* (Wollbaum) bekannt. Die bekanntesten eßbaren Früchte sind Sapote und Durian. **Große Sapote, Sapote** *(Matisia cordata E. et B.),* engl. Columbian sapote, franz. sapote de Pérou, span. zapote, chupa chupa. Da unter der allgemeinen Bezeichnung "Sapote" noch eine ganze Reihe anderer, äußerlich ähnlicher Früchte gehandelt wird, hat sich für die in den südamerikanischen Andengebieten beheimatete Große Sapote der in der kolumbianischen Provinz Tolima gebräuchliche Name "chupa chupa" eingebürgert. Mit ihrer lederartigen, fast filzig aussehenden Haut, die erst grün, später zimtfarben braun ist, wirkt die eiförmige, an einem Ende wie eine Zitrone zugespitzte Frucht recht unscheinbar. Erst nach dem Freilegen des appetitlich lachsroten Fruchtfleischs entpuppt sie sich als wahre Augenweide. 4 bis 5 Samenkerne sind in dem faserigen Fruchtfleisch eingebettet, das von vielen Milchsaft-Bahnen durchzogen wird. Daher empfiehlt es sich, die Sapote vor dem Verzehr mehrmals anzuschneiden und einige Tage im Kühlschrank liegen zu lassen. So kann der Milchsaft ausfließen und die immer in festem, unreifem Zustand geerntete Frucht nachreifen. Reif sind die Früchte sehr weich und nicht transportfähig. Daher kommen sie - von Mai bis November - leider nur gelegentlich aus Thailand, Malaysia, Kolumbien und Costa Rica auf die europäischen Märkte. Das süße, säurearme Fruchtfleisch, das reich an Vitamin C und E ist, wird vor allem frisch verzehrt. Mit etwas Flüssigkeit püriert, eignet es sich gut als Basis für Getränke, Eis, Konfitüre und Kompott. **Durian, Stinkfrucht,** Zibetkatzenbaumfrucht *(Durio zibethinus),* engl. durian, civet durian, franz. dourian, hérisson d'arbre. Die in Form und Größe einem Igel ähnliche Frucht des bis 40 Meter hohen Durian- oder Zibetbaums hat eine grüne bis olivgrüne Schale, die über und über mit harten, pyramidenförmigen Stacheln besetzt ist. In den fünf Kammern der Kapselfrucht liegen je 2 bis 4 längliche Samenkerne, die von einer rahmgelben Samenhülle, dem eßbaren "Fruchtfleisch", ummantelt sind. Bei voller Reife plumpsen Durians vom Baum. Sie überstehen den Fall unbeschadet, nicht aber, wer gerade darunter steht. Denn so eine Stinkfrucht kann 3 bis 10 kg wiegen. Der am Boden schnell einsetzende Zersetzungsprozeß erfordert in der Erntezeit von April bis Juli das tägliche Einsammeln der reifen Früchte; auch deshalb, weil viele wilde Tiere, vor allem Zibetkatzen, Affen und Elefanten, das verderbende Fruchtfleisch mit großem Genuß verzehren. Wegen ihres unangenehmen Geruchs können Durians nicht in geschlossenen Räumen gelagert werden. Am populärsten ist der Genuß als Frischfrucht. Halbreife Früchte nimmt man für Suppen und Gemüse. Die braunen Samen werden in Asche geröstet oder, in Scheiben geschnitten, fritiert und als schmackhafte Beilage zu Reisgerichten oder gezuckert als Süßigkeit gereicht.

Liebhaber preisen sie als höchst vollkommen, ja sogar als "Königin der Südfrüchte". Nicht-Kenner verschmähen sie wegen ihres äußerst unangenehmen Geruchs, der bei Lagerung in geschlossenen Räumen geradezu bestialisch wird. In jedem Fall ist die Frucht des Durian-Baumes, auch sehr treffend "Stinkfrucht" genannt, eine Frucht der Extreme: mit ihrem penetranten Mischgeruch nach faulen Eiern, verdorbenem Fleisch, Käse und Terpentin einerseits und ihrem eigenartig würzigen, fruchtigen, an Vanille, Mandeln und Zwiebeln gleichzeitig erinnernden Geschmack andererseits, der mit dem Geruch rein gar nichts mehr zu tun hat. Doch gerade die berühmt-berüchtigte Duftnote zeichnet eine vollreife, und damit geschmacklich hochwertige Frucht aus. Allerdings ist ihre Haltbarkeit in diesem Stadium sehr begrenzt, sie muß innerhalb weniger Tage verwendet werden. Vor allem, wenn sie angeschnitten ist; das Fruchtfleisch wird dann sehr schnell ranzig und sauer und verfärbt sich durch Oxidation bräunlich. Aufgrund der kurzen Lagerfähigkeit kommen nur wenige, nicht ganz reife Durians nach Übersee. Leider, im Sinne eines vollkommenen Genusses, fehlt ihnen deshalb der typische Geruch - ein unumgänglicher Kompromiß! Durians werden vor allem roh sehr geschätzt, eventuell noch mit etwas Zucker bestreut. Doch kann man sie auch erfolgreich zu Speiseeis, Konfitüre, Gebäck oder zu herzhaften Gerichten weiterverarbeiten.

In ihrer südostasiatischen Heimat erfreuen sich Durians schon seit Jahrhunderten großer Beliebtheit, wie dieser alte Kupferstich beweist. Heute werden auf den asiatischen Märkten (Bild unten: ein Händler auf Java) bis zu 10 US-Dollar pro Stück bezahlt. Besonders bei den Chinesen ist die Delikatesse sehr begehrt und auch als Aphrodisiakum hochgeschätzt.

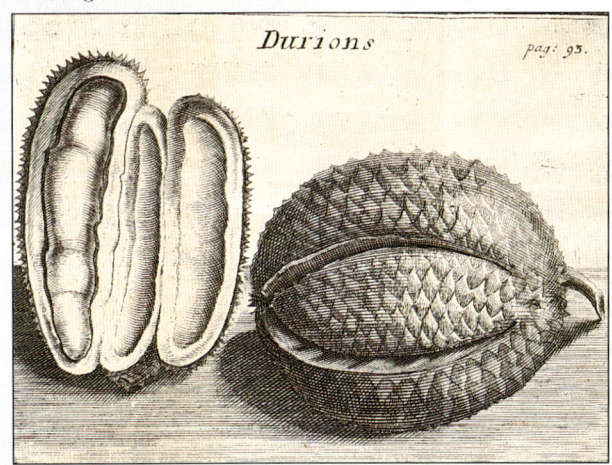

Durian zerteilen:

Durian fest am Stiel anfassen, während man mit einem großen, sehr scharfen Messer die Frucht einmal der Länge nach zerteilt. Das erfordert Kraft!

Dann die Durianhälfte mit der Schnittfläche auf das Küchenbrett legen und nochmals längs halbieren. Ein Arbeitshandschuh schützt die Hand vor den spitzen Stacheln.

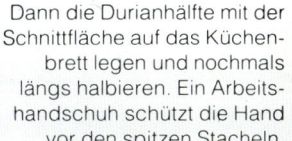

Das weißliche, ungenießbare Fruchtfleisch wird abgezogen, zum Vorschein kommen die von einem dicken Samenmantel umgebenen Kerne; Samenmantel ("Fruchtfleisch") und Kerne bilden den eßbaren Teil der Frucht.

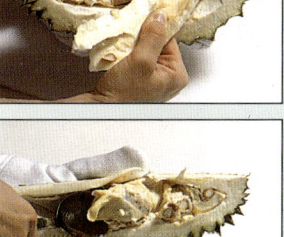

Während das Durian-Viertel in der einen Hand ruht, schält man die Samenkerne in ihrer Umhüllung mit einem großen Löffel aus den Fruchtkammern.

Zum Schluß wird das "Fruchtfleisch", also der Samenmantel, von den Kernen abgezogen. Es wird vorwiegend frisch verzehrt, die Samen werden in Scheiben geschnitten und geröstet oder fritiert.

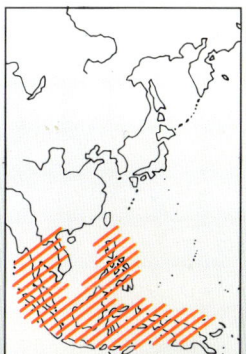

Die am weitesten verbreitete Durian-Art ist *Durio zibethinus*. Sie wächst vorwiegend in Südostasien, in Malaysia, Indonesien, Thailand und auf den Philippinen. Alle anderen Arten sind von geringer Bedeutung.

BROMELIACEAE

Kleine Plantagen in Mischkultur, wie diese auf Sri Lanka, prägen das Landschaftsbild in vielen tropischen Ländern. Die Ananaspflanze liebt feuchte Wärme, möglichst beständige Temperaturen um 30°C und direkte Sonnenbestrahlung. Sie gedeiht praktisch auf jedem Boden, reagiert allerdings sehr empfindlich auf zu große Bodennässe, Kälte und Wind.

Ananas

DIE KÖNIGIN DER TROPENFRÜCHTE

Vom Stielansatz bis zu den Blattspitzen der "Krone" stolze 50 cm hoch und bis 4 kg schwer - auch von den Ausmaßen her ist die Ananas "königlich". Dabei ist sie eigentlich gar keine echte Frucht; sie ist vielmehr eine Schein- und Sammelfrucht, die sich auf einem kurzen Stamm bildet. Aus der Mitte der großen Blattrosette mit bis zu 90 cm langen, in scharfen Spitzen zulaufenden Blättern treibt ein etwa 30 cm hoher Blütenstiel eine Ähre mit zahlreichen rosafarbenen Blüten. Diese wiederum bilden später kleine Beeren, die mit der fleischigen Blütenachse zu einem Fruchtverband, der Ananas, zusammenwachsen. Von jeder Beere ist dann nur noch die Außenwand, eine warzige, mit einem winzigen Blättchen besetzte Schuppe ("Auge"), zu sehen. Die harte, kräftige Ananasschale von grünlich- oder gelblichbrauner Farbe ist ungenießbar, gibt aber Aufschluß über die Qualität der Frucht: Je ausgeprägter das Relief der "Augen" und je kleiner diese Schuppen, um so aromatischer, süßer und saftiger schmeckt das leicht faserige Fruchtfleisch, das je nach Sorte gelblich bis rötlich gefärbt sein kann. Die Königin der Früchte zeichnet sich, so sie vollreif ist, durch einen intensiven Duft und einzigartigen Geschmack aus.

Bromeliaceae **(Ananasgewächse).** Fast alle Arten dieser Familie - es sind etwa 1400, die wiederum in 60 Gattungen zusammengefaßt werden - stammen aus dem tropischen Amerika. Die Mitglieder der Früchte liefernden Gattungen *Ananas* und *Bromelia* sind Erdpflanzen, die meisten anderen aber Epiphyten, das heißt, sie wachsen auf Pflanzen (Bäumen, Kakteen) oder Felsen und ernähren sich auch über die Blätter. Viele von ihnen wurden als Zierpflanzen kultiviert. **Ananas** *(Ananas comosus)*, engl. pineapple, franz. ananas, span. piña, ananás. "Nana meant", die erlesene Frucht, nannten die Eingeborenen auf Guadeloupe die duftende Köstlichkeit, die sie im Jahre 1493 Christoph Columbus und seiner Besatzung als Willkommensgruß darboten, als er auf der Antilleninsel landete. Ihre Vorfahren hatten sie vermutlich aus ihrer Urheimat, dem Grenzgebiet von Brasilien, Argentinien und Paraguay, mit auf die Inseln gebracht. 1535 gelangten die ersten Ananas nach Spanien, 1550 nach Indien. In dieser Zeit gab ein französischer Hugenottenpfarrer der Frucht den Namen "Ananaz", in Anlehnung an die indianische Bezeichnung "Nana". Die Portugiesen übernahmen ihn, die Spanier hingegen entschieden sich wohl wegen der Ähnlichkeit mit einem Pinienzapfen für "piña". Daraus leiteten die Engländer wiederum "pineapple" ab. Gegen Ende des 16. Jahrhunderts war die aromatische Frucht bereits in den meisten tropischen Gebieten der Welt eingebürgert und auch in Europa in Mode gekommen. Im Jahre 1886 erreichte die veredelte Ananas-Sorte "Smooth Cayenne" über Australien die Insel Hawaii, wo sie bereits sechs Jahre später industriell verarbeitet wurde: Der einmalige Aufstieg der Ananas in Dosen begann. Schon Mitte des letzten Jahrhunderts züchtete man auf den Azoren die ersten Ananas in Gewächshäusern und exportierte sie nach Europa. Noch bis nach dem Zweiten Weltkrieg versorgten ausschließlich die Inselgruppen im Atlantik unseren Markt, mittlerweile liefern sie nur noch geringe Mengen kleinwüchsiger, leicht rotschaliger Früchte von erstklassiger Qualität. Die wichtigsten Anbauländer sind Thailand, die Philippinen, Brasilien, Indien, USA (Hawaii), Vietnam, Mexiko und Indonesien. Das bedeutendste Ausfuhrland für frische und Konserven-Ananas sind die Philippinen. Thailand führt in gleichem Umfang nur Konserven-Ananas aus, Indien dagegen exportiert so gut wie gar nicht. Die frischen Ananas auf unseren Märkten kommen hauptsächlich von der Elfenbeinküste, Costa Rica und Honduras, aber auch aus Südafrika, Ghana, Brasilien und anderen Ländern. Für den Export werden die zwischen 3/4 und 2 kg schweren Ananas unreif geerntet, erreichen aber durch Nachreifen selten die Süße und das Aroma einer reif geschnittenen Frucht. Die hochwertigsten, weil vollreif geernteten Ananas kommen aus afrikanischen und inzwischen auch südamerikanischen Ländern auf dem Luftweg zu uns. Von der Farbe der Schale, die meist gemischte Töne von Dunkelgrün über Dunkelorange bis ins kupferige Rot und Gelb enthält, kann man grundsätzlich nicht auf den Reifezustand schließen. So

Die großen Ananas-Plantagen liegen in den Tropenzonen, die dem Äquator nicht zu nahe liegen, vorzugsweise an den wärmeren Ostküsten in Höhenlagen bis etwa 800 m. Hier auf Maui, einer der größten Hawaii-Inseln, zieht sich der freie Feldbau an den weiten Hängen des Haleakala-Vulkans entlang. Plantagen in Äquatornähe liegen meist höher, bis in 1800 m hinauf.

Ernte in Handarbeit. Die Plantagenarbeiter, hier auf Martinique, sind nicht nur durch dicke Handschuhe, sondern durch entsprechende Kleidung auch am Körper vor den langen, stacheligen Blättern geschützt. Sie schneiden die Ananas unten in der Blattrosette ab. Bei den für die industrielle Verarbeitung vorgesehenen Früchten wird auch gleich der Blattschopf abgeschlagen: ein Setzling für die nächste Generation.

Die Ananas-Ernte, hier auf Martinique, wird 18 bis 22 Monate nach dem Pflanzen "eingefahren". Für den lokalen Bedarf und die industrielle Verwertung erntet man die Ananas erst vollreif. Für den Export hingegen werden sie meist noch grün abgeschlagen, damit sie die lange Schiffsreise nach Europa gut überstehen. Leider reifen sie dann nicht mehr optimal nach.

Die Vermehrung der Ananas erfolgt vegetativ: durch die sich an der Basis des kurzen Stammes bildenden Seitensprosse und den auf der Frucht sitzenden Blattschopf. Die Setzlinge werden in die vorbereitete Erde gesteckt und treiben schon nach kurzer Zeit Wurzeln. Gepflanzt wird meist in Doppelreihen. Von der Blüte bis zur Ernte vergehen etwa 4 Monate.

Victoria heißt diese Baby-Ananas-Sorte. Die außen goldgelben Früchte haben weiches, tiefgelbes, sehr süß-aromatisches Fleisch, das jedoch nicht besonders saftig ist.

Mauritius, eine Sorte, die nicht nur auf der gleichnamigen Insel im Indischen Ozean, sondern auch in Indien und anderen südostasiatischen Ländern angebaut wird. Die Art ihrer Verpackung ist allerdings untypisch, denn normalerweise werden nur Baby-Ananas flach liegend verpackt; große Früchte kommen meist aufrecht stehend in die Kartons, um Druckstellen zu vermeiden.

kann eine grüne Ananas durchaus reif sein. Ein sicheres Zeichen für die Reife ist der intensive Ananas-Duft, der am besten am Stielansatz wahrzunehmen ist. Außerdem gibt das Fruchtfleisch auf Fingerdruck leicht nach, und die Blättchen aus dem Blattschopf müssen sich mühelos herauszupfen lassen. Sind die Spitzen der einzelnen Schuppen auf der Schale braun gefärbt, ist die Ananas trotz grüner Farbe reif. In diesem Zustand sollte man sie möglichst bald verbrauchen, da sie rasch an Saft verliert. Damit sie länger frisch bleibt, lagert man sie an einem kühlen, trockenen Ort bei etwa 8°C, aber keinesfalls im Kühlschrank - die Frucht bekommt sonst schwarze Flecken und das Aroma leidet. Bei einer reifen Frucht verbirgt sich übrigens unmittelbar unter der Schuppenhaut das schmackhafteste Fruchtfleisch, schon deshalb sollte man beim Schälen nicht allzu großzügig verfahren. Außerdem nimmt das Fruchtfleisch von der Krone zum Stielansatz an Süße zu. Unreife Früchte können noch stechend sauer schmecken. Man läßt sie daher, am besten bei Zimmertemperatur, einige Tage nachreifen. Besonders hervorzuheben sind die gesundheitlichen Werte der Ananas: Rohes Fruchtfleisch wirkt harntreibend und entschlackend, es enthält das eiweißspaltende und verdauungsanregende Enzym Bromelin. Außerdem ist die Frucht reich an Zukker, an Vitaminen der B-Gruppe, Vitamin C und A, an den Mineralstoffen Eisen und Calcium. Wegen ihres hohen Gehalts an Fruchtsäuren können bei übermäßigem Genuß Reizungen der Schleimhäute in der Mundhöhle auftreten. Die Ananas wird in erster Linie frisch verzehrt - pur oder in süßen und herzhaften Salaten oder als Belag für Kuchen und Torten. In Süßspeisen und Getränken aller Art, für Kompott und Konfitüren, bis hin zum exotischen Curry-, Fleisch- oder Fischgericht läßt sie sich vielseitig einsetzen. Der Phantasie sind keine Grenzen gesetzt, wohl aber der Zubereitungsart: Cremespeisen mit Gelatine werden nicht richtig fest, wenn sie mit frischer Ananas zubereitet wurden. Ursache dafür ist das Enzym Bromelin, das allerdings auch bewirkt, daß Fleisch in Verbindung mit rohem Ananasfleisch oder -saft zarter und bekömmlicher wird. Bei etwa 40°C verliert das Enzym seine Wirkung. Um das Problem zu umgehen, kann man allerdings statt der Gelatine den pflanzlichen Gelierstoff Agar-Agar verwenden.
Die Ananas-Sorten sind bei der Vermarktung frischer Früchte das eigentliche Problem. Denn einmal wird der Markt, wie bei keiner anderen Frucht, von nur einer Sorte, nämlich der "Smooth Cayenne", beherrscht. Zum anderen verwendet der Handel keine Sortenbezeichnungen, sondern bietet die Früchte meist nach ihrer Herkunft an. Eine Entwicklung, wie man sie auch bei anderen Früchten feststellen kann: Der Handel ist an einer breiten Auswahl, obwohl diese vorhanden wäre, gar nicht interessiert. Für ihn haben gute Haltbarkeit, einheitliche Größe und ähnliche Faktoren den absoluten Vorrang. Man kann darum nur hoffen, daß zumindest unter der reif geernteten "Flug-Ware" auch andere Sorten zu uns kommen. Es gibt weit über 100 verschiedene Ananas-Sorten. Trotz die-

Smooth Cayenne ist die marktbeherrschende Ananas-Sorte in allen Industrieländern (im Bild oben eine "Baby"-Cayenne, unten eine in normaler Größe). Neben ihrer Verwendung als Frischfrucht (25%) spielt sie für die industrielle Verarbeitung eine große Rolle. Dafür ist sie vor allem wegen ihrer günstigen Form und Größe prädestiniert.

Eine Ananas fachgerecht schälen, wenn sie in Stücken oder Scheiben weiterverarbeitet werden soll:

Zuerst die Blattkrone abbrechen; bei einer reifen Frucht geht das ganz mühelos.

Den Ansatz der Blattkrone so weit abschneiden, daß das Fruchtfleisch sichtbar ist.

Die Ananas aufrecht stellen und die Schale nicht zu dünn, damit die Augen weitgehend mit entfernt werden, in Streifen abschneiden.

Die Unterseite abschneiden. Der nach innen gewölbte Stielansatz muß dabei völlig entfernt werden.

Die Reste der Augen entfernen. Mit einem spitzen Obstmesser werden die Stellen rund ausgeschnitten.

Die lästigen "Augen" auf dekorative Weise entfernen:

Die Ananas von oben nach unten recht dünn schälen. Die Augen bleiben deutlich sichtbar.

Die diagonal verlaufenden Augen-Reihen werden nun mit dem Sägemesser keilförmig in Form von Streifen herausgeschnitten.

So vorbereitet, ist die Ananas eine attraktive Dekoration, zum Beispiel als Bestandteil einer Obstschale.

Red Spanish erkennt man vor allem an ihrer rundlichen Form - sie ist fast so dick wie lang. Sie hat ein ausgeprägtes Aroma und einen angenehm säuerlichen Geschmack, ihr Fruchtfleisch ist jedoch recht faserig. Sie ist sehr gut haltbar.

So werden Ananas- "Schiffchen" geschnitten:

Die Frucht mit einem Messer (am besten einem Sägemesser) längs teilen, dann jede Hälfte dritteln.

Von den Segmenten den "Strunk" (die Achse) in der Mitte abschneiden, da er mehr oder minder holzig ist.

Jetzt mit dem Messer an der Schale entlang das Fruchtfleisch lösen, aber in der Schale belassen.

Das Fruchtfleisch in gleichgroße Stücke schneiden und diese dekorativ gegeneinander versetzt nach außen ziehen.

So wird die Ananas genußfertig als Frischfrucht präsentiert, zum Frühstück, als Dessert oder für's Buffet.

Wenn sich die inneren Blätter leicht aus der Krone zupfen lassen, ist die Ananas reif. Die angeschnittene Frucht ist überreif: Außen mit den Merkmalen einer reifen Ananas, innen bereits verdorben. Sie riecht dann leicht vergoren.

Piñuela heißt diese mit der Ananas verwandte Bromeliazeen-Art (Bromelia pinguin) in Kolumbien. Die goldgelben, eiförmig bis länglich-ovalen, bis 10 cm langen Früchte ähneln auch im Geschmack einer Ananas.

Ananas in allen Größen und Farben werden auf den Märkten der Welt angeboten. Die Exporte in die Industrieländer zeugen aber in keiner Weise von dieser Vielfalt. Ganz im Gegenteil: nur eine Sorte, nämlich "Smooth Cayenne", beherrscht den Markt. Ausnahmen sind die **Baby-Ananas,** wie diese südafrikanische, relativ neue, besonders aromatische Frucht der "Queen"-Gruppe (Bild ganz oben). Die kleine, bis 500 g schwere und 12 cm lange Ananas hat sich sehr schnell einen beachtlichen Marktanteil erobert. Ein Beweis dafür, daß andere Sorten und ein neuer Geschmack durchaus gefragt sind. Ein Beispiel für besonders große Früchte ist die **Amazonas** (mittleres Bild) aus Südamerika. Sie hat zwar sehr helles, fast weißes Fruchtfleisch, ist aber von hervorragendem Geschmack. Ebenso wie die **Capachera** (unteres Bild), eine Lokalsorte Venezuelas, die auf unseren Märkten allerdings noch eine Rarität ist.

ser Vielfalt ist **Cayenne** die den Markt dominierende Sorten-Gruppe, allen voran die **Smooth Cayenne.** Hauptanbauländer sind Thailand, die Philippinen, Hawaii, Elfenbeinküste, Kenia und Südafrika. Ihr Fruchtfleisch ist blaßgelb, außen ist die zylinderförmige, bis 2 kg schwere Frucht dunkelgelb bis orange gefärbt. Die einzelnen kleinen Früchte (Augen) haben eine ziemlich glatte Oberfläche von etwa 2,5 cm Durchmesser. Zucker- und Säuregehalt sind höher als bei anderen Sorten. Die zweitwichtigste Sorten-Gruppe ist **Queen,** die vor allem in Südafrika und Australien sowie auf den Inseln Reunion und Mauritius angebaut wird. Als Frischfrucht wird sie vor allem in Südafrika und Australien geschätzt. Sie ist kleiner als "Smooth Cayenne", fast rund, mit goldgelber Schale und kräftig gelbem, eher saftarmem Fruchtfleisch mit starkem, fruchttypischem Aroma. Die kleinen, beinahe kugelförmigen Augen sind sehr ausgeprägt. Untersorten sind "Natal Queen", "Ripley Queen", "Fairy Queen" und "Z-Queen". An dritter Stelle der marktbestimmenden Sorten liegt die **Spanish-**Gruppe. Hauptsorte ist die **Red Spanish,** die in erster Linie zu Konserven verarbeitet wird. Ihre Hauptanbaugebiete liegen in der Karibik und in Mittelamerika, 75% des Anbaus entfallen auf Kuba und Puerto Rico. Ihre Schale hat große, sehr flache Augen und ist von orangeroter Farbe, das Fruchtfleisch dagegen leicht gelb. Mit ihrem Gewicht von etwa 1,5 kg liegt sie zwischen der "Cayenne" und der "Queen". Die gleichgroße "Singapore Spanish" wird hauptsächlich in Malaysia angebaut. Die **Abacaxi**-Gruppe umfaßt vor allem in den brasilianischen Küstengebieten angebaute Sorten. Die mittelgroßen, kegelförmigen Früchte sind sehr saftig und aromatisch. Die bekanntesten sind "Pernambuco", "Sugar Loaf", "Perola".

Cactaceae **(Kaktusgewächse).** Von den weltweit etwa 6000 Kakteenarten sind es vor allem die Arten der Gattung *Opuntia,* deren Früchte als Obst genutzt werden. International gesehen, ist es sogar nur eine einzige Art, nämlich *Opuntia ficus-indica,* die als Früchtelieferant von Bedeutung ist und auch kommerziell angebaut wird. **Kaktusfeige,** Indische Feige, Stachelbirne, Feigendistel *(Opuntia ficus-indica),* engl. Indian fig, prickly pear, tuna, franz. figue d'Inde. Die in Mexiko beheimatete Opuntie wurde im 16. Jahrhundert durch spanische Seefahrer in den Mittelmeerraum gebracht. Heute gedeiht sie in allen tropischen und subtropischen Klimaten als Unkraut, wird aber auch als wichtige Nutzpflanze kultiviert. Von Sommer bis Frühjahr sind frische Kaktusfeigen aus Brasilien und Kolumbien erhältlich, im Herbst aus Sizilien, Spanien und Griechenland, von Dezember bis April aus Afrika und im August aus Israel. Die Früchte müssen nach der Ernte noch so lange nachreifen, bis sie gelblich, rötlich oder braun gefärbt sind. Nur dann sind sie mitsamt den vielen, harten Kernchen im Inneren genießbar. Kaktusfeigen wirken leicht abführend und entschlackend. Sie enthalten Vitamine der B-Gruppe, Vitamin C und Calcium. Kleine Oxalat-Kristalle im Fruchtfleisch können im Mund ein leichtes Brennen verursachen, sind aber unbe-

Kaktusfeigen
AUSSEN STACHELIG, INNEN ZART UND SÜSS

Wer sich schon einmal - vielleicht im Urlaub in einem der Mittelmeerländer - an den verlockenden Früchten der dort überall wild wachsenden Scheibenkakteen "vergriffen" hat, wird wegen dieser sehr schmerzhaften Erfahrung möglicherweise das Interesse an ihnen verloren haben. Das wäre schade, denn das unter der stacheligen Haut befindliche Fruchtfleisch ist zartsüß und saftig. Bei den käuflich zu erwerbenden Früchten sind zwar oft die großen Stacheln durch Abbürsten oder maschinell entfernt worden, doch auf den warzenartigen Erhebungen sitzen immer noch unzählige, fast unsichtbare, mit Widerhaken bewehrte Härchen, die bei Berührung in die Haut eindringen und recht schmerzhafte Entzündungen hervorrufen können. Deshalb sollte man Kaktusfeigen nie mit bloßen Händen anfassen; am besten Küchenhandschuhe tragen, eine Greifzange oder ein Tuch zu Hilfe nehmen.

Opuntien werden 3 bis 4 m hoch. Als Folge der Anpassung an die langen Trockenzeiten in ihren Verbreitungsgebieten haben sich ihre scheibenförmigen, bis zu 20 cm breiten und 40 cm langen Stengelglieder zu "Wasserspeichern" entwickelt und die Blätter zu Stacheln zurückgebildet. Bei älteren Pflanzen bildet sich ein kurzer verholzter Stamm, so daß sie (wie auf dem alten Kupferstich oben rechts) fast wie Bäume wirken.

Aus den leuchtend gelben Blüten, die an den Rändern der scheibenförmigen Glieder sitzen, entwickeln sich die 4 bis 10 cm langen, feigenförmigen Früchte.

Kaktusfeigen nennt man die eßbaren, etwa gänseeigroßen Früchte der Opuntien. Gleich welche Sorte, ob in der Form eher rund oder länglich, innen grün, gelb oder orangerot - mit allen muß man vorsichtig umgehen. Die Berührung mit den zahlreichen, winzigen Stachelhärchen auf der Schale kann recht schmerzhafte Folgen haben. Doch so stachelig das Äußere, so süß und gleichzeitig säuerlich, erfrischend und saftig ist das körnige Fruchtfleisch, das von geleeartiger Beschaffenheit und von vielen kleinen Samenkernen durchsetzt ist. Sein Aroma erinnert entfernt an Birnen und Melonen und kommt besonders gut in Obstsalaten und cremigen Desserts zur Geltung.

Kaktusfeigen schälen:
Wenn schon ohne Handschuhe, dann die Kaktusfeige vorsichtig an beiden Enden mit Daumen und Zeigefinger festhalten und von beiden Enden einen flachen Deckel schneiden, dabei jedoch nicht ganz durchtrennen.

Anschließend die Schale einmal der Länge nach vom oberen bis zum unteren Deckel und bis auf das Fruchtfleisch einschneiden.

Mit Hilfe des Messers läßt sich die Schale jetzt rundherum leicht abziehen, ohne dabei mit den Stachelhärchen in Berührung zu kommen.

Sie wird zwar hauptsächlich in Kolumbien kultiviert, heimisch ist die Pitahaya jedoch in allen tropischen und subtropischen Gebieten Mittel- und Südamerikas.

Von außergewöhnlicher Schönheit sind die weißen Blüten der ansonsten bizarr und abwehrend wirkenden Pflanze. Sie öffnen sich am frühen Morgen, fallen jedoch in der Hitze des Tages rasch wieder zusammen. Die in den Tropen und Subtropen Mittel- und Südamerikas heimischen Kakteen (hier von einer roten Pitahaya) wachsen wild auf sehr kargen Böden und oft auf kleinsten Flächen an felsigen Hängen. Kultiviert weden sie vor allem in Kolumbien, von der Küste bis in Höhenlagen von 1800 m hinauf.

Pitahayas sind hauptsächlich in zwei Arten erhältlich. Die gelben, stacheligen, weißfleischigen Früchte (im Bild unten) sind jedoch ungleich aromatischer und erfrischender als die zwar attraktiveren, doch längst nicht so köstlichen glatthäutigen, leuchtend karminroten Früchte (im Bild ganz unten), die im Juni/Juli unter anderem aus Guatemala eingeführt werden.

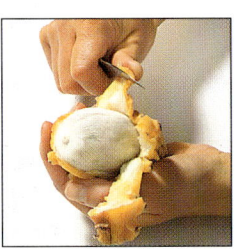

Reife Pitahayas lassen sich problemlos schälen. Einfach am Blütenansatz einschneiden und die Schale nach unten abziehen. Die freigelegte Frucht kann dann gut in Scheiben geschnitten werden.

denklich. Am besten läßt sich die Kaktusfeige frisch verwenden, indem man die ledrige, mit feinen Stacheln besetzte Schale abzieht. Besser löst sich die Haut, wenn man die Früchte zuvor etwa drei Stunden wässert. Damit das zarte, manchmal sogar etwas fade Aroma der Kaktusfeige nicht untergeht, sollte man sie solo verwenden oder nur mit geschmacklich nicht dominierenden Zutaten kombinieren. Diskrete Geschmacksverbindungen erreicht man durch Zugabe von Zukker, Schlagsahne und Likör, durch feines Bestäuben mit Zimt- oder Ingwerpulver und in Obstsalaten durch das Mischen mit heimischen Früchten wie Äpfeln, Birnen und Himbeeren, oder mit Exoten, zum Beispiel Banane, Kiwi, Melone, Papaya und Ananas. Mit Zitronensaft und Pfeffer gewürzt, schmecken Kaktusfeigen als Vorspeise zu Geflügel und Schinken, zu geräucherter Forelle und Schaltieren. Ihr weiches Fruchtfleisch läßt sich problemlos durch ein Sieb streichen. Das pürierte Fruchtfleisch dient als Grundlage für Sorbets, Cremes und Saucen. Wegen ihrer appetitlichen Farbe nimmt man Kaktusfeigen gern als Dekoration für Fleischgerichte und Süßspeisen. Außerdem wird aus dem Fruchtfleisch Konfitüre und Likör bereitet, in Mexiko Dörrobst und Sirup.

Pitahaya, Pitaya *(Hylocereus triangularis)*. Eine sehr erfrischende, aromatische, "exotische" Frucht, die auf der ganzen Welt immer mehr Anhänger findet. In Anbetracht der begrenzten Anbauflächen - die Pitahaya wird hauptsächlich in Kolumbien kultiviert - dürfte jedoch noch einige Zeit vergehen, bis die erhöhte Nachfrage, vor allem auch zu günstigeren Preisen, gedeckt werden kann. Frische gelbe Pitahayas werden aus Kolumbien von Dezember bis März und im Juli/August eingeführt. Immer mehr setzt sich für sie der Name "Pitaya" durch, auch wegen der einfacheren Aussprache; er ist in den lateinamerikanischen Ursprungsländern eine allgemeine Bezeichnung für eßbare Kaktusfrüchte. Es gibt gelbe und rote Pitahayas. Die gelbe ist länglich, etwa 10 cm lang, ihre Schale ist mit warzenartigen Wülsten besetzt, das Fruchtfleisch weiß. Die rote Pitahaya dagegen hat eine glatte Schale und leuchtend rotes Fruchtfleisch. Die gelbe, weißfleischige Pitahaya ist eine ideale Frischfrucht, denn sie entfaltet ihr einzigartiges, süßliches und erfrischendes Aroma nur in rohem Zustand. Die rote Pitahaya ist weniger aromatisch, kann aber gleichermaßen wie die gelbe Frucht verwendet werden. Wegen ihrer leuchtenden Farbe wirkt sie besonders attraktiv als Garnitur für Süßspeisen und Drinks. In Europa ist sie allerdings nur selten erhältlich. Für den Rohverzehr schneidet man Pitahayas am besten der Länge nach durch und löffelt sie aus. Die zahlreichen dunklen Samenkörnchen im Fruchtfleisch sollte man beim Essen nicht zerkauen, es sei denn, man möchte sich ihre leicht verdauungsfördernde Wirkung zunutze machen. Das Fruchtfleisch läßt sich auch gut für Obstsalate verwenden. Da eine Pitahaya zu etwa 90% aus Wasser besteht, kann man sie ohne Reue genießen. Frische Früchte können übrigens bis zu 12 Tage an einem kühlen Ort aufbewahrt werden.

Die geschlossenen Pitahaya-Blüten lassen nichts von ihrer Schönheit ahnen. Nach dem Aufgehen allerdings werden die prächtigen weißen Blüten in der Hitze sehr schnell welk.

Bis zu 5 m lang werden die dreikantigen Zweige des Pitahaya-Kaktus. Damit sie nicht abbrechen, werden die Pflanzen - vor allem beim großflächigen Anbau, wie hier auf einer kolumbianischen Plantage in der Hochebene bei Quimbay - an Spalieren gezogen. Kolumbien betreibt seit einigen Jahren verstärkt den Pitahaya-Anbau, mit gutem Erfolg. Die Nachfrage ist größer als das Angebot, daher sind die Früchte bei uns noch recht teuer.

Die stachelbewehrten Früchte, die aus den schönen weißen Blüten entstehen, sind oval und mit warzenartigen Wülsten besetzt. Sie werden bis zu 12 cm lang. Bei zunehmender Reife färbt sich die zunächst grüne Schale gelb, bei manchen Arten auch rot.

Bei der Ernte muß jede Frucht einzeln vom Trieb abgeschnitten werden. Ein Lederhandschuh schützt dabei vor den langen, spitzen Stacheln.

Ohne Stacheln kommen die Pitahayas in den Handel. Noch auf der Plantage werden sie abgebürstet, die Früchte anschließend gewaschen.

Die Baummelonen, wie die Papayas auch genannt werden, wachsen an bis zu 10 m hohen, hohlstämmigen Bäumen, die keine Äste, sondern nur eine dichte Blattkrone besitzen. Hier ein früchtetragender Baum auf einer Plantage in Indonesien.

Papayas
IN ALLEN GRÖSSEN

Klein und rund, eiförmig länglich bis zylindrisch, birnenförmig, zwischen 7 und 70 cm lang und nicht selten 9 kg schwer - die Papayas werden von den feuchten Tropen bis in die frostfreien subtropischen Gebiete in etwa 50 verschiedenen Sorten kultiviert und vermarktet. Nach Europa kommen allerdings nur die "Miniaturausgaben" (400 bis 1000 g) und nur wenige Varietäten, allen voran die "Solo" aus Brasilien.

Ob eher länglich und groß (ganz oben) oder kleiner und einer gedrungenen Birne ähnlich (oben) - alle Papayas hängen traubenartig in den Blattachseln der Baumkrone.

Was die Größe betrifft, ist die Papaya eine Frucht der Extreme: Die große, längliche Sorte aus Südamerika (oben) wiegt etwa 3 kg, die kleine, rundliche aus Hawaii (links im Bild) bringt dagegen nur etwa 400 g auf die Waage.

Caricaceae **(Melonenbaumgewächse).** Die im tropischen Afrika und Südamerika beheimatete Familie umfaßt, in 4 Gattungen, 71 Arten, die alle verholzte Kräuter mit astlosen Stämmen sind. Aus der Gattung *Carica* liefern mehrere Arten Südamerikas melonenartige Früchte. **Papaya, Baummelone** (*Carica papaya*), engl. papaya, pawpaw, franz. papaye, melon des Tropiques, span. papaya, lechosa. Sie stammt vermutlich aus Südmexiko, wird heute aber vor allem in Mittel- und Südamerika, Florida, Westindien, auf Hawaii, in Indien und Afrika kultiviert. Sie ist wegen ihres angenehmen Geschmacks und der gesundheitlichen Werte sehr geschätzt. So hat die Papaya bei toxischen Störungen eine entgiftende Wirkung und regt die Verdauung an. Das eiweißspaltende Enzym Papain, das in seiner Wirkung dem Pepsin ähnelt, ist für die leicht laxierende Wirkung verantwortlich. Für die Verwendung in Arzneimitteln und die Herstellung von Fleischzartmachern wird der an Papain reiche Milchsaft (Latex) durch Anzapfen der unreifen Früchte am Baum gewonnen. Außerdem enthält die Papaya die Vitamine A, C, B_1 und B_2 sowie einen hohen Anteil an Calzium. Auf dem europäischen Markt sind Papayas ganzjährig erhältlich, vor allem aus Brasilien und Costa Rica. Weitere Lieferländer sind Thailand, Venezuela und die USA. Die ledrige, gelbgrüne bis goldgelbe Schale gibt vollreif auf leichten Druck nach. Das gelbe, kräftig orangefarbene bis lachsrote Fruchtfleisch umgibt einen Hohlraum, der mit vielen pfefferkorngroßen, schwarzglänzenden, in einer geleeartigen Masse liegenden Kernen angefüllt ist. Sie schmecken beißend scharf und sind ungenießbar, doch werden sie in den Tropen als wirksames Mittel gegen Darmparasiten eingesetzt. Das Papayafleisch ist sehr saftig und von mildsüßem Geschmack. Da ihm die Fruchtsäure fehlt, wird sein Aroma gern mit Zitronen- oder Limettensaft betont. Papayas werden halbreif, wenn sie gerade beginnen gelb zu werden, geerntet. Eine unreife Frucht, die auch nach Lagerung bei Zimmertemperatur grün bleibt, ist in jedem Fall zu früh gepflückt worden. Sie sollte roh nicht gegessen werden, weil sie bitter und strohig schmeckt, kann aber als Gemüse gekocht werden. Sehr gut eignen sich die unreifen Früchte auch für Kompotts, Chutneys und Konfitüren. In wirklich reifem Zustand aber schmeckt die Papaya am besten: pur zum Frühstück, mit Schinken als Vorspeise oder als Dessert. Das Papain des rohen Fruchtfleischs verhindert allerdings das Festwerden von Gelatine. Papaya läßt sich auch püriert zu Getränken verarbeiten. In Salaten harmoniert sie sehr gut mit Meeresfrüchten und Geflügel, in Fleisch- und Fischgerichten mit Knoblauch und Curry, Mandeln und Erdnüssen. Übrigens können vollreife Früchte noch gut einige Tage im Kühlschrank gelagert werden. **Bergpapaya** (*Carica pubescens*), engl. mountain papaya, franz. papaye de montagne. Eine Papaya-Art aus den küh-

Solo gilt weltweit als die Spitzensorte, vor allem auch, was die Exportmengen betrifft. Die zunächst grüne Frucht nimmt bei Vollreife eine gelbe Farbe an. Oft entstehen kleine, braune Flecken, die aber keinen Einfluß auf die Qualität haben. Ihr saftiges Fruchtfleisch schmeckt süß und melonenartig.

Eine Papaya vorbereiten:

Die Frucht mit einem Sparschäler oder einem Messer einfach schälen, vorausgesetzt, sie ist nicht überreif. Anschließend längs halbieren.

Die Kerne am besten mit einem Löffel herausschaben. Dabei darauf achten, daß auch die in den Falten des Fruchtfleischs versteckten Samen entfernt werden.

Die halbierte Papaya mit der rund gewölbten Seite nach oben auf die Arbeitsfläche legen und der Länge nach in Spalten schneiden.

Bahia heißt diese Sorte aus Brasilien, die vielleicht ähnlich erfolgreich werden könnte wie die "Solo". Mit ihrem "Idealgewicht" von rund 1 kg hat sie für den Normalhaushalt eine praktikable Größe. Die vielen kleinen und schwarzen, kaviarähnlichen Samenkerne in der inneren Fruchthöhle und die Schale, die vor dem Rohverzehr und der Weiterverarbeitung entfernt werden, ergeben bei der "Bahia" maximal ein Drittel Abfall. Ihr lachsfarbenes Fruchtfleisch schmeckt vollreif hervorragend, wie Himbeere und Aprikose gleichzeitig und - dank ihrer relativ hohen Fruchtsäure, die bei anderen Sorten oft fehlt - sehr fruchtig und erfrischend.

Die Bergpapaya ist in den kühleren Gebirgszonen von Panama über Peru bis nach Chile verbreitet. Die kleine, faustgroße Frucht hat saftiges Fleisch von süß-aromatischem Geschmack. Man kann es frisch verzehren, häufiger wird es aber gekocht zubereitet.

Die Papayuela, nah verwandt mit der Papaya, wächst vor allem in Kolumbien, in Höhenlagen bis 3000 m. Als Frischobst bietet sie wenig Genuß, erst beim Kochen in Zuckersirup entfaltet sie ihr köstliches Aroma. Sie wird daher vorwiegend als Kompottfrucht verwendet.

Die Gemüsepapaya, auch "rohe Papaya" genannt, gilt in Thailand als Leckerbissen. Es handelt sich dabei um eine unreife, also sehr "jung" geerntete Frucht, die sich noch nicht für den Rohverzehr eignet, und die nur gekocht oder in anderer Form zubereitet gegessen wird. Dieselbe Papaya kommt aber auch reif in den Handel.

Babacos wachsen an einem kleinen, bis zu 3 m hohen Baum oder Strauch. Sie hängen an langen Stielen einzeln direkt am Stamm. Grüne, unreife Früchte werden bei uns manchmal als "Zitronenbabacos" angeboten.

Die Babaco, eine Neuentdeckung für unsere Märkte, ist wie geschaffen für den Frischverzehr, denn sie hat keine Kerne und kann mitsamt der Schale gegessen werden. Mit ihrem erfrischenden Aroma, einer Verbindung von "Granny-Smith"-Apfel mit etwas Erdbeere, Ananas und Papaya vergleichbar, ist sie vor allem pur ein Hochgenuß.

leren Gebirgszonen der Tropen ist diese etwa faustgroße, fünffach gerippte Frucht, die nur in geringem Umfang von Chile exportiert wird. Ihr Fruchtfleisch ist reich an Papain. **Papayuela** *(Carica goudotiana)*, engl. und franz. papayuela, span. papayuela, papaya silvestre, papayote, chilacuán. Auch diese *Carica*-Art verträgt kühleres Klima. Die 7 bis 12 cm lange Frucht hat eine grüne Schale mit teilweise orangegelben Färbungen. Die Samen müssen sorgfältig von dem blaßgelben Fruchtfleisch abgetrennt werden, da sie Magenschmerzen verursachen können. Auch die Schale ist ungenießbar. **Babaco** *(Carica pentagona)*, engl./franz./span. babaco. In den Andentälern Ecuadors beheimatet, wächst sie auch heute noch vorwiegend dort. Erst 1973 wurde sie in Neuseeland eingeführt. In Europa wurde sie zuerst auf der Kanalinsel Guernsey, dann in Italien angebaut, aber auch in Israel und Nordgriechenland; seit 1987 sogar in Südtirol, allerdings mit mäßigem Erfolg. Die im Aussehen einer dicken Gurke ähnliche Frucht von 20 bis 30 cm Länge wird wegen ihres guten Geschmacks, ihres hohen Vitamin-C-Gehalts sowie als Heilmittel sehr geschätzt. Wie die verwandte Papaya enthält sie das verdauungsfördernde Enzym Papain. Sobald sich auf der dunkelgrünen Schale gelbe Flecken andeuten, ist die Frucht erntereif. Sie schmeckt aber noch aromatischer, wenn sie gleichmäßig gelb gefärbt ist. Grüne Früchte reifen bei Zimmertemperatur rasch nach und lassen sich vollreif noch einige Zeit im Kühlschrank lagern. Babacos haben hauptsächlich als Frischobst Bedeutung, eignen sich aber auch sehr gut für Kompott, Konfitüre und Eis, püriert für Nektars und Shakes.

***Cucurbitaceae* (Kürbisgewächse).** Von den Kürbisgewächsen sind die als Gemüse verwendeten Gurken, Zucchini und Gartenkürbisse am bekanntesten. Zu der umfangreichen, über die ganze Erde verbreiteten Familie, die 90 Gattungen und über 750 Arten zählt, gehören aber auch die vor allem als Obst verzehrten Melonen. Und das sind hauptsächlich die Früchte der Gattungen *Cucumis* (Zuckermelonen) und *Citrullus* (Wassermelonen); bei beiden gibt es jedoch auch Formen, die als Gemüse verwendet werden. **Zuckermelone** *(Cucumis melo)*, engl. melon, sweet melon franz. melon, span. melón de olor. Die wärmebedürftige, einjährige Rankpflanze, die in Afrika oder Asien beheimatet ist (ihre Herkunft ist umstritten), gedeiht am besten in Ländern mit trockenen, heißen Sommern. Daher werden Zuckermelonen meist aus südlichen Ländern importiert. In der Hauptsaison, von Mai bis Oktober, kommen sie vorwiegend aus Spanien, Frankreich, Italien, der Türkei und Griechenland. Von Dezember bis April liefern vor allem Brasilien, Südafrika, Costa Rica und Chile, von April bis Dezember Israel. Melonen aus Unterglaskulturen kommen meist aus den Niederlanden. Zuckermelonen werden, je nach Sorte, bis zu 4 kg schwer. Anders als bei der Wassermelone, liegen ihre Samen in einem Hohlraum in der Mitte der Frucht, so daß sie leicht herauszulösen sind. Außerdem sind Zuckermelonen festfleischiger und aromatischer im Geschmack, was unter anderem

Bei den Obstmelonen unterscheidet man grundsätzlich nur zwei Arten: die großen, grünen Wassermelonen (oben rechts) und die kleineren, feineren Zuckermelonen, die ihrerseits wiederum eine verzweigte Gruppe mit vielen Sorten und Varietäten bilden. Dazu zählen die Gelben Honigmelonen (links im Bild) und die Galiamelone (rechts unten).

Melonen

DIE SÜSSEN DURSTLÖSCHER

Ihr Name leitet sich vom griechischen Wort "melon" ab und bedeutet so viel wie großer Apfel. Da Melonen zur großen Familie der Kürbisgewächse zählen, sind sie genau genommen eigentlich Gemüse - unreife Früchte haben einen typischen Gurkengeschmack! Doch wer je von einer reifen und süßen Melone genascht hat, wird keinen Zweifel an ihrer Hauptrolle als Obst hegen. Vorausgesetzt, sie war wirklich vollreif, denn nur dann entfaltet sie ihr ganzes Aroma. An der Farbe der Schale läßt sich die Reife allerdings nicht feststellen, da hilft nur der Riech- und Drucktest: Wenn sie einen intensiven aromatischen Duft verbreitet und am Blütenansatz auf leichten Daumendruck nachgibt, ist sie genußreif. Dann sollte sie möglichst rasch verzehrt werden, denn Melonen verderben schnell. Zum Nachreifen legt man sie zwei bis drei Tage an einen kühlen und luftigen Ort, aber nicht in den Kühlschrank. Dieser empfiehlt sich als Aufbewahrungsort nur für ein bis zwei Stunden vor dem Servieren, denn gut gekühlt schmeckt eine Melone besonders erfrischend.

Stolz zeigt dieser sizilianische Bauer seine reifen und nach sonnenverwöhnter Landschaft duftenden Melonen. Ein Privileg des Südens. Denn für den langen Weg in nördlichere Gefilde werden Melonen meist gepflückt, bevor sie Reife und Aroma voll entwickelt haben. In seiner rechten Hand hält der Bauer eine Honigmelone, in der linken eine Wassermelone.

Melonenpflanzen haben sich vor etwa 3000 Jahren im tropischen Erdgürtel angesiedelt. Während man bei der Wassermelone die Trockengebiete Süd- und Zentralafrikas als Urheimat vermutet, ist die Herkunft der Zuckermelone umstritten. Man spricht von Asien, neuerdings auch von Afrika.

Ogenmelonen, hier in einem Folienhaus auf Sizilien, entstanden durch Kreuzung von Netz- und Kantalupmelone in Israel. Nur von dort können Samen für ihre Kultur bezogen werden, denn ihre genaue Abstammung wird streng geheim gehalten.

Melonenernte auf Sizilien. Hier durften die Honigmelonen an der Pflanze voll ausreifen; für den Export werden sie leider meist zu früh geerntet, so daß sie Aroma und Süße nicht voll entwickeln können.

Tendral, eine späte, sehr haltbare und daher für den Verbrauch im Winter geeignete Zuckermelonensorte, die kein ausgeprägtes Aroma entwickelt und eher "gemüsig" schmeckt.

in ihrem etwas geringeren Wassergehalt - rund 87% ihres Gewichts - begründet liegt. Sie sind außerdem reich an Mineralstoffen. Neben vielen Spurenelementen wie Eisen, Zink und Jod sind vor allem Kalium, Calcium, Phosphor und Magnesium für ihre durststillende Wirkung verantwortlich. Zuckermelonen können in Form und Farbe sehr verschieden sein, da es zahlreiche Sorten und Varietäten gibt. Sie lassen sich jedoch folgenden drei Grundtypen zuordnen: den Glatten Melonen, den Netzmelonen und den Kantalupmelonen. Die Glatte Melone oder Maltesermelone, wegen ihres Duftes auch Ananasmelone genannt, ist eine längliche Frucht mit glatter, je nach Sorte grüner oder gelber Schale. Das Fruchtfleisch kann gelbrötlich oder grün bis weiß gefärbt sein. Die saftigen, sehr süßen Honigmelonen gehören zu dieser Gruppe, zum Beispiel die gelbe "Honey Dew" und die dunkelgrüne "Tendral", beide aus Spanien. Die plattrunde oder ovale Netzmelone erhielt ihren Namen von der rauhen, hellbraunen Netzstruktur auf der Schale. Ihr aprikosenfarbenes, rötlichgelbes oder auch zartgrünes Fleisch schmeckt mehr oder weniger süß. Die Kantalupmelonen, nach dem ersten Anbauort Cantalupe nahe bei Rom benannt, sind mit etwa 400 g Gewicht die kleinsten, aber begehrtesten Zuckermelonen. Die runden, teilweise abgeplatteten Früchte haben eine glatte, gerippte oder mit warzenartigen Buckeln überzogene Schale, die weiß bis gelblich oder blaugrün mit grünen Längsstreifen sein kann. Ihr süßes, würziges Fruchtfleisch variiert von aprikosenfarben über gelborange bis rot. Die beste Vertreterin dieser Gruppe ist die "Charentais", auch Cavaillon-Melone genannt, aus Frankreich. Alle Zuckermelonen-Sorten lassen sich gleichermaßen verwenden und sind vor allem als Dessertfrucht geschätzt. Zum Rohverzehr schneidet man die längs halbierte Melone in Spalten, löst die flachen, weißen Samen mit einem Löffel heraus und ißt die Frucht mit Messer und Gabel. Oder man trennt das Fleisch von der Schale ab und serviert es in Würfel geschnitten oder in Form kleiner, ausgestochener Kugeln, oft in der ausgehöhlten Melonenschale. Als Dessert reicht man Zuckermelonen mit Beeren und anderen Saisonfrüchten in Obstsalaten und verfeinert diese mit Eiscreme, Crème fraîche und Sahne. Oder man mariniert sie mit Zitronensaft, Fruchtlikör, Dessertwein, Cognac oder Weinbrand, auch mit trockenem Sherry oder Portwein und serviert sie so zu Beginn eines Menüs. Ein Sorbet, Gelee oder eine Kaltschale wird, aus dem pürierten Fruchtfleisch zubereitet, zu einer gelungenen Erfrischung für heiße Sommertage. Doch auch als Vorspeise oder Beilage haben sich Zuckermelonen einen festen Platz auf den Speisekarten erobert: Leicht gepfeffert lassen sie sich vorzüglich mit Parmaschinken, Bündner Fleisch, geräuchertem Schinken oder Salami anrichten, oder mit herzhaftem Käse, Roastbeef und Gänseleber, gebratenem Hähnchenfilet und Krabben kombinieren. Auch in vielen pikanten Salaten mit Reis, hellem Fleisch und Fisch sind sie eine sehr beliebte Zutat. **Wassermelone** (Citrullus lanatus), engl. watermelon, franz.

Rock ist der Sortenname dieser aromatischen Netzmelone, die besonders süß ist. Sie ist mehr eiförmig als rund.

Early Sweet ist eine eher runde und, wie der Name schon sagt, süße Netzmelone. Typisch die deutlichen Längsfurchen.

Melonenkugeln sind eine dekorative Art, das Fruchtfleisch für Desserts und Obstsalate zu verwenden.

Aus der halbierten Melone zunächst eine Reihe Kugeln rundherum ausstechen; dann erst die Kerne entfernen, bevor die nächste Reihe ausgestochen wird.

Die Charentais aus Frankreich gilt als die feinste unter den Kantalupmelonen. Intensiv im Aroma, stark duftend.

Eine Honey Dew, mit der für Honigmelonen typischen glatten Schale. Diese hier kommt aus Costa Rica.

Um Melonenhälften mit einem dekorativen Zackenrand servieren zu können, braucht man nur ein spitzes Messer.

Die Frucht rundherum entlang der Mitte (vorher markieren!) im Zickzack bis zur Mitte einstechen und die so entstandenen Hälften entkernen.

Die für Honigmelonen typische gelbe Schale ist bei dieser spanischen Varietät von kräftigem Grün durchsetzt.

Als "Warzenmelone" bezeichnet man, wegen ihrer warzig-wulstigen Schale, diese Kantalupmelone, hier aus der Türkei.

Galia heißt eine andere, gelungene israelische Züchtung, eine Netzmelone mit festem, besonders süßem und würzigem Fruchtfleisch. Die rundliche Frucht ist relativ klein und eignet sich daher prima als "Portionsmelone".

Die Ogenmelone, klein, fast rund, stark duftend und süß, ist zwar sehr transportempfindlich, doch lange haltbar.

Die Gelbe Honigmelone ist unter den Zuckermelonen die bekannteste, dank ihres süßen, festen und saftigen Fleischs.

Wassermelonen sind der Inbegriff der Erfrischungsfrucht. In vielen heißen Ländern wird das durstlöschende Obst (oberes Bild: auf dem Markt von Palermo) an fast jeder Straßenecke feilgeboten. Unter der Vielzahl verschiedener Sorten ist die runde bis längliche **"Crimson Sweet"** (unteres Bild) mit grüngelber, unregelmäßig längsgestreifter Schale eine der wichtigsten.

Mürbe, dennoch knackig im Biß ist das mild-süße, sehr saftige Fruchtfleisch der Wassermelone, die wegen ihrer Größe auch in Segmente geteilt angeboten wird. An der Größe allein kann man Melonen allerdings heute nicht mehr unterscheiden, denn es gibt sie in den unterschiedlichsten Gewichtsklassen. So werden bereits "Portions"-Wassermelonen von nur 1kg Gewicht angeboten.

Die Ananas-Wassermelone (oberes Bild) mit ihrer hellgrünen, von dunkleren Längsstreifen durchzogenen Schale und ihrem einzigartig gelben Fruchtfleisch - daher der Name - ist immer öfter im Angebot zu finden. Häufiger und bekannter sind jedoch die auch als Abrusen bekannten, runden Wassermelonen mit dunkelgrüner Schale und intensiv rotem Fruchtfleisch. Von ihnen ist **"Sugar Baby"** (mittleres Bild) die wirtschaftlich bedeutendste Sorte, die vor allem aus Spanien, Italien, Griechenland und der Türkei kommt. Die längliche Form bei Wassermelonen (wie im Bild unten) findet man vor allem bei den in Nord- und Südamerika angebauten Sorten.

pastèque, melon d'eau, ital. anguria, span. sandía. Sie trägt ihren Namen zu Recht. Die zu rund 95% aus Wasser bestehende Frucht stammt aus Afrika, wo sie auch heute noch wild wächst und während der Trockenzeit oft als Trinkwasserersatz dient. Ihr Anbau erstreckt sich auf alle wärmeren Regionen der Erde, wobei die Türkei das wichtigste Kulturland ist. Es gibt eine Vielzahl von verschiedenen Sorten. Die rundlichen, ovalen oder walzenförmigen, an den Enden meist abgeplatteten Früchte können bis zu 15 kg erreichen, im Handel wiegen die meisten jedoch nur 2,5 kg. Sie haben eine glatte, sehr dicke, hell- bis dunkelgrüne Schale, die manchmal auch marmoriert oder gestreift sein kann. Ihr Fruchtfleisch ist rosa bis rot, selten auch gelb, wie bei der Ananas-Wassermelone, von wässriger, lockerer Beschaffenheit und mit zahlreichen gelblichen bis braunschwarzen Kernen durchsetzt. Es enthält kaum Vitamine und Mineralstoffe und auch nur wenig Zucker, so daß es nur schwach süßlich und oft etwas fade schmeckt. Allerdings gibt es schon Neuzüchtungen, die wesentlich aromatischer sind und auch weniger Kerne enthalten. Wassermelonen sind ideale Durstlöscher. Man kann sie zwar wie Zuckermelonen als Dessert oder Vorspeise bereiten, in erster Linie aber werden sie einfach so gegessen. Dafür teilt man die Frucht in Segmente und entfernt die dunklen Kerne (sie werden normalerweise nicht mitgegessen, obwohl sie sehr ölhaltig und nahrhaft sind) mit der Gabel oder während des Essens aus der Hand. Übrigens: eine reife Wassermelone muß "singen", wenn man sie mit den Fingern oder der flachen Hand anklopft.

Kiwano, Hornmelone, Geleemelone, Afrikanische Horngurke (*Cucumis metuliferus*), engl. kiwano, horned melon, jelly melon, franz. kiwano, hat trotz Namensverwandtschaft nichts mit der Kiwi zu tun. Ursprünglich als größte Wildgurke im tropischen Afrika beheimatet, wird die Kiwano heute vor allem in Neuseeland erfolgreich angebaut, außerdem in Kenia und Israel. Zwischen Januar und Mai kommt sie frisch auf den europäischen Markt. Unter der mit zahlreichen fleischigen Stacheln besetzten, in reifem Zustand orangegelben Schale verbirgt sich ein anfangs helles, später dunkelgrünes und gallertartiges Fruchtfleisch. Die vielen, in einem Hohlraum in der Mitte in wabenähnlich angeordneten Fächern liegenden Samenkerne werden mitgegessen. Als außerordentlich ist die lange Haltbarkeit der Kiwano anzusehen: Wenn sie geerntet wird, sobald sie anfängt gelb zu werden, hält sie sich bei sachgemäßer Lagerung (9°C bis Zimmertemperatur) bis zu 6 Monate. Im Kühlschrank dagegen verdirbt sie schon nach sehr kurzer Zeit. Für den Frischverzehr schneidet man die Frucht längs oder quer durch und löffelt sie aus. Oder man löst das Fruchtfleisch mit einem Löffel vorsichtig aus der Schale und mischt es mit anderen Frucht- und Gemüsestückchen in süße oder herzhafte Salate. Schließlich kann man das Fleisch durch ein Sieb streichen und zu Eis servieren oder den Saft für Drinks verwenden. Geschmacklich läßt sich die Kiwano mit Zitronensaft, Schlagsahne und Weinbrand oder Cognac verfeinern.

Mit der länglich-zylindrischen Form ist die großfruchtige **Charleston Gray** eine typische Vertreterin der in Südamerika angebauten Wassermelonen. Sie hat eine hellgrüne, dünne, harte Schale.

Melon colorado wird diese bis 50 cm lang werdende Melonenart (*Sicana odorifera*) in Kolumbien genannt, als "casabanana" wird sie in Brasilien angeboten. Sie wächst an lianenartigen Schlingpflanzen, die, bis zu 10 m lang, an Bäumen hochranken.

Die Kiwano ist eine afrikanische Wildgurke, die erst in jüngster Zeit kultiviert wurde, jetzt aber schon in Israel und Neuseeland mit Erfolg angebaut wird. Vielleicht wird sie in Zukunft ähnlich erfolgreich sein wie die Kiwi, mit der sie allerdings nichts zu tun hat. Pur genossen, kommt ihr köstlicher Mischgeschmack aus Banane und Limette mit einer leichten Gurkennote am besten zur Geltung. Man kann sie aber auch für Süßspeisen, Getränke und als Beilage zu Fleisch- und Fischgerichten verwenden.

Von bester Qualität sind Kakis, wenn sie vollreif und weich vom Baum gepflückt werden. Doch müssen sie umgehend konsumiert werden, weil sie sofort verderben.

Die Kaki ist ein gutes Beispiel dafür, daß nicht allein das attraktive Äußere einer Frucht für den Geschmack bestimmend ist. Die tomatenähnliche Beerenfrucht entfaltet ihr süßes, birnen- und aprikosenartiges Aroma erst im fast überreifen Stadium, wenn das geleeartige Fleisch seinen hohen Gehalt an Tannin und damit die adstringierende Wirkung verloren hat.

Sharonfrucht heißt eine Kaki-Züchtung aus Israel, bei der einige "Mängel" ihrer Verwandten weggezüchtet wurden: die herben Gerbstoffe, die etwas zähe Schale und die Kerne. Die Sharon ist bereits in festem, knackigem Zustand genießbar, dabei von lieblichem, der Kaki ähnlichem Aroma. Eine typische Frischfrucht, die man wie Äpfel aus der Hand essen kann.

Kaki
DAS "GÖTTLICHE FEUER"

Besser als mit dem aus dem Griechischen kommenden botanischen Gattungsnamen *Diospyros*, übersetzt "Göttliches Feuer", kann die intensive, von gelborange bis tiefrot leuchtende Farbe der Kakifrucht nicht beschrieben werden. Sie ähnelt in ihrer Beschaffenheit einer Tomate. Die dünne, glatt-glänzende Haut umschließt das saftige Fruchtfleisch, in dem meist keine, zuweilen aber bis zu 8 Kerne eingebettet liegen. Wenn sie sich weich anfühlt und ihre Haut glasig aussieht, sie also fast überreif ist, dann schmeckt sie einfach himmlisch. Die beste Art, Kakis zu genießen, ist daher der Frischverzehr. Dazu halbiert man sie und löffelt das Fruchtfleisch aus der Schale, vielleicht noch mit etwas Zitronensaft, Likör oder Weinbrand beträufelt.

Rambai ist in Malaysia, Indonesien und Thailand zu Hause und wächst wie an Schnüren bündelweise an Ästen und Zweigen. Die dünne und samtige Schale der Frucht umschließt ein durchscheinend weißes Fruchtfleisch mit zwei bis vier Kernen. Es schmeckt süß bis sehr sauer und erinnert entfernt an die Langsat, mit der sie auch sonst leicht zu verwechseln ist.

Star Gooseberry, auch Grosella genannt, ist sogar in ihrer malaiischen Heimat eine Rarität und selten auf den dortigen Märkten zu finden. Sie wird fast nur im Norden des Landes angebaut.

Star Gooseberries hängen büschelweise an den Ästen des ganzjährig blühenden Baumes. Da die kirschrunden, grünen oder blaßgelben Früchte roh sehr sauer schmecken, werden sie vor allem als süß-saure Pickles eingelegt und zu verschiedenen Fleisch- und Fischgerichten serviert, aber auch zu Gelee und Süßspeisen verarbeitet.

Die Erdbeerbaumfrucht ist mehr ein Genuß fürs Auge als für den Gaumen. Die kirschgroßen, gelben bis scharlachroten Beeren erinnern äußerlich an Litchis, geschmacklich aber sind sie weit von ihnen entfernt: Von süß mit erfrischender Säurenote bis mehlig und fade reicht ihr Aroma. Daher beschränkt sich ihr Anbau auf wenige Mittelmeerländer.

Ebenaceae (**Ebenholzgewächse**). Aus der meist auf die Tropen beschränkten botanischen Familie mit rund 300 Arten baumförmiger Holzgewächse, die auch das berühmte Ebenholz liefern, tragen nur die Mitglieder der Gattung *Diospyros* eßbare Früchte. **Kaki, Chinesische Dattelpflaume,** Kakifeige, Japanische Persimone *(Diospyros kaki)*, engl. kaki, date plum, Japanese persimmon, Chinese persimmon, franz. kaki, caqui, abricot du Japon, coing de Chine, raquemine. Der bis zu 8 m hohe Kaki-Baum ist eine der ältesten Kulturpflanzen Ostasiens. Frische Kakis kommen im wesentlichen von Oktober bis Dezember aus Italien und Spanien, von März bis Juli aus Brasilien. Ihr Fruchtfleisch schmeckt köstlich in Verbindung mit Vanilleeis und Sahne, Quark und Joghurt und harmoniert bestens mit Banane, Trauben, Birne, Orange, Melone und Dattel. Püriert ist die Kaki eine geschätzte Grundlage vieler Cremespeisen, Grützen, Sorbets und Eiscremes, außerdem dient sie zur Herstellung von Konfitüre, Sirup, Kompott, Eis und Saft. Von den zahlreichen Kaki-Sorten ist die **Sharonfrucht,** auch Japanische Aprikose oder Chinesische Quitte genannt, besonders bemerkenswert; die israelische Neuzüchtung läßt sich aufgrund ihrer verbesserten Eigenschaften vielseitiger verwenden als die anderen Kaki-Sorten. Sie hat von Anfang November bis März Saison. **Lotusfrucht,** Lotuspflaume, Dattelpflaume, Schwarze Dattel *(Diospyros lotus)*, ital. frutta di loti. Sie wird im westlichen Asien bis nach China, Korea und Japan angebaut, ebenso im Balkan und in Italien. Um der kirschähnlichen Beere (sie ist wesentlich kleiner als die Kaki) den starken Tanningeschmack zu nehmen, empfiehlt es sich, sie vor dem Verzehr kurz in heißes Wasser zu legen.

Euphorbiaceae (**Wolfsmilchgewächse**). Zu ihnen gehören auch der Gummi- oder Kautschukbaum und Zierpflanzen wie der Weihnachtsstern. Es gibt aber auch Obst liefernde Pflanzen dieser Familie. **Rambai** *(Baccaurea motleyana)*, engl. rambai, ist in Malaysia beheimatet und nur von regionaler Bedeutung. Die erst gelbgrünliche, vollreif beige gefärbte Frucht mißt 2 bis 4 cm und hat von August bis September Saison. **Star Gooseberry, Malay Gooseberry,** Otaheite Gooseberry, Grosella *(Phyllanthus acidus)*. Sie stammt aus Asien (Indien, Malaysia), kommt heute aber in den gesamten Tropen vor. Die stachelbeerartige, doch glattschalige Frucht ist deutlich längsgefurcht.

Ericaceae (**Heidekrautgewächse**). Die nach ihrer Gattung *Erica* (Heidekraut) benannte Familie besteht hauptsächlich aus Sträuchern oder kleinen Holzpflanzen mit immergrünen Blättern. **Erdbeerbaumfrucht,** Arbutus-Beere, Sandbeere, Meerkirsche, Hagapfel *(Arbutus unedo)*, engl. arbute, arbutus, strawberry tree fruit, franz. arbouse, fraise en arbre, ital. corbezzolo. Da sich die cremig-weiche und samenreiche Frucht des Erdbeerbaumes, der wild in Süd- und Südwesteuropa zu finden ist, weder durch lange Haltbarkeit noch durch Wohlgeschmack auszeichnet, hält sich ihr kommerzieller Anbau (Spanien, Italien, Korsika) in Grenzen. Sie dient vor allem zur Herstellung von Wein, Schnaps und Likör.

Zuckerrohr dient besonders in Zentral- und Südamerika als Rumlieferant. Im Unterschied zu der sonst üblichen Destillation aus vergorener Melasse (Maische), gewinnt man auf der Plantage "La Mauny" auf Martinique (im Bild) den Rum direkt aus dem süßen Saft des schilfartig aussehenden Grases. Ein übrigens wesentliches Kriterum für ein Spitzenprodukt.

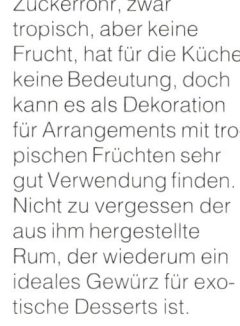

Zuckerrohr, zwar tropisch, aber keine Frucht, hat für die Küche keine Bedeutung, doch kann es als Dekoration für Arrangements mit tropischen Früchten sehr gut Verwendung finden. Nicht zu vergessen der aus ihm hergestellte Rum, der wiederum ein ideales Gewürz für exotische Desserts ist.

Die Zuckerrohr-Ernte läuft meist noch von Hand ab. Da die untersten Teile den höchsten Zuckergehalt aufweisen, werden die Stengel möglichst knapp über dem Boden abgeschnitten. Anschließend schlägt man Spitzen, Blätter und eventuell anhängende Wurzeln ab, bündelt die Stengel und transportiert sie, wie hier auf Martinique per Esel, zum nächsten Wagen.

Als Zuckerlieferant hat Zuckerrohr weltweit die größte Bedeutung. In den Anbauländern wird aber auch das frische Rohr zum Kauen angeboten, oder es dient der Herstellung von frisch gepreßtem Saft als Getränk (Bild rechts); pur für europäische Zungen nicht unbedingt ein Genuß, mit Wasser und Limettensaft gemischt aber ein erfrischender Durstlöscher.

Die Mangostane zählt zu den köstlichsten Tropenfrüchten der Welt. Bei ihrem höchst delikaten, wunderbar milden und süßsäuerlichen Aroma geraten Feinschmecker ins Schwärmen. In erster Linie wird sie frisch verzehrt, da sie unverfälscht zweifellos das größte Geschmackserlebnis bietet. Das unter einer festen Schale liegende, saftige und weiche Fruchtfleisch ist in vier oder mehr Segmente aufgeteilt, die sich wie bei einer Mandarine leicht von Hand trennen lassen. Die Frucht ist jedoch mit Vorsicht zu öffnen. Die lederartige Schale enthält nämlich einen harzigen, adstringierend wirkenden Saft (Tannin), der hartnäckige, dunkelrote Flecken auf der Kleidung verursachen kann. Zudem verholzt die dicke Schale bei längerem Liegen und wird so hart, daß sie sich mit einem Messer nur noch schwer aufschneiden läßt.

Die in Asien kultivierten Mangostanen gelten auch dort als Delikatesse und sind nicht gerade preiswert. Es können nur vollreife Früchte geerntet werden, denn sie reifen nicht nach. In der Hauptsaison (etwa von Juli bis September) werden sie, wie hier in Ambalangoda auf Sri Lanka, auf Holzgestellen gestapelt an der Straße verkauft. Die Einheimischen essen die beliebten Früchte, ihrem delikaten Aroma wegen, nur roh.

Die Madroño wächst halbwild in Südamerika, vor allem in Kolumbien, und wird kaum kultiviert. Sie hat eine rauhe, runzelige Schale und saftiges, säuerlich-erfrischendes Fleisch. Obwohl die Madroño geschmacklich leicht an Mangostane erinnert und sich auch, durch leichten Druck mit den Fingern, problemlos öffnen läßt, hat sie als Frischfrucht bisher nur lokale Bedeutung

Der Mameyapfel ist in der Karibik und im Norden Südamerikas sehr geschätzt. Unter der rauhen Schale kommt ein saftiges, süß-säuerliches Fruchtfleisch zum Vorschein, das man roh ißt oder zerkleinert in Obstsalate mischt. Wird der Mameyapfel gekocht (für Kompott, Konfitüre, Püree oder Saucen), tritt eine unverkennbare Aprikosennote in den Vordergrund.

Einen Mameyapfel zerteilen:

Zuerst schneidet man die Frucht entlang der Mitte rundherum bis auf den Kern ein, durch weitere Schnitte teilt man sie in Viertel.

Die entstandenen Viertel werden vom Kern abgehoben. Anschließend löst man das gelbe Fruchtfleisch aus der Schale und befreit es von den weißen, bitteren Fasern.

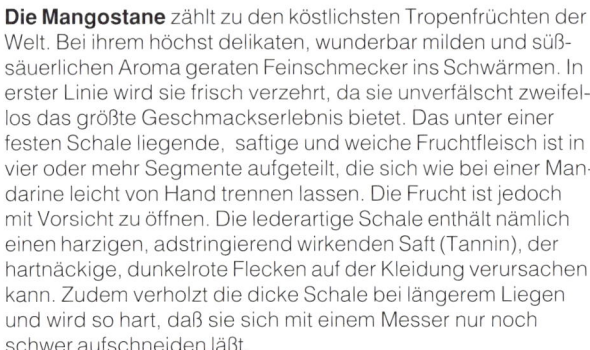

Gramineae **(Echte Gräser).** Diese Familie, zu der u.a. Reis, Mais und Hirse zählen, ist hier nur interessant wegen ihrer Gattung *Saccharum*. **Zuckerrohr** *(Saccharum officinarum)*, engl. sugar cane, franz. canne à sucre. Eine der wichtigsten Kulturpflanzen mit jahrtausendealter Vergangenheit, die allerdings hier nur der Vollständigkeit halber aufgeführt wird. Seine Heimat liegt wahrscheinlich in Indien, heute wird Zuckerrohr überall in den Tropen angebaut.

Guttiferae **(Johanniskrautgewächse).** Eine Familie meist subtropischer und tropischer Pflanzen, von der nur eine Gattung (zu der auch das Johanniskraut gehört) in den gemäßigten Klimazonen verbreitet ist. **Mangostane,** Mangosten *(Garcinia mangostana)*, engl. mangosteen, mangus, mangis, franz. mangoustan. Die attraktive Beerenfrucht eines bis 15 m hohen, immergrünen Baumes stammt aus Malaysia. Heute wird sie nicht nur in Asien, sondern auch in den Tropengebieten Südamerikas kultiviert. Importe kommen von Frühjahr bis Herbst hauptsächlich aus Thailand und anderen asiatischen Ländern, von November bis März aus Westindien, Mittelamerika und Brasilien. Die tomaten- bis orangengroße Frucht fällt besonders durch ihre purpur bis dunkelviolett gefärbte Schale auf. Vier kräftige Kelchblätter umkränzen den Stielansatz. Das Fruchtfleisch schimmert weiß und umschließt in den Segmenten einige grüne Kerne. Aufgrund ihrer dicken Schale läßt sich eine reife Mangostane zwar gut einige Tage im Kühlschrank aufbewahren, doch dann verliert sie schnell an Qualität, wird braun und wässrig. Zudem ist sie äußerst geruchsempfindlich und sollte daher nur in einem dicht schließenden Gefäß aufbewahrt werden. Mangostanen werden meist frisch samt den Kernen verzehrt. Als Dessertfrucht schmeckt sie vorzüglich in Verbindung mit Sahne und Eis, einzigartig kommt ihr Aroma in Form von Sorbet zur Geltung. Man kann Mangostanen zwar auch zerkleinert hervorragend für Puddings, leichte Cremes, Getränke und Gebäck verwenden, doch büßen sie durch Erhitzen rasch ihr Aroma ein. **Madroño** *(Rheedia acuminata)*, engl. und franz. madrone. Die in Südamerika beheimatete, 4 bis 9 cm lange, rund-ovale und am Blütenansatz leicht zugespitzte Frucht hat 1 bis 3 große Kerne und enthält relativ wenig Fruchtfleisch. Für den Export hat sie keine Bedeutung. **Mameyapfel, Mammiapfel** *(Mammea americana)*, engl. mammee apple, mammi, memmey, franz. abricot d'Amerique, abricot des Antilles. Unter der unscheinbaren, grünlichen bis rotbraunen und lederartigen Schale der etwa 15 cm großen Frucht verbirgt sich das goldgelbe, aromatische Fruchtfleisch, das 1 bis 4 größere, giftige, stark gerippte und von einem dunklen Häutchen umgebene Samen umschließt. Der Mameyapfel hat nur regionale Bedeutung. Er eignet sich sowohl zum Rohessen als auch zum Kochen. Sein Fruchtfleisch dient auch zur Herstellung von Säften, Eis und Milchshakes.

Lauraceae **(Lorbeergewächse).** Neben Kampfer und den Gewürzpflanzen Lorbeer und Zimt gehört auch der Avocado-Baum, als einzige Früchte liefernde Art, zu dieser vorwiegend in den Tropen

Fuerte ist weltweit eine der beliebtesten Avocados und zugleich die am meisten angebaute Sorte. Die birnenförmige, etwa 250 g schwere Frucht mit rauher, relativ dünner Schale und ausgezeichnetem Geschmack wurde in Kalifornien entwickelt. In Europa wird sie heute ganzjährig angeboten, hauptsächlich aus Israel, Südafrika, Kenia und Spanien.

Nabal heißt diese fast kugelrunde Sorte mit hellgrüner, glatter Schale, die aufgrund ihrer Form am leichtesten von anderen Sorten zu unterscheiden ist. Ihre dicke, holzige Schale verleiht ihr eine lange Haltbarkeit. Sie hat von allen Avocados niedrigsten Fettgehalt (etwa 6 bis 8%) und ist daher geschmacklich nicht so überzeugend. Sie kommt hauptsächlich aus Israel.

Avocados wachsen an bis zu 20 m hohen, immergrünen Bäumen, die in Plantagen jedoch auf ungefähr 8 m Höhe gehalten werden. Etwa 4 bis 7 Jahre dauert es, bis ein Avocado-Baum erstmals Früchte trägt.

Ettinger heißt eine israelische Avocado-Züchtung, die aus dem kleinen, mexikanischen Typ entwickelt wurde. Die ovale, etwa 300 g schwere Frucht mit glatter, glänzender Haut wird geerntet, wenn ihr Fettgehalt (der während der Saison noch steigt) mindestens 9% beträgt. Wegen ihres erstklassigen Geschmacks erfreut sie sich vor allem in Frankreich großer Beliebtheit.

Geerntet werden Avocados immer in unreifem, hartem Zustand, weil sie am Baum nicht weich werden. Das hat den entscheidenden Vorteil, daß man sie so lange hängen lassen kann, bis man sie benötigt. Der Erntezeitpunkt kann also gesteuert werden.

Wurtz heißt diese schlanke, birnenförmige Neuheit aus Israel, die von März bis Juni Saison hat.

Hass gilt wegen ihres feinen, nußartigen Aromas als beste Sorte. Sie ist gelbfleischig, klein, runzelig und dunkelschalig.

Edranol ist guatemaltekischer Abstammung und kommt von Juni bis Oktober aus Südafrika. Sehr gut im Geschmack.

Ryan ist eine rauhschalige Sorte, die gelegentlich (September bis Dezember) aus Südafrika eingeführt wird.

Reed ist eine späte Sorte, die aus Guatemala stammt. Die rund-ovale Frucht mit grüner, dicker Schale und vollem Geschmack ist sehr ertragreich und entspricht mit ihrem Gewicht von 200 bis 350 g den Anforderungen des europäischen Marktes. Seit neuestem bauen sie auch die Israelis an und schließen mit Exporten von April bis September das "Sommerloch" im Avocado-Angebot.

Bacon ist die früheste Sorte, die aus Spanien importiert wird. Sie ist schon ab Oktober erhältlich.

Mini-Avocados enthalten keinen Stein und sind daher länglich, gurkenförmig. Hauptsächlich in Frankreich im Handel.

Avocados

OBST UND GEMÜSE ZUGLEICH

Dank ihres ausgesprochen milden, entfernt an junge Hasel-
nüsse erinnernden Aromas und ihres zarten, cremigen Fruchtfleischs harmoniert die Avocado mit nahezu allen Zutaten: Von
süß bis sauer, würzig bis pikant oder gar chilischarf, ob als
Brotaufstrich, als Vorspeise mit Meeresfrüchten, Fleisch
und Käse, in Salaten oder als Dessert mit Sahne, Likör und Früchten - die Möglichkeiten der Zubereitung sind schier unerschöpflich. Zumindest, was
die frische Verwendung der Avocado betrifft. Bei
warmen Gerichten ist Vorsicht geboten: Auf keinen Fall sollte man sie kochen, sondern nur erhitzen, da sie sonst leicht bitter wird.
Beheimatet im ehemaligen Reich der Azteken,
also Mexiko und Guatemala, werden die wohlschmeckenden und vielseitigen Früchte heute vor
allem in den USA (Florida, Kalifornien), Westindien,
Brasilien, Peru, Afrika, im Mittelmeerraum (Spanien,
Israel), in Indonesien und Australien angebaut.

vorkommenden Familie. **Avocado,** Avocadobir-
ne, Butterfrucht, Alligatorbirne *(Persea americana),* engl. avocado, franz. avocat, span. aguaca-
te. Der große, immergrüne Avocado-Baum stammt
ursprünglich aus dem tropischen und subtropischen Mittelamerika, vor allem Costa Rica, Guatemala, Nicaragua und Mexiko. Für die Einheimischen waren seine Früchte eines der wichtigsten
Nahrungsmittel ("Butter des Waldes"), für die
Azteken und die mexikanischen Mayas galt sie als
"Wunderfrucht". Erstmalig wird die "ahuacatl",
wie die Avocado auf aztekisch heißt, 300 v. Chr.
schriftlich erwähnt, und im 16. Jahrhundert durch
den spanischen Eroberer Cortes in Europa eingeführt. Die wichtigsten Anbauländer sind heute
Mexiko, USA, Westindien, Brasilien, Indonesien,
Israel, Peru, Südafrika, Kenia, Australien und
Spanien. Israel ist von September bis Mai Haupt-
lieferant für die europäischen Märkte, die "Som-
mer-Avocados" von Mai bis Septemer kommen
vorwiegend aus afrikanischen Ländern. Annähernd 400 Sorten Avocados soll es geben, manche kaum pflaumengroß, in Ausnahmefällen bis
zu 2 kg schwer. Für den Export werden jedoch Varietäten von 150 bis 400 g angebaut. Die Beerenfrucht, 10 bis 12 cm lang, hat meist die Form einer
Birne, sie kann aber auch apfel- oder gurkenförmig sein. Ihre Schale ist je nach Sorte hell- oder
dunkelgrün, auberginefarben bis fast schwarz,
dünn oder dick, glatt oder rauh, mal leicht, mal
stark gerunzelt. Das zartgrüne bis gelbliche, cre-
mige Fruchtfleisch umschließt einen großen, braunen, ungenießbaren Samenkern. Die Avocado gilt
als eine der wertvollsten Früchte. Sie enthält bis zu
30% Fett mit einem großen Anteil an mehrfach un-
gesättigten Fettsäuren, die sich günstig auf den
Cholesterinspiegel auswirken. Außerdem ist die
Avocado reich an Vitaminen der B-Gruppe und an
Vitamin E sowie an Mineralstoffen, insbesondere
Calcium, Eisen und Kalium. Avocados werden
fast immer in noch hartem Zustand angeboten,
schmecken dann aber unangenehm bitter. Erst
wenn sie wirklich reif ist und sich ihr Fruchtfleisch
weich wie Butter streichen läßt, ist die Frucht
verzehrbereit. Vollreif fühlt sie sich rundherum
weich an, die Schale gibt auf leichten Fingerdruck
nach. Der Reifeprozeß kann beschleunigt werden, indem man die Frucht in Zeitungspapier
wickelt und 1 bis 3 Tage bei Zimmertemperatur
liegen läßt, oder sie zusammen mit einem Apfel
oder einer Banane aufbewahrt. Umgekehrt läßt
sich die Reifung bereits vollreifer Avocados durch
Lagerung im Gemüsefach des Kühlschranks für
einige Tage stoppen, bei Temperaturen unter 6°C
verdirbt sie jedoch. Die Avocado dient überwiegend dem Frischverzehr, in erster Linie pikant gewürzt. Dazu schneidet man die Frucht der Länge
nach bis zum Kern rundherum auf, dreht die
beiden Hälften gegeneinander, bis sich eine vom
Kern löst und hebt diesen mit einem Messer oder
Löffel aus der anderen heraus. Wichtig ist, daß die
Avocado erst unmittelbar vor der Verwendung angeschnitten wird, da sich ihr Fleisch rasch bräunlich verfärbt. Durch sofortiges Beträufeln mit Zitro-
nen- oder Limettensaft läßt sich das verhindern.

Pinkerton ist eine
schlanke, rauhschalige
Sorte von gutem Ge-
schmack, die bisher nur
aus Israel, und zwar im
Februar und März, ge-
liefert wird.

Negra de la cruz aus
Chile ist, mit ihrer tief-
schwarzen bis prupur-
farbenen Schale, eine
"Exotin" unter den Avo-
cados. Die glattschalige,
mittelgroße Frucht wird
Mitte März bis Ende Sep-
tember geerntet; außer-
halb Chiles hat sie aber
kaum Bedeutung.

Guama bildet je nach Art Schoten von unterschiedlicher Größe und Form. Die längste mißt über einen Meter. Das trockene, recht süße Mark, das die einzelnen Samenkerne umhüllt, wird meist nur in den Anbaugebieten Zentral- und Südamerikas für die Ernährung genutzt.

Manna lädt hauptsächlich Kinder zum Naschen ein. Sie brechen die Hülsen auf und lutschen das dunkelbraune, angenehm süße Fruchtmark in den kleinen Kammern aus. Es dient aber vor allem zur Herstellung milder Abführmittel und als aromagebende Zutat im Kautabak.

Johannisbrot wächst als Hülsenfrucht an einem etwa 10 m hohen, immergrünen Baum (Bild unten). Die getrockneten Hülsen (ganz unten) spielen in der Küche nur eine untergeordnete Rolle, im Gegensatz zu dem aus den Samen gewonnenen Johannisbrotkernmehl, das als Quell- und Dickungsmittel in Suppen, Saucen und Speiseeis Verwendung findet.

Der Johannisbrotbaum ist eine der ältesten Kulturpflanzen im Orient und im östlichen Mittelmeergebiet und wird bereits in der Bibel erwähnt: Johannes der Täufer soll sich in der Wüste von Heuschrekken und den honigsüßen Schoten der Karube ernährt haben. Daher auch der Name.

Leguminosae (Hülsenfrüchtler). Bekannt aus dieser umfangreichen Familie sind vor allem die wegen ihrer nahrhaften Hülsenfrüchte (Erbsen, Bohnen, Linsen, Erdnüsse) und als Futterpflanzen (Lupine, Klee) angebauten Arten. **Johannisbrot, Karube** *(Ceratonia siliqua),* engl. carob, franz. caroube. Unter der harten Schale der bis 20 cm langen und etwa 3 cm breiten, ledrig harten Hülse verbirgt sich fleischig-süßes Fruchtmark mit etwa zwölf dunklen Samen, alle mit einem ziemlich konstanten Stückgewicht von 0,18 Gramm ("Karat"). Wer in den Genuß des honigartigen Fruchtfleischs kommen möchte, muß die ganze Schote essen, denn schälen kann man sie nicht. Aus besonders zuckerreichen Sorten wird durch Auspressen ein Saft ("Kaftan") gewonnen. Johannisbrot hat das ganze Jahr über Saison, im Herbst kommen verstärkt Importe aus Spanien und Italien.
Guama, Guamo *(Inga ssp.),* engl. und franz. guama. Dieser Name wird für eine ganze Reihe von Arten der Gattung *Inga* benutzt, die in Mittel- und Südamerika überwiegend als Schattenbaum für Kakao und Kaffee gepflanzt werden, deren Hülsenfrüchte aber auch der Ernährung dienen.
Manna, Röhrenkassie *(Cassia fistula),* engl. cassia, franz. casse. Ursprünglich in Südasien beheimatet, hat der Manna-Baum heute überall in den Tropen, meist als Ziergehölz, seinen festen Platz. Im Inneren der röhrenförmigen Früchte, die eine Länge von 60 cm erreichen können, ruhen in kleinen, von dünnen Querblättchen getrennten Kammern die mit einer süßen Fruchtpaste umhüllten, ebenso süßen Samen. Im Unterschied zum Johannisbrot ist die holzartige Hülse nicht eßbar. Manna reift ganzjährig und wird meist aus Indonesien angeboten, hin und wieder auch aus Indien.
Tamarinde, Indische Dattel, Sauerdattel *(Tamarindus indica),* engl. tamarind, franz. tamarin. Die in Asien wegen ihres herb-säuerlichen Aromas sehr beliebte Hülsenfrucht wird bis zu 20 cm lang. Der hohe Säuregehalt dürfte der Grund für ihre leicht abführende Wirkung sein. Frische Hülsen kommen nur in geringem Umfang aus Brasilien und Thailand in den Handel. Häufiger wird das ausgelöste und gepreßte Fruchtmark angeboten. Tamarinden-Sirup wird gern als Grundlage für erfrischende Getränke und Sorbets, für süß-saure Saucen, Konfitüren und Bonbons verwendet.
***Malpighiaceae* (Malpighiengewächse).** Eine Familie, zu der vor allem Lianen des tropischen Südamerika, seltener auch Bäume und Sträucher gehören. **Acerola, Westindische Kirsche,** Antillen-Kirsche *(Malpighia glabra),* engl. Barbados cherry, Puerto Rican cherry, West Indian cherry, franz. acérole. Die aus Mittelamerika stammende Frucht sieht unserer Kirsche zum Verwechseln ähnlich: gelborange bis scharlachrot, rund oder oval, die Haut glatt, glänzend und dünn. Da das Fruchtfleisch sehr weich und saftig ist, sind frische, reife Acerolas außerhalb der Anbaugebiete kaum erhältlich.
***Meliaceae* (Zedrachgewächse).** In Asien gibt es eine Reihe sehr nützlicher holzliefernder Bäume, die dieser artenreichen Familie angehören. **Langsat** und **Duku** *(Lansium domesticum),* engl. und franz.

Die Kultur des Tamarindenbaums ist in Ostafrika uralt. Doch schon sehr früh hat er den Weg bis nach Indien gefunden. "Thamar", das indische Wort für Frucht, könnte der Stamm des Namens Tamarinde sein.

Acerola ist weltweit der Spitzenreiter unter den Vitamin-C-reichen Früchten: Ihr Ascorbinsäure-Gehalt kann bis zu 100mal höher liegen als bei der Orange. Weil sie so sauer schmeckt, wird die kirschähnliche Frucht selten roh gegessen, sondern bevorzugt zu Säften und Konfitüren verarbeitet.

Die Tamarinde ist eine Hülsenfrucht, deren Schote und Samen in der Küche fast ohne Bedeutung sind. Einen um so größeren Stellenwert aber nimmt das süß-säuerliche Fruchtmark ein, das als erfrischende Würze in vielen asiatischen Zubereitungen gefragt ist. Häufig wird es als klebrig-dunkles Tamarindenmus, mit oder ohne Samenkerne und oft unter Zusatz von Süßungsmitteln, angeboten.

Der Tamarindenbaum wird in den meisten tropischen Ländern angebaut, oft auch als Zierbaum, Schattenspender und zum Schutz gegen starke Winde. Da er sehr langsam wächst, dauert es meist mehr als zehn Jahre, bis er Früchte trägt. Dafür entschädigt sein langes Leben: Alte Bäume von über 150 Jahren sind keine Seltenheit.

Langsat gilt als eine der köstlichsten Früchte Südostasiens. Duku heißt eine verbesserte Zuchtvarietät. Wegen ihres stark variierenden Geschmacks, von leicht bitter bis mild-süß, findet man beide nur selten im Angebot.

Santol ist vor allem in Malaysia eine beliebte Frischfrucht, äußerst saftig und bei voller Reife pfirsichähnlich duftend. Neben den gelben Früchten gibt es auch eine rote Abart mit ebenso dicker Schale, Kechapi genannt.

Feigen

DIE SÜSSEN FRÜCHTE DES PARADIESBAUMES

Frische Feigen gelten bei uns noch immer als besondere Delikatesse. In ihrer Heimat, den Mittelmeerländern, gehören sie dagegen zum täglichen Obst wie hierzulande der Apfel. Mit gutem Grund: Wer viele Feigen ißt, lebt lange und bleibt gesund, heißt es. Tatsächlich sind Feigen reich an Zucker, Eiweiß und Mineralstoffen, vor allem Calcium, Phosphor und Eisen. Je dunkler gefärbt, desto wertvoller, reifer und süßer sind sie, um so weicher und cremiger ist ihr Fleisch. Eine wahre Wonne, wenn man sie so pur und gut gekühlt genießt. Da sich Gegensätze bekanntlich anziehen, harmonieren Feigen ideal mit herzhaften und säuerlichen Beigaben wie Schinken, Käse und Salami.

Rosella

DIE ROTE FRUCHT DER MALVE

Mit dem hübschen Namen schmückt sich die Frucht einer Tropenpflanze, die in europäischen Breiten als Früchtetee Berühmtheit erlangt hat: die Malve. In zartem Alter, wenn die roten, später fruchtbildenden Kelchblätter noch klein und fleischig sind, werden sie gepflückt und getrocknet. Blau, rot oder schwarz ist der daraus zubereitete, reizmildernde Tee, je nachdem, ob man die feinsten, inneren Malvenblätter oder die äußeren nimmt, oder die Blätter schnell und heiß trocknet. Die roten Kelchblätter der Blüte werden groß und fleischig und bilden die Frucht, die zu Gelee, Saft und Sirup verarbeitet wird. Bemerkenswert: der hohe Gehalt an Apfelsäure.

Frische Feigen zerteilen:

Die Feige am spitzen Ende mit dem Stielansatz festhalten und einen flachen Deckel vom gegenüberliegenden Ende abschneiden.

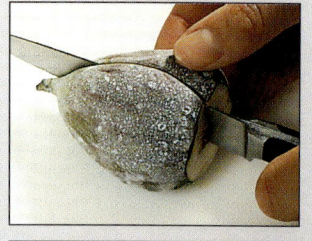

Dann die Frucht samt Schale mit einem scharfen Messer einmal der Länge nach halbieren.

Jede Hälfte noch einmal durchschneiden, so daß vier einzelne Viertel vorliegen.

Das Fruchtfleisch herauslösen, indem man mit dem Messer vom spitzen Ende her innen direkt an der Schale entlangfährt.

Rosella-Sirup:

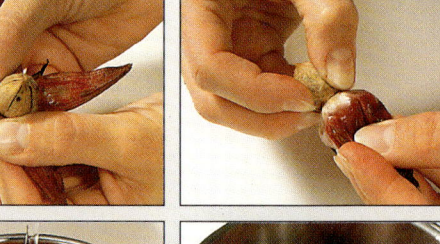
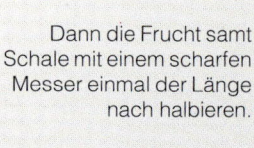

700 g Malvenfrüchte mit den Samen abwiegen. Die roten Kelchblätter nach außen umklappen und von der Samenkapsel abziehen.

Die Kelchblätter unter fließendem Wasser abspülen und mit 800 ml Wasser 30 Minuten kochen lassen.

400 g Zucker unterrühren und nochmals 45 Minuten unter Rühren simmern lassen. Die heiße Masse durch ein Sieb streichen und den Sirup (etwa 1/2 l) sofort in Gläser füllen und gut verschließen.

Feigen werden in vielen Gegenden der Welt kultiviert, dementsprechend groß ist die Sorten-Palette. Es gibt runde, ovale oder birnenförmige Früchte, die Hautfarbe der reifen Früchte reicht von grün über hellgelb und rotbraun bis dunkelviolett. Auch das Fruchtfleisch variiert im Ton von rosaweiß bis dunkelrot, das wiederum fast kernlos oder von mehr als 1600 Samenkernchen durchsetzt sein kann. Übrigens ist auch die Haut genießbar, wird aber in der Regel nicht mitgegessen. Die hellen Feigen schmecken meist etwas säuerlicher als die dunklen, oft sehr süßen Früchte. Unter den Handelssorten sind die türkischen "Smyrna-Feigen" die wichtigsten, in Kalifornien "Calimyrna" genannt. In den Anbauländern gehören Feigen zur täglichen Nahrung und werden auch zu Feigenbrot, Kompotten, Pasten, Sirup, Essig, Marmeladen und Chutneys verarbeitet. Wegen ihres hohen Zuckergehalts eignen sie sich gut zum Trocknen.

langsat, duku. Beide Früchte - Langsat gilt als die ursprüngliche Wildform, Duku ist eine daraus entwickelte, leicht größere Zuchtform - werden in Malaysia, Thailand, Burma und auf den Philippinen kultiviert. Wie Trauben hängen die 2 bis 4 cm großen Früchte am Baum. Das weiße, transparente Fleisch ist in 4 bis 5 Segmente aufgeteilt, die mit jeweils bis zu 3 grünen und sehr bitteren Samen verwachsen sind. **Santol,** Falsche Mangostan *(Sandoricum koetjape)*, engl. santol, franz. faux mangoustan, malaiisch sentul (gelbe), kechapi (rote). Die kugelförmige, leicht abgeplattete Frucht mit 5 bis 10 cm Durchmesser wird heute in ganz Südostasien, auf den Philippinen, in Indien und Westafrika angebaut.

Malvaceae **(Malvengewächse).** Zu der weltweit verbreiteten, doch vorwiegend tropischen Pflanzenfamilie mit etwa 1500 Arten zählen Faserpflanzen wie der Baumwollstrauch, aber auch der herrlich blühende Hibiscus. **Rosella, Malve** *(Hibiscus sabdariffa)*, engl. Jamaican sorrel, franz. roselle, in Südamerika auch "frambuesa" (Himbeere) oder "grosella" (Stachelbeere) genannt. Eine der wenigen Hibiscus-Arten, die auch der Ernährung dient und im tropischen Afrika, ihrem Hauptverbreitungsgebiet, seit alters her verzehrt wird: die Samen geröstet, die Blätter als Gemüse gekocht. Als Obst werden die leuchtend roten Kapselfrüchte mit ihren verdickten, fleischigen Kelchblättern verwendet.

Moraceae **(Maulbeergewächse).** Zu der überaus großen Familie mit mehr als 1500 Arten, die vorwiegend in wärmeren Ländern verbreitet sind, gehören auch Brotfrucht und Maulbeerbaum. Die weltweit bekannteste und wichtigste Frucht dieser Familie ist die Feige. **Feige** *(Ficus carica)*, engl. fig, franz. figue, span. higo, ital. fico. Über ihre genaue Herkunft herrscht Ungewißheit, wahrscheinlich stammt sie aus Kleinasien. Griechen und Phönizier verbreiteten sie in der Antike im Mittelmeerraum, wo heute der Schwerpunkt des weltweiten Feigenhandels liegt. Von Juni bis November kommen Importe vorwiegend aus den klassischen Anbauländern Griechenland und Türkei, aus Italien, Spanien, Israel und Frankreich. Von Dezember bis Mai sind sie aus Brasilien oder Kalifornien im Angebot, allerdings zu wesentlich höheren Preisen. Da sie äußerst empfindlich sind, müssen frische Feigen sehr sorgfältig transportiert werden. Wegen ihrer begrenzten Haltbarkeit werden die Früchte am besten nebeneinander liegend aufbewahrt. Sie sollten nur vollreif verzehrt werden, weil unreife Feigen einen Milchsaft (Latex) enthalten, der Hautausschläge und Juckreiz auslösen kann, der aber während der Reifung umgesetzt wird; die verdauungsfördernde Wirkung bleibt bei diesem chemischen Prozeß jedoch erhalten. Außerdem enthalten Feigen viele wertvolle Inhaltsstoffe und Ballaststoffe. Doch nicht allein deswegen lohnt es sich, Feigen zu essen. Frisch, geschält oder zerteilt und ausgelöffelt, sind sie ein Hochgenuß, der sich mit Schlagsahne, Crème fraîche und Portwein-Sabayon, mit Cognac oder Obstwässern noch veredeln läßt. Auch in Fleisch- und Geflügelgerichten sind Feigen eine interessante Beigabe.

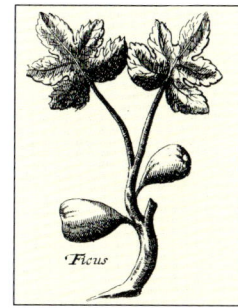

Der Feigenbaum wird schon seit Jahrtausenden kultiviert. In der Antike zählten seine Früchte, neben Weintrauben, Käse, Zwiebeln und Brot, zu den täglichen Grundnahrungsmitteln.

Die birnenförmigen, bis zu 8 cm großen Früchte reifen an den eher kleinwüchsigen, robusten Feigenbäumen oder -sträuchern, die in mildem Klima immergrün bleiben. Typisch die handförmigen Blätter.

Die Jackfrucht imponiert nicht nur wegen ihrer Größe. Die grüne Riesenfrucht hat auch innen viel zu bieten: zahlreiche sechseckige und sackähnliche Gebilde, die wie einzelne kleine Früchte unter der kräftigen, mit Noppen besetzten Schale in eine geleeartige Haut eingebettet sind. Fruchtig und mild, erinnern sie geschmacklich entfernt an Custard oder Honig.

Nangkas, wie die Jackfrüchte auch genannt werden, wachsen direkt am Stamm oder den Hauptästen des immergrünen Jackfruchtbaumes. Riesig wie der Baum selbst - er kann über 20 Meter Höhe erreichen - können auch die Früchte werden: oft wiegen sie über 40 kg und nehmen Ausmaße von bis zu 90 cm Länge und 50 cm Breite an. Neben den Kürbissen sind es die größten Früchte der Welt.

Brotfrucht und Jackfrucht
DAS BROT DER TROPEN

Groß, rund und gesund - die polynesische Brotfrucht und die Jackfrucht aus Südostasien, auch "Brotfrucht des kleinen Mannes" genannt, haben sich, ähnlich wie bei uns das tägliche Brot, einen festen Stammplatz auf den heimischen Speisezetteln erobert. Reich an Kohlenhydraten, vor allem an Stärke, an Eiweiß, Calcium und Phosphor, dienen sie in ihrer Heimat als nahrhaftes Grundnahrungsmittel: unreif wie Gemüse zubereitet, als Salat mit Zwiebeln und Pfefferschoten, auch gekocht, in Butter gebraten oder mit anderen Gemüsen geschmort; in reifem Zustand werden sie vorwiegend frisch und am besten gut gekühlt genossen. Auch die gekochten und gerösteten Samen sind ein kulinarisches Erlebnis - sie schmecken wie Maroni! Wie es sich für die Brotfrucht geziemt, läßt sie sich sogar zu Brot verbacken. Dafür verarbeitet man das Mehl aus dem getrockneten Fruchtfleisch.

Maulbeeren sehen Brombeeren verblüffend ähnlich, doch sind sie keine Sammelfrüchte wie diese, sondern Steinfrüchte. Je nach Art sind sie entweder gelblich-weiß, rot oder schwarz gefärbt. Die sehr süße Weiße Maulbeere (im Bild) ist vor allem wegen ihrer Blätter, mit denen Seidenraupen gefüttert werden, wirtschaftlich von Bedeutung.

Der Brotfruchtbaum (Bild ganz oben), 15 bis 20 Meter hoch und mit einer prächtigen Krone aus dunkelgrünen, gefingerten Blättern, gedeiht heute fast auf jeder karibischen Insel. Er liefert vieles, was die Bewohner der Tropen zum Leben benötigen: Die Rindenhaut dient als Flechtmaterial für Matten, das Holz wird zu Fischerbooten verarbeitet. Und die Brotfrüchte (Bild Mitte) sind, nach der Gemüsebanane, das wichtigste Grundnahrungsmittel für die Bevölkerung Westindiens. Außen grün und noppig wie die verwandte Jackfrucht, ist das Fruchtfleisch (Bild unten: eine aufgeschnittene Brotfrucht) feinfaserig und saftig, im Geschmack mild und zurückhaltend.

Morus nigra zeichnet sich durch eine Besonderheit aus: Am selben Baum können verschieden geformte Blätter - gezähnt, herzförmig oder gelappt - vertreten sein. Seine Beeren, unreif hell, später dunkelrot bis schwarz, sind größer als die Weißen Maulbeeren und süßsauer im Geschmack.

Jackfrucht, Nangka (Artocarpus heterophyllus), engl. jackfruit, nangka, franz. fruit de Jacques, pain des singes. Diese größte eßbare Frucht gehört zu den wenigen Früchten, die aus Indien stammen. Dort als "jaka" bekannt, verbreiteten sie die Portugiesen als "jaca" im südostasiatischen Raum. Heute trifft man sie überall in den Tropen an, außerhalb Asiens jedoch nur selten. In den Hauptanbauländern, in Indien, Sri Lanka, Indonesien, Malaysia und Thailand, genießt die stattliche Frucht dagegen ein traditionsreiches Küchendasein: als Gemüse in Salzwasser gekocht, mit Milch zu einem Gelee oder zu "pickles" verarbeitet. Die gekochten Kerne (das Wasser wegschütten, es soll giftig sein!) werden in Suppe oder Eintopfgerichten gegessen oder gemahlen zum Backen verwendet. Reife Jackfrüchte, deren Aroma entfernt an Durian erinnert, ißt man roh, indem man die kleinen, sechseckigen und sackartigen Gebilde, sozusagen die Früchte in der Frucht, aus der sie umhüllenden, gelatineartigen Haut herauslöst und dann von ihrem braunen, 2 bis 3 cm langen Kern befreit. Die kleinen, eßbaren "Einzelfrüchte", die etwa ein Drittel des Fruchtgewichts ausmachen, schmecken gut in Obstsalaten und mit Vanilleeis. **Brotfrucht** (Artocarpus communis), engl. breadfruit, franz. fruit à pain, span. fruta de pan, pan de pobre. Es waren englische Forschungsreisende, die im 18. Jahrhundert die Frucht in Ozeanien als wertvolles Nahrungsmittel kennen- und schätzenlernten. Auch der berühmte Captain Bligh mit seiner "Bounty" trug sein Scherflein bei: Im Auftrag der englischen Regierung, die damit dem Wunsch einiger Zuckerrohrpflanzer im karibischen Raum entsprach, sorgte er für die Verbreitung des Brotfruchtbaums, um die Ernährung der afrikanischen Sklaven zu sichern. Tatsächlich ist das "pan de pobre", das Brot der Armen, in der Küche sehr vielseitig zu verwenden, einschließlich des Safts, der sich aus den reifen Früchten gewinnen läßt. **Weiße, Schwarze, Rote Maulbeere** (Morus alba, Morus nigra, Morus rubra), engl. white, black, red mulbeery, franz. mûre blanche, noire, rouge heißen die drei Fruchtarten des Maulbeerbaumes. Die Weiße Maulbeere stammt aus China und wird heute in Ostasien in vielen Sorten gezüchtet. Die Beeren schmecken sehr süß, aber weniger aromatisch als die süßsaure Schwarze Maulbeere. Deren Saft wird für die Herstellung von Sirup, Wein, Gelee und Konfitüre, aber auch als natürliche Speisefarbe verwendet. Frisch wird sie kaum verzehrt. Ursprünglich im Iran und Kaukasus beheimatet, wächst sie heute überall im Mittelmeerraum, in Ägypten und in den südlichen Teilen der USA. Nordamerika ist die Heimat der Roten Maulbeere. Da sie recht sauer schmeckt, wird sie meist nur zu Gelee und Konfitüren verarbeitet. *Musaceae* (**Bananengewächse**). Eine kleine Familie in den Tropen und Subtropen mit 6 Gattungen und etwa 220 Arten, von denen 50 bis 60 Arten auf die Gattung *Musa* entfallen. Diese unterteilt sich wiederum in 2 Sektionen: Die eine, *Australimusa* aus dem pazifischen Raum, hat im Welthandel kaum Bedeutung. Zu ihr gehören die stärkereiche Fehibanane, außerdem verschiedene Zier-

Banane

DIE TROPENFRUCHT, DIE IMMER SAISON HAT

Wenn auch die Banane mit zu den ältesten Kulturpflanzen der Welt gehört, so zählt sie für uns doch zu den "jüngeren" kulinarischen Erfahrungen: Erst rund 100 Jahre ist es her, seit die gelbe Tropenfrucht den Weg nach Europa antrat. Mittlerweile hat sich die anfängliche Zurückhaltung zu heißer Leidenschaft gewandelt. Auf der Hitliste der beliebtesten Obstarten steht die Banane ganz oben, gleich nach dem Apfel, auch was die Häufigkeit ihres Verzehrs betrifft. Eines der Erfolgsgeheimnisse mag in ihrer von Natur aus hygienischen Verpackung liegen. Eine Banane kann man immer und überall problemlos essen, da braucht man kein Messer, keine Serviette. Süßlich und mild im Geschmack, mit schwacher angenehmer Säure und - ein fast unschlagbarer Vorzug - das ganze Jahr über erhältlich, dazu noch in ausgewogener Qualität und preisgünstiger als manches einheimische Obst. Der Grund: nur wenige Konzerne beherrschen den Markt und haben durch starke Rationalisierung von Ernte und Transport sozusagen die "Markenbanane" geschaffen. Sorten wie "Cavendish", "Gros Michel" und "Valery" spielen im Handel heute keine Rolle; es sind die Markennamen der großen Fruchthandelskonzerne, die sich eingeprägt haben.

Bananen, der Stolz vieler Entwicklungsländer. So ein Fruchtstand, auch Büschel genannt, kann ganz schön schwer werden: zwischen 35 und 50 kg wiegt jeder einzelne und trägt im Schnitt etwa 200 Bananen.

Die Markenbanane, Beispiel für konstante Qualität. Negative Überraschungen sind ausgeschlossen - aber auch positive. Die Gourmets unter der Bananenliebhabern wenden sich deshalb zunehmend den sonnengereiften und manchmal auch fleckigen Zucker- und Apfelbananen zu.

MUSACEAE

Bananen, die für den Export bestimmt sind, läßt man nicht an der Staude ausreifen. Die Fruchtstände werden in noch grünem Zustand abgetrennt und sofort, wie hier auf Martinique, für den Versand abtransportiert.

Die Gemüsebanane, auch Kochbanane, Mehl- oder Pferdebanane genannt, spielt bei uns nur eine untergeordnete Rolle. In vielen tropischen Ländern dagegen ist sie ein bedeutendes Grundnahrungsmittel, ähnlich wie bei uns die Kartoffel. Mehliger und weniger ausgeprägt im Geschmack als diese, wird sie, in unreifem Zustand, geschält und gekocht, fritiert, gebraten oder als Brei zubereitet, aber niemals roh gegessen.

Die Bananenpflanze ist eine riesige, 4 bis 10 m hohe Staude, das größte früchtetragende "Kraut" der Welt. Sie bildet einen Scheinstamm aus sich überlappenden Blattscheiden und bringt pro Staude nur einen Blütenstand hervor. Nach und nach öffnen sich Reihen von rotvioletten Blüten, aus denen sich die kleinen Früchte entwickeln (Bild links oben), pro Reihe eine sogenannte "Hand" mit je 12 bis 20 "Fingern", den einzelnen Bananen (Bild Mitte links). Jeweils 6 bis 20 Hände sind zu einem Büschel vereint. Zuerst wachsen die Bananen nach unten, bald wenden sie sich aber - hormonbedingt - dem Licht zu und biegen ihre Spitzen nach oben: darum ist die Banane krumm! Nach dem Abernten werden die Bananenstauden abgeschlagen; die sich an der Basis bildenden Schößlinge werden zur Aufzucht neuer Stauden verwendet. Unten links: eine Plantage auf Martinique.

Die Rote Obstbanane (links im Bild) ist eine seltene Spezialität aus Südostasien, die man bevorzugt heiß genießen sollte, da ihr leicht rotes Fruchtfleisch erst beim Erhitzen seinen vollen Geschmack entwickelt. Die **Gelbe Zuckerbanane** (rechts) ist, mit nur 10 bis 12 cm Länge, eine kleinfrüchtige Züchtung, die aber an Süße und Aroma eine Obstbanane weit übertrifft.

und Textilbananenpflanzen ("Manilahanf"). Zur zweiten, *Eumusa*, deren Urheimat in Asien liegt, zählen die Obstbananen, die von allen Bananensorten die mit Abstand größte Rolle spielen. **Banane, Obstbanane** (*Musa x paradisiaca*), engl. banana, franz. banane, span. banana. Die Geschichte der Banane begann vor Tausenden von Jahren. Bereits in indischen Aufzeichnungen aus dem 6. Jahrhundert v. Chr. wird sie erwähnt. Arabische Händler brachten sie 650 n. Chr. von Indien nach Palästina und Ägypten. Durch den Elfenbein- und Sklavenhandel der Araber gelangte die Banane vermutlich auch über Äquatorialafrika bis an die Guineaküste am Atlantik. Die Portugiesen entdeckten sie in Westafrika und verpflanzten sie sogar schon auf die Kanarischen Inseln. Aus dieser Zeit stammt ihr heutiger Name: Er leitet sich von dem arabischen "banan" (Finger) ab. Durch einen spanischen Missionar fand die Frucht schließlich den Weg nach Santo Domingo und verbreitete sich von dort aus rasch auf dem mittel- und südamerikanischen Festland. Heute gedeihen Bananen rund um den Äquator. Klassische Anbauländer und Hauptexporteure sind Ecuador, Kolumbien, Panama, Costa Rica, Honduras, Guatemala und Nicaragua. Für den Export werden die grün geernteten Bananen mit Kühlschiffen zu den Bestimmungshäfen gebracht. Erst am Ziel, in den in allen größeren Städten vorhandenen Reiferäumen, reifen sie zu den bekannten gelben Früchten heran. Bei diesem Nachreifen wird die in der Banane enthaltene Stärke in Zucker umgewandelt. Gleichzeitig bilden sich Aromastoffe und Säuren, welche die Süße der Frucht ausgleichen. Die Banane ist vollreif, wenn die gelbe Schale kleine braune Punkte aufweist. Dunkle Enden und größere braune Flächen sind ein Zeichen von Überreife und beeinträchtigen die Qualität der Frucht. Man sollte sie nie im Kühlschrank aufbewahren, denn in der Kälte verliert sie an Aroma und kann verderben. Die Banane gehört zu den gesündesten Früchten überhaupt. Sie ist reich an den Vitaminen A, E, B_1, B_2, B_6, Niacin und C, sie enthält zahlreiche Mineralstoffe, vor allem Kalium, Phosphor, Eisen und Magnesium, sowie Ballaststoffe. Sie ist sehr bekömmlich und gilt als wertvolle Diät- und Aufbaukost. **Rote Obstbananen** stammen aus Malaysia und sind ganzjährig im Angebot, in der Regel werden sie von der Elfenbeinküste, aus Thailand und Indonesien eingeführt. Sie haben eine rote, grün-rote oder rosa Schale und schmecken ähnlich wie die gelbe Obstbanane. Die **Gelbe Zuckerbanane** oder **Babybanane** wird aus Thailand, Malaysia, Indien, Kenia, Kolumbien und von den Kanarischen Inseln importiert, ist allerdings relativ teuer. **Apfelbananen** stammen aus Südostasien, werden heute aber auch aus Kenia und Brasilien ganzjährig importiert. **Gemüsebananen,** auch Platanos genannt, sind in Europa noch wenig bekannt. Sie sind meist größer und kantiger als die Obstbananen und grün, gelb, rot oder rötlichviolett gefärbt. Man kocht sie wie Kartoffeln, die Schale läßt sich bei den noch grünen Bananen allerdings nur schwer abziehen.

Apfelbanane nennt sich eine kleinwüchsige, sehr dünnschalige, nur 8 bis 10 cm lange Frucht, die entfernt nach Apfel schmeckt. Der abgebildete Fruchtstand (hier aus Kenia) ist geradezu ein Paradebeispiel dafür, daß Bananen auch in optimal ausgereiftem Zustand nach Europa kommen können und nicht, wie sonst üblich, erst hier nachreifen müssen; unter dem Gütesiegel "sunripe" sind die reifen Bananen das ganze Jahr über per Luftfracht aus Kenia erhältlich.

Der 3 bis 4 m hoch werdende Feijoastrauch mit seinen mattgrünen Blättern bringt leuchtend rote Blüten hervor (ganz oben), aus denen sich kleine, 40 bis 50 g schwere, eiförmige Beeren entwickeln (unteres Bild). Er ist anspruchslos und kälteverträglich.

Wildguaven unterschiedlicher Arten finden sich entlang der Nordostküste Südamerikas in großer Zahl, teilweise sind ihre Früchte so klein wie Stachelbeeren. *Psidium guineense* (im Bild) mit ihren harten, pflaumenförmigen Früchten ist die bekannteste. Ihr hellgelbes und sehr saures Fleisch eignet sich hervorragend zur Herstellung von Getränken und Speiseeis.

In Mittel- und Südamerika beheimatet, werden Guaven heute überall in den Tropen kultiviert. Die wichtigsten Anbauländer sind Indien und Südafrika.

Feijoa, eine für die Zukunft erfolgversprechende Frucht. Sie ist eine nahe Verwandte der Guave, der sie auch äußerlich sehr ähnlich sieht. Da ihr weißes bis lachsfarbenes Fleisch im Geschmack leicht an Ananas erinnert, hat sich auch die Bezeichnung "Ananas-Guave" eingeprägt. Die süßsauren Früchte werden vorzugsweise frisch gegessen, oft als Beigabe in Obstsalaten, oder zu Kompott und Konfitüre verarbeitet.

Myrtaceae **(Myrtengewächse).** Mit über 3000 Arten ist diese Familie auf allen Kontinenten vertreten. Zu ihr gehören unter anderen die Gattungen *Eucalyptus* und *Pimenta* sowie die Obst liefernden *Acca, Syzygium* (zu der aber auch der Gewürznelkenbaum gehört), *Eugenia* und *Psidium.* **Feijoa, Ananas-Guave** *(Acca sellowiana),* engl. pineapple guava, franz. goyave ananas, feijoa, span. guayaba del pail, ital. feijova. Sie ist in Südbrasilien beheimatet, größere Kulturen bestehen heute in Kalifornien, Florida und Neuseeland, seit wenigen Jahren sogar in Israel, Südfrankreich, Italien und Spanien. Neuseeland liefert von März bis Juli frische Früchte, Israel und Frankreich von Oktober bis Dezember. Die an Vitamin C reiche Frucht hat eine ledrige Schale, darunter weiches, geleeartiges Fruchtfleisch mit kleinen eßbaren Samen. Es ist von herber Frische und ein idealer Aromaträger für andere Früchte und Süßspeisen. Dank ihrer großen Gelierkraft eignet sich die Feijoa besonders gut zur Herstellung von Konfitüren und Gelees. **Guave,** Guava *(Psidium guajava),* engl. guava, common guava, franz. goyave, span. guyaba. Ihre Heimat ist vermutlich Brasilien oder Mexiko, doch ist sie heute überall in den Tropen verbreitet. Die wichtigsten Anbauländer sind Indien und Südafrika, des weiteren Mexiko, Kolumbien und Brasilien, Florida, Kalifornien und Hawaii. Frische Guaven kommen ganzjährig auf den Markt, vor allem aus Brasilien und Südafrika. Grüne, unreife Guaven läßt man an einem kühlen Ort nachreifen, bis sie überwiegend gelb sind, einen intensiven Duft ausströmen und ihre Schale auf leichten Druck nachgibt. Mit ihrem hohen Vitamin-C-Gehalt - durchschnittlich 300 mg pro 100 g Fruchtfleisch - und auch ihrem beachtlichen Gehalt an Vitamin A und an Vitaminen der B-Gruppe zählt die Guave zu den vitaminreichsten Früchten, die zudem auch Calcium, Eisen und Phosphor enthält. **Stachelbeerguave** *(Psidium guineense),* engl. Brazilian guava, franz. goyava du Brésil. Unter den vielen wild wachsenden Guaven entlang der Nordostküste Südamerikas hat sie, vor allem in Brasilien, die größte Bedeutung. Die bis 70 cm hohe Wildpflanze erreicht bei kontrolliertem Anbau 4 bis 6 m Höhe. **Cas** *(Psidium friedrichsthalianum)* heißt eine noch wenig bekannte Guavenart aus Costa Rica, die dort allerdings hochgeschätzt wird. Die mandarinengroße Frucht ißt man roh wie einen Apfel mitsamt der hellgelben Schale. Bei voller Reife ist sie sehr weich und daher nicht gut transportfähig. **Coronilla** *(Psidium acutangulum).* Eine Wildguavenart, die ausschließlich in Kolumbien kultiviert und bisher nur in geringen Mengen exportiert wird. Die an Vitamin C reiche Frucht übertrifft geschmacklich die Guave, ihr an Säure reicheres, hellgelbes Fleisch kann als eine harmonische Mischung von Apfel, Zitrone und Banane beschrieben werden. **Javaapfel** *(Syzygium samarangense),* engl. Java apple, wax jambu. Die aus Malaysia oder Südindien stammende, glockenförmige Frucht wird nur selten auf dem europäischen Markt angeboten. Ihr knackiges Fruchtfleisch schmeckt erfrischend säuerlich, ähnlich wie ein Granny-Smith-Apfel, aber etwas fader.

Guaven können in Form, Farbe und Größe sehr unterschiedlich sein. Die hier abgebildeten Sorten von *Psidium guajava*, der bekanntesten und meistgehandelten Guavenart, sind apfel- oder birnenförmig, haben eine grüne oder mehr gelbe Schale, ihr Fruchtfleisch kann grünlich-gelb bis rosarot gefärbt sein und viele oder wenige Kerne enthalten. Auch im Geschmack gibt es je nach Sorte deutliche Unterschiede.

Die immergrünen Guaven-Bäume (hier auf einer Plantage in Kolumbien) werden nur etwa 6 m hoch; im modernen Anbau hält man sie meist nur in Strauchgröße. Dank ihrer Anspruchslosigkeit sind die Pflanzen heute nicht mehr nur in feuchten Tropenlagen zu finden, sondern werden auch in frostfreien subtropischen Gebieten angebaut.

Coronilla heißt diese große, in Kolumbien heimische Wildguavenart, die außerhalb ihrer Heimat noch kaum bekannt ist.

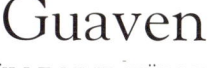

Cas gilt als die köstlichste aller Guaven. Mit dem pürierten Fruchtfleisch kann man sehr erfrischende Getränke bereiten.

Guaven
IN HÜLLE UND FÜLLE

Rundlich wie ein Apfel oder spitz zulaufend wie eine Birne, etwa von der Größe einer Zitrone, die dünne, wachsartige Schale mal glatt, mal leicht buckelig, grünlich oder gelb - da die Guave überall, wo ihr das Klima behagt, prächtig gedeiht, gibt es unendlich viele Variationen. Das unter der Schale liegende feste Fruchtfleisch bildet je nach Sorte eine dickere oder dünnere Schicht und ist mit feinen Steinzellen durchsetzt. Es umschließt das saftige, weiche, in 4 bis 5 Kammern unterteilte Fruchtfleisch in der Mitte, in das viele kleine Samen eingebettet sind. Diese können mitgegessen werden, sind allerdings stark verholzt und hart. Es gibt aber mittlerweile auch fast samenlose Sorten. Die Farbe des Fruchtfleischs variiert enorm. Im Fernen Osten, vor allem in Indien, werden hauptsächlich weißfleischige Guaven kultiviert. Sie sind im Geschmack weniger intensiv als die in Australien und Südafrika bekannten rosa Sorten. Während die Guaven auf Hawaii sich durch ein kräftig rotes Fruchtfleisch auszeichnen, dominieren in Lateinamerika Früchte mit gelbbräunlichem Fleisch. Reife Guaven duften intensiv und verströmen einen leicht moschusartigen Geruch. Ihr Geschmack läßt sich am besten als eine harmonische Mischung von Birne, Quitte und Feige beschreiben, abgerundet mit einer leichten Erdbeernote.

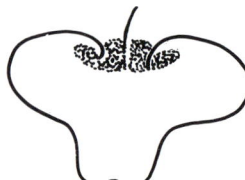

Nur an ihrer Form sind sie zu unterscheiden: Während der rote Javaapfel (ganz oben) länglich ist und wie eine Birne aussieht, ist der Wasserapfel (oben) kürzer und "gedrungener"; die im Längsschnitt birnenartig geschwungene Form fehlt.

Der Javaapfel kommt in zwei Formen vor. Die roten Früchte (forma *rubra*, Bild oben) sind saftiger, aber weniger säuerlich und erfrischend als die grünweißen (forma *alba*, ganz oben), die meist roh gegessen oder für Saucen verwendet werden. Der ebenfalls rote **Wasserapfel** (Bild links) sieht dem roten Javaapfel sehr ähnlich, ist aber kleiner. Er trägt seinen Namen zu Recht, denn er besteht fast nur aus Wasser und ist daher ein guter Durstlöscher.

Der Malayapfel, in der Karibik auch Otaheite-Apfel genannt, wird seit Jahrhunderten in Malaysia kultiviert. Man ißt ihn dort roh oder mit Hibiskusblättern zu einem tiefroten Kompott gekocht. Die gelben oder hell- bis dunkelroten Früchte schmecken apfelähnlich, doch fehlt ihnen ein ausgeprägtes Aroma.

Der Rosenapfel verdankt seinen Namen dem unverkennbaren Rosengeschmack seines weißen Fruchtfleischs. In seiner indo-malaiischen Heimat wird er frisch verzehrt und zu Kompott, Konfitüre oder Gelee verarbeitet.

Wasserapfel *(Syzygium aqueum)*, engl. water roseapple. Er ist leicht mit einem roten Javaapfel zu verwechseln, obwohl kleiner und "gedrungener". Er kommt in Thailand, Malaysia und Indonesien vor, aber auch in der Karibik und in Südamerika. Das helle, apfelartige Fleisch mit bis zu 6 Samen wird frisch verzehrt oder zu Sirup verarbeitet. **Malayapfel,** Otaheite-Apfel *(Syzygium malaccense)*, engl. Malay roseapple, pomerac, franz. poire de Malaque, span. pomagás, pomalaca. Er kommt gelegentlich aus Thailand auf den Markt. Die ovale, bis 8 cm lange Frucht, an deren Spitze grüne Kelchblätter sitzen, ist blaßgelb, hell- oder dunkelrot gefärbt. In dem festen, trockenen Fleisch liegt ein brauner Samenkern. **Rosenapfel** *(Syzygium jambos,* engl. rose apple, franz. pomme rose, span. pomarosa, pomarrosa, jambo amarillo. Seit Jahrhunderten in Indien, Malaysia und Sri Lanka angebaut, ist er heute auch in Kalifornien, von Mexiko bis Brasilien und auf den Antillen zu finden. Die kleine, ovale Frucht ist blaßgelb, manchmal rosa gestreift und am Ende mit einer Krone verdickter Kelchblätter besetzt. Das weiße Fleisch hat eine etwas schwammige, trockene Beschaffenheit. Die qualitativ sehr unterschiedlichen Früchte kommen nur sporadisch aus Thailand nach Europa. **Pitanga,** Surinamkirsche *(Eugenia uniflora)*, engl. pitanga, Brazilian cherry, Surinam cherry, franz. cerise de Cayenne, cerise de Surinam, cerise carrée, span. cereza de Cayena, capulí, pendanga, pitanga. Sie wird vor allem in ihrer Heimat Brasilien kultiviert, aber auch in Sri Lanka, Malaysia, Südchina, Hawaii und Florida, doch nur selten exportiert. Die dünnhäutigen, gerippten Beerenfrüchte sind weich und saftig und enthalten, neben Calcium, die Vitamine A und C.
***Oxalidaceae* (Sauerkleegewächse).** Wie der Name schon erklärt, enthalten die Pflanzen dieser Familie, zu denen auch Sauer- und Vierblättriger Klee gehören, viel Oxalsäure. Die nur 2 Arten (Karambole, Bilimbi) umfassende Gattung *Averrhoa* hat allerdings mit den anderen Sauerkleegewächsen bis auf den sauren Geschmack nichts gemein. **Karambole, Sternfrucht,** Baumstachelbeere *(Averrhoa carambola)*, engl. carambola, starfruit, franz. carambole, pomme de Goa, span. carambola, tamarindo chino. Wahrscheinlich von Malaysia oder Indien aus hat sich der raschwüchsige Baum in alle tropischen Länder verbreitet. Importe kommen das ganze Jahr über aus Malaysia, weiter liefern Thailand, Brasilien, Kolumbien und Israel. Die Früchte haben eine dünne, glänzende Haut und durchscheinend saftiges Fleisch. Dank ihres hohen Gehalts an Vitamin C und Mineralstoffen, wie Calcium, Magnesium und Phosphor, ist die Karambole eine wertvolle Frischfrucht. **Bilimbi,** Gurkenbaumfrucht *(Averrhoa bilimbi)*, engl. cucumber tree fruit, franz. bilimbi, span. vinagrillo, pepino culí. Die grünen, nur flach gerippten Früchte werden hauptsächlich in ihrer Heimat Malaysia angebaut, zudem in Thailand, Indonesien, Sri Lanka und Indien. Mit Salz bestreut und an der Sonne getrocknet, lassen sie sich gut aufbewahren. Beliebt sind in den Anbauländern auch die süß-sauer eingelegten Früchte.

Pitangas sind in ihrer Heimat Brasilien sehr beliebt. Die kirschgroßen, roten Beerenfrüchte hängen einzeln oder in kleinen Trauben am Baum und variieren je nach Sorte in Farbe und Geschmack. Hellhäutige Pitangas schmecken angenehm fruchtig-sauer, dunkle Früchte sind säurereicher und leicht bitter. Sie werden auch roh gegessen, meist aber für Konfitüre, Gelee, Getränke oder Chutney verwendet.

Karambole

DER "STERN" UNTER DEN TROPENFRÜCHTEN

Das ist sie nicht nur wegen ihrer Form - durch die fünf scharf-kantigen Längsrippen erhält man beim Aufschneiden der 7 bis 12 cm langen Frucht sternförmige Scheiben - sondern auch wegen ihres wachsenden Marktwertes: die Importe sind kräftig im Ansteigen begriffen. Von der auch Sternfrucht genannten Karambole gibt es unterschiedliche Sorten: Die größeren und süßen, leicht säuerlichen Früchte sind meist goldgelb, die klei-neren und recht säuerlichen in der Regel hellgelb oder blaß-grün gefärbt. Sehr aromatisch sind sie nicht, aber eben äußerst dekorativ. In Scheiben geschnitten, sind Karambolen eine at-traktive Garnierung für Fleischgerichte, Desserts und Torten oder zu Sekt, Longdrinks und Bowlen.

Die ausgeprägten Längsrippen der Ka-rambole verfärben sich bei Lagerung schnell dunkelbraun. Das be-einträchtigt zwar nicht den Geschmack, aber das Aussehen. Sie lassen sich mit einem Obstmesser mühelos abschneiden.

Unverkennbar ist die enge verwandtschaftliche Bezie-hung von Karambole (Bild ganz oben) und Bilimbi (oben), den beiden einzigen Früchten aus der Familie der *Oxalidaceae*. Sie gleichen sich nicht nur in ihrer Form, beide wachsen auch büschel-weise an raschwüchsigen, bis 10 m hohen, attraktiven Bäumen mit feingefiederten, hellgrünen Blättern und in dichten Rispen zusammen-stehenden Blüten.

Die Bilimbi, im Querschnitt nicht so ausgeprägt sternför-mig wie die Karambole, ähnelt in ihrer Form eher einer Gurke, was ihr auch den spanischen Namen "pepino culí" einge-bracht hat. Die bis 9 cm lan-gen Früchte kann frisch man nur verzehren, wenn sie voll-reif sind; selbst dann schmek-ken sie noch ziemlich sauer. Deshalb werden sie bevorzugt zu Chutney, Konfitüre, Gelee, Kompott und erfrischenden Getränken verarbeitet.

Dattelsorten, die vor allem als Trockenfrüchte gehandelt werden:

Medjoul, die wichtigste Dattelsorte aus Israel: groß, weich und süß.

Amary heißt diese große, rotbraune Dattel mit hohem Rohfasergehalt.

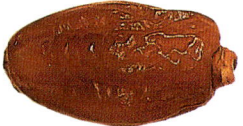

Deglet Nour oder Muskatdattel, eine weiche Sorte von hervorragendem Geschmack.

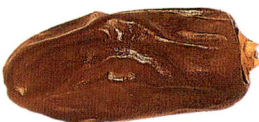

Dayri mit bräunlichschwarzer Haut. Typisch ihr Karamelgeschmack.

Halawi gilt als eine der feinsten Sorten - hellfarbig, weich und süß.

Zahidi, auch "Goldene Dattel", ist weniger süß als andere Sorten.

Hadrawi, eine süße, fleischige, der Halawi ähnliche Dattel.

Palmae (Palmen). Unter den tropischen Gewächsen sind die Palmen mit fast 200 Gattungen und mehr als 2000 Arten eine der größten Familien. Die meisten von ihnen kommen aus den Trockengebieten Amerikas und Asiens, wenige aus Afrika. Für die Bewohner der heißen Länder sind vor allem die Dattel- und die Kokospalme von lebenswichtiger Bedeutung. **Dattel** *(Phoenix dactylifera),* engl. date, franz. datte, span. dátil, ital. dattero. Die Dattelpalme stammt ursprünglich aus Mesopotamien, dem Zweistromland zwischen Euphrat und Tigris. Von den Babylonern veredelt, trat sie vor 5000 Jahren ihren Weg in alle Länder der afro-asiatischen Trockenzone, von Marokko bis nach Pakistan, an. Spanische Missionare führten sie schließlich in Amerika ein, wo sie heute insbesondere in Kalifornien, Arizona, Texas und Mexiko kultiviert wird. Zu den Anbauländern jüngeren Datums zählen Südafrika und Australien, auch in Griechenland, Sizilien und Südspanien gedeiht die Dattel, übrigens die einzige Palme auf europäischem Boden. Die wichtigsten Produktionsländer aber sind nach wie vor Irak, Ägypten, Israel, Iran, Saudi-Arabien, Algerien, Pakistan und Marokko. Dattelkulturen erfordern etwas Geduld: Der zweihäusige, 15 bis 25 m hohe Baum mit den zahlreichen langen, gefiederten Blättern trägt erstmals nach 5 bis 6 Jahren, bringt 30- bis 40jährig Höchsterträge von etwa 70 kg und kann über 200 Jahre alt werden. Für den sofortigen Verzehr werden die Früchte reif geerntet, in den Export gelangen hauptsächlich kurz vor der Reife gepflückte und getrocknete Datteln. Frische Datteln kommen vorwiegend aus Israel und Kalifornien, Trockenfrüchte aus Algerien, Tunesien, Israel, Iran, Irak und den USA. Die in großen Fruchtständen (10 bis 20 pro Baum) der weiblichen Palme hängenden Beerenfrüchte (bis zu 200 an einem Fruchtstand) sind länglich-oval, 4 bis 8 cm lang und in reifem Zustand je nach Sorte gelb, rötlichbraun oder schwärzlich gefärbt. Unter der glänzenden, derben Haut liegt helles Fleisch mit einem sehr harten, länglichen Samen. Frisch erinnert es im Geschmack leicht an Honig, ist aber weit weniger süß als das der getrockneten Früchte. Der außerordentlich hohe Nährwert der Datteln liegt, neben dem Gehalt an leicht verdaulichen Zuckerarten (Frucht- und Traubenzucker im Verhältnis 1 : 1) und Eiweiß, in ihrem Reichtum an wertvollen Mineralstoffen wie Calcium, Phosphor und Eisen, Vitaminen der B-Gruppe und Vitamin A. In den Erzeugerländern bilden besonders stärke- und eiweißhaltige Früchte als Dattelbrot ein wichtiges Nahrungsmittel. Aus sehr zuckerreichen Sorten gewinnen die Araber Dattelhonig oder -sirup, verarbeiten sie zu einer Paste oder legen sie in Zucker ein, aus minderwertigen Früchten wird klarer Dattelschnaps hergestellt. Nicht nur die Früchte, jeder Teil der Dattelpalme findet Verwendung. Durch Anzapfen des Stammes gewinnt man Zuckersaft, der zu Dattelwein vergoren wird. Dattelkerne dienen als Viehfutter oder zur Ölherstellung, geröstet als Kaffee-Ersatz, die Blätter können wie Gemüse ("Palmkohl") zubereitet oder als Flechtwerk verwendet werden, der Stamm als Bauholz.

Die Dattelpalme muß nach einem alten arabischen Sprichwort mit dem "Fuß im Wasser und mit dem Kopf in den Flammen" stehen; sie braucht einerseits die sengende Sonne, gleichzeitig aber einen nassen Grund, aus dem sie sich mit den bis zu 6 m langen Wurzeln das Wasser holen kann, um die vielen süßen Früchte hervorbringen zu können. Sie ist daher ein für die Wüstenländer typischer Baum geworden.

Datteln

UND IHRE KARRIERE
ALS FRISCHFRUCHT

Bis vor nicht allzu langer Zeit fast nur als Trockenfrucht bekannt, die vor allem in den Wintermonaten angeboten wurde, wird die Dattel, nach einem ersten Versuch in den sechziger Jahren, jetzt verstärkt auch als Frischfrucht importiert. Was allerdings als "reife, frische Datteln" gehandelt wird, ist - oder war - bereits konserviert: direkt nach der Ernte an Ort und Stelle schockgefrostet und unmittelbar vor dem Verkauf wieder aufgetaut. Eine Prozedur, die die Früchte ziemlich unbeschadet überstehen, da sie wenig Flüssigkeit, aber viel Zucker (bis zu 70% Invertzucker) enthalten. Die "frischen" Datteln kommen, lose in Kartons, Schalen oder Becher verpackt, hauptsächlich aus Israel. "Hayani" (großes Bild) heißt die bekannteste israelische Dattelsorte, die frisch in den Handel kommt. Die schwarzglänzende, längliche Frucht hat festes, grünliches Fleisch und schmeckt ähnlich wie eine Pflaume. Sie kann mit oder ohne Schale gegessen werden. Frische Datteln bereichern auch Obstsalate oder pikante Salate, Fleisch- und Geflügelgerichte, Müsli und Joghurt. Entkernt können sie auf viele Arten gefüllt werden, von Käse und Schinken bis hin zu Nüssen und Marzipan.

Barhi heißt eine gelbe Dattelsorte aus Israel. Die Früchte mit glatter, glänzender Haut werden nur frisch und noch am Zweig sitzend angeboten. Sie sind süß und saftig.

Die Coco de mer, auch Seychellennuß genannt, ähnelt zwar einer Kokosnuß, ist aber wesentlich größer, die größte aller Palmfrüchte überhaupt. Sie reift sehr langsam, in 4 bis 7 Jahren, zu einem Prachtexemplar von bis zu 25 kg Gewicht heran. Wie bei der Kokosnuß wird das weiße Fleisch gegessen.

Die Pejibay ist eine kleine, eiförmige Palmfrucht, die vor allem in Südamerika verbreitet ist. Ihr gelbes oder rotes Fruchtfleisch liefert gekocht eine nährstoffreiche Mahlzeit. Frische Früchte werden zu alkoholischen Getränken, geröstete Früchte zu Mehl verarbeitet.

Corozo heißen die gelben Früchte einer bis 30 m hohen Palme, die riesige Fruchtstände mit jeweils bis zu 4000 Früchten bilden. Ihr weiches, faseriges Fleisch schmeckt süß-säuerlich und liefert einen erfrischenden Saft, der sich hervorragend zur Herstellung von Getränken, Gelee, Konfitüre und Wein eignet.

Palmyra-Früchte wachsen, wie die verwandte Kokosnuß, in Büscheln zusammen. Sie sind jedoch (mit 10 bis 12,5 cm Durchmesser) wesentlich kleiner, dafür sehr farbenprächtig: die Schale ist dunkelviolett, an den Enden grün bis goldgelb auslaufend.

In traubenartigen Büscheln reifen Salaks an den im tropisch-feuchten Klima Thailands und Indonesiens wachsenden Salak-Palmen. In ihrer Heimat sind sie als Frischobst sehr geschätzt, bei uns leider noch eine Rarität.

Die Salak verbirgt unter ihrer dünnen "Schlangenhaut" köstliches, durchscheinend weißes bis gelbes, süß-saures Fruchtfleisch, das geschmacklich an einen grünen Apfel erinnert.

Eine Salak schälen: Von der Spitze her die Schale einschneiden und vorsichtig vom Fruchtfleisch abheben. Die drei Fruchtteile voneinander trennen und mit den Fingern die Häutchen abreiben. Dann mit einem scharfen Messer so weit einschneiden, daß der Kern entfernt werden kann.

Seychellennuß, Coco de mer (*Lodoicea maldivica*), engl. double coconut, sea coconut, franz. coco de mer, noix de Seychelles. Etwa dreimal so groß wie eine Kokosnuß, ist diese auf den Seychellen und den Madagaskar vorgelagerten Inseln heimische Riesennuß (bis 25 kg) eine Besonderheit unter den Palmfrüchten. Bevor sie 1768 auf den Seychellen entdeckt wurde, war sie des öfteren im Indischen Ozean schwimmend gefunden worden und gab zu allerlei Aberglauben Anlaß. Sie hat keinerlei wirtschaftliche Bedeutung, ist aber auf den Seychellen zu einer Attraktion für Botaniker und Touristen geworden. **Pejibay**, Pfirsich-Palmfrucht (*Bactris gasipaes*), engl. peach-palm fruit, franz. fruit de palmier-pêche, span. pijiguao, macanilla. Eine alte Kulturpflanze der Indios, die auch heute noch in Costa Rica, Panama, Kolumbien, Venezuela und Ecuador eine wichtige Grundlage für die Ernährung darstellt. Die Früchte von rund 6 cm Durchmesser - etwa 100 Stück bilden einen bis zu 10 kg schweren Fruchtstand - werden hauptsächlich wegen ihres stärkehaltigen Fleischs angebaut. **Corozo** (*Bactris minor*). Die Frucht einer bis 30 m hoch werdenden Palme mit großen, bogenförmigen Blattwedeln ist in den Tropen von Panama und den Westindischen Inseln bis nach Kolumbien und Venezuela verbreitet. Sie wird nur 2 bis 4 cm groß und ist von einer weichen Haut umgeben. Die zunächst roten Früchte färben sich im reifen Zustand dunkelviolett, fast schwarz, und finden vorwiegend als Saft Verwendung. **Palmyra** (*Borassus flabellifer*), engl. palmyra, sea apple, lontar, franz. borasse, rondier, span. palmira, boraso. Die aus Asien stammende Palmfrucht wird heute vorwiegend in Indien und Nord-Malaysia angebaut, aber auch in Burma und Sri Lanka. Die Haut der runden, an beiden Enden leicht abgeflachten Frucht läßt sich ohne Mühe entfernen. Zum Vorschein kommt ein weißes Fruchtfleisch mit drei Samen und je nach Reifezustand auch noch etwas Fruchtwasser. Püriert und durch ein Tuch ausgedrückt, entsteht aus dem Fleisch ein köstliches Getränk. **Salak** (*Salacca edulis*), engl. und franz. salak, heißt eine in Südostasien beheimatete Palmfrucht, die in Thailand, Malaysia und Indonesien kultiviert wird. Die Salakpalme mit ihrer mächtigen Krone und bis zu 7 m langen Palmwedeln erreicht gut 5 m Höhe. Die Frucht ist rund oder spitz-oval, in der Größe etwa mit einer frischen Feige vergleichbar. Die dachziegelartig geschuppte Haut ist zwar dünn, aber hart und je nach Sorte weißlich oder rötlichbraun gefärbt. Das knackige, weiße bis zartgelbe Fruchtfleisch ist süß-sauer und, vor allem bei nicht ganz reifen Früchten, leicht adstringierend. Es besteht aus drei Teilen, die von einer wachsähnlichen Membran umhüllt sind und je einen ovalen braunen, nicht eßbaren Kern enthalten. Reife Salaks sind an einem kühlen Ort nur einige Tage haltbar, können aber, ungeschält in mit Salz und Zucker versetztes Wasser eingelegt, wochenlang aufbewahrt werden. Salaks werden nur frisch verwendet. **Kokosnuß** (*Cocos nucifera*), engl. coconut, franz. noix de coco. Die bekannteste aller Palmfrüchte stammt wahrscheinlich aus dem tropischen Melanesien,

Kokosnuß

DIE VIELSEITIGE FRUCHT VOM "BAUM DES LEBENS"

Sonne, Strand und sanft im Wind wiegende Kokospalmen - was für uns heute der Inbegriff von Müßiggang und Träumereien ist, gehört für die Bewohner der Tropen zum täglichen Leben. Der "Baum des Lebens" oder "Baum des Himmels", wie man die Kokospalme früher in vielen Inselgebieten der Südsee und in Indien nannte, bildet auch heute noch oft die Existenzgrundlage einer Dorfgemeinschaft: Sie liefert vom Bau- und Brennholz (Stamm) über Bedachungs- und Flechtmaterial (Blätter) bis hin zum Palmwein (Blüten) und Palmgemüse (junge Schößlinge) alles, was die Bewohner zum Leben brauchen. Auch die Früchte werden in ihrer Gesamtheit verwertet. Das köstliche Kokoswasser unreifer Kokosnüsse ist als Getränk beliebt, das ölhaltige Fleisch der reifen Kokosnüsse wird in der asiatischen Küche frisch verwendet oder dient zur Herstellung von Kopra, einer weißen, sehr fetthaltigen Masse, aus der man Kokosbutter und Kokosöl gewinnt. Die braune Faserhülle der Frucht ist das Ausgangsmaterial für Matten, Seile und Teppiche. Aus der Kernschale entstehen Trinkgefäße und verschiedene Haushaltsgeräte, außerdem eine hochwertige Holzkohle.

Die King Coconut wird hauptsächlich als Trinkfrucht genutzt; um in den Genuß des aromatischen Kokoswassers zu kommen, wird von der nicht sehr harten Schale ein Deckel abgeschnitten.

Junge, "unreife" Kokosnüsse, dienochviel Flüssigkeit und nur wenig, aber sehr wohlschmeckendes, geleeartiges Fruchtfleisch enthalten, dienen vorwiegend der Erfrischung. In Thailand (Bild) serviert man sie wie ein Gefäß "zugeschnitten" und mit Trinkhalm.

Die King Coconut, auch einfach Trinkkokosnuß genannt, wächst an einer stattlichen, bis 30 m hohen Palme mit lang gefiederten Blättern (Bild ganz oben). Ihr Stamm hat eine solche Elastizität, daß sie tropische Stürme unbeschadet übersteht. Die goldgelben bis orangefarbenen Früchte hängen in kräftigen Bündeln mit bis zu 20 Nüssen zusammen (Bild Mitte). Sie reifen etwa ein Jahr und können ununterbrochen geerntet werden: rund 60 Stück pro Jahr! Im Unterschied zur "normalen" Kokosnuß bildet die King Coconut sehr wenig Fruchtfleisch und wird in Südostasien, beispielsweise auf Sri Lanka (unteres Bild), vor allem als Trinkfrucht geschätzt. In ihrem Inneren befindet sich mehr als ein halber Liter Kokoswasser, das qualitativ wesentlich besser ist als das der nah verwandten Kokosnuß: Es schmeckt sehr aromatisch und erfrischend und kann dank seiner sterilen "Verpackung" bedenkenlos getrunken werden. In abgelegenen Gebieten verwertet man die Flüssigkeit sogar medizinisch für Infusionen. In den Erzeugerländern wird das Kokoswasser auch gern zu Likör oder Branntwein verarbeitet.

Inselgruppen im südwestlichen Stillen Ozean. Ihre erste, spärliche Verbreitung erfolgte vermutlich ohne Menschenhand: Die Kokosnüsse trieben nämlich Tausende von Kilometern schwimmend auf dem Meer, ohne dabei ihre Keimfähigkeit zu verlieren. Heute sind Kokospalmen als eine der wichtigsten Kulturpflanzen in sämtlichen Tropengebieten zu finden. Die Hauptanbaugebiete liegen in Indonesien, auf den Philippinen, in Indien, Sri Lanka, Malaysia und Thailand, weitere Anbauländer sind Papua-Neuguinea, Mexiko, Vietnam, Mozambique, Tansania und die Elfenbeinküste, in Südamerika Brasilien und die Dominikanische Republik. Importe erreichen die europäischen Märkte das ganze Jahr über. Neben den ganzen Früchten werden in Stücke geschnittenes oder geraspeltes Fruchtfleisch geliefert. Die bis 2,5 kg schwere Frucht der Kokospalme ist eigentlich keine Nuß, sondern eine Steinfrucht. Die äußeren Schichten werden bereits in den Erzeugerländern entfernt: die grüne oder hellbraune, lederartige Schale und die darunter liegende dicke, trocken-schwammige Faserschicht. In den Handel gelangt nur die "innere" Nuß mit einigen braunen Bastfäden. Dieser fast runde Steinkern hat eine sehr harte Schale, darunter eine zarte, rotbraune Haut. Sie umschließen einen Hohlraum, der mit einer wasserhellen, genießbaren Flüssigkeit, dem Kokoswasser, angefüllt ist. Unreife, 6 bis 7 Monate alte Kokosnüsse enthalten das meiste Wasser. Mit zunehmender Reife bildet sich daraus das weiße Fruchtfleisch, der Samen. Die bei uns angebotenen Nüsse sind reif, sollten aber dennoch etwas Flüssigkeit enthalten. Sind sie nämlich ganz "ausgetrocknet", schmeckt das Fruchtfleisch rasch seifig und wird ungenießbar. Das Kokoswasser hat einen süß-säuerlichen, das Fruchtfleisch einen nußartigen Geschmack. Kokosnüsse sind in der indischen, indonesischen und malaiischen Küche eine wichtige Zutat, denn das frisch geriebene Fruchtfleisch wird für Gebäck, Reis, Fleisch- und Fischgerichte oder in Form von Kokosmilch für Curries verwendet. Mit Kokosraspeln kann man exotische und fruchtige Salate, Cremes und Puddings verfeinern, Speiseeis, Kekse, Torten und Kuchen abrunden oder sie zum Panieren von Fleisch, Fisch und Gemüse verwenden. Auch wenn es bequemer sein mag: getrocknete Kokosraspeln sind in keinem Fall ein adäquater Ersatz für frisch geriebenes Fruchtfleisch! Neben den ganzen Nüssen und den Kokosraspeln wird auch Kokosnußcreme angeboten, in zwei Varianten: zum einen als feste Creme ohne Zucker und Faseranteile, die sich beim Backen und für exotische Gerichte verwenden läßt, und als gesüßte, in Dosen konservierte "Cream of Coconut", die vor allem für Süßspeisen und Cocktails geeignet ist. **King Coconut** (Cocos nucifera var. aurantiaca). Die oft einfach als Trinkkokosnuß bezeichnete goldgelbe bis orangefarbene Variante der Kokosnuß bildet bedeutend weniger Fruchtfleisch, enthält aber mehr (bis zu 1/2 l) Kokoswasser, das zudem viel aromatischer und sehr erfrischend ist. Die Schale ist nicht so hart wie bei der "normalen" Kokosnuß und läßt sich relativ leicht aufschneiden.

So wird Kokosmilch hergestellt:

Zwei der drei Keimporen oder "Augen" mit einem Nagel und Hammer öffnen und das Kokoswasser in eine Schüssel laufen lassen.

Das Öffnen der Nuß ist immer schwierig, mit einer scharfen Säge geht es noch am besten. Zur Hälfte durchsägen und dann mit dem Hammer aufklopfen.

Die harte Schale stückweise abbrechen. Wenn nötig, mit dem Hammer nachhelfen, um die Schale vom Fruchtfleisch zu lösen.

Mit einem Kartoffelschaler oder Messer die braune Haut vom Fruchtfleisch schälen und dieses unter fließendem Wasser kurz abwaschen.

Das Fruchtfleisch mit einer möglichst feinen Reibe in die Schüssel mit dem Kokoswasser reiben, oder würfeln und im Mixer zerkleinern.

Mit der kochenden Milch (oder dem Wasser, Mengenangaben rechts im Text) übergießen und einmal kurz aufkochen. Dann 2 bis 3 Stunden ziehen lassen.

Eine Schüssel mit einem Passiertuch auslegen und jeweils etwa 2 Schöpfkellen der Kokosmischung einfüllen. Das Tuch dann nach oben zusammennehmen.

Mit der linken Hand den gefüllten Beutel halten und mit der rechten zudrehen, bis die Flüssigkeit möglichst restlos herausgedrückt ist.

Eine Kokosnuß knacken

Ein untrügliches Zeichen für die Frische einer Kokosnuß ist, wenn man beim Schütteln deutlich das darin enthaltene Wasser plätschern hört. Die harte Schale, der sogenannte Steinkern, hat drei "Augen" oder Keimporen. Mit einem großen Nagel oder sonstigen spitzen Gegenstand und mit einem Hammer schlägt man zwei dieser Grübchen auf und läßt das Kokoswasser durch eines der Löcher in ein Gefäß fließen, während durch die andere Öffnung zum Ausgleich Luft einströmt. Dann beklopft man die Nuß rundherum mit einem Hammer, damit sich das Fleisch lockert, und sprengt die harte Schale durch einige Schläge mit dem Hammer, oder man zersägt sie, um schließlich an das süße und schneeweiße Fleisch heranzukommen. Leichter läßt sich die harte Nuß knacken, wenn man sie ohne das Kokoswasser für 10 bis 15 Minuten in den 200°C heißen Backofen legt. Dadurch bekommt die Schale Risse und springt in großen Stücken auf. Mit dem Hammer muß man nur noch in hartnäckigen Fällen vorsichtig nachhelfen.

Kokosmilch

Sie ist in der Exotenküche eine wichtige Zutat, zum Beispiel für "Vattalappam", eine Kokosnußcreme aus Sri Lanka. Aber auch für Fleisch und Fischgerichte und nicht zuletzt für die asiatischen Curries wird sie oft verwendet, um die Schärfe der Chilies etwas zu neutralisieren. Zwei Kokosnüsse (brutto etwa 1 kg) ergeben etwa 500 g Fruchtfleisch und Kokoswasser. Für eine Kokosmilch mittlerer Konsistenz nimmt man 1/2 l Milch oder Wasser zum Aufgießen. Je weniger Milch zugesetzt wird, desto dicker wird die Kokosmilch. So läßt sich auch die Intensität des Geschmacks je nach Verwendungszweck beeinflussen.

Frische Kokosnüsse sind in der Küche Sri Lankas eine wichtige Zutat. Nach dem Abgießen des Kokoswassers (oberes Bild) wird das Fleisch aus der halbierten Nuß herausgelöst.

Die in Ecuador heimische Cholupa gedeiht vor allem in mittleren Höhenlagen bis 2500 m. Ihre Blüten sind denen der Curuba sehr ähnlich.

Die Süße Granadilla ist, wie der Name schon sagt, entschieden süßer und auch aromatischer als ihre kleinere, purpurfarbene Schwester. Besonders in Südamerika erfreut sich die gelb- bis orangefarbene Frucht größter Beliebtheit, sie kann sich aber auch hierzulande neben den dunklen Purpurgranadillas im Tropenfrüchte-Angebot gut behaupten. Ihr Vorteil ist die harte, fast holzige, dennoch leicht zu öffnende Schale; dadurch läßt sie sich leicht transportieren und lange lagern.

Cholupa und Badea wachsen im kühlen Bergklima der Tropen von Ecuador, Kolumbien und Venezuela, werden aber vor allem in Kolumbien angebaut.

Die Badea wird zu Recht auch Riesengranadilla genannt: Sie kann bis 26 cm lang werden und sieht dann wie ein dicker, länglicher Kürbis aus. Doch ist sie arm an Säure und Geschmack, das für Passionsfrüchte typische Aroma fehlt.

Die Cholupa ähnelt in Aussehen und Verwendung der Maracuja. Roh, aus der Schale gelöffelt oder zu Saft und Mixgetränken verarbeitet, kommt ihr erfrischendes Aroma am besten zur Geltung.

Vor allem in den Tropen, teilweise aber auch in den gemäßigten Zonen wachsen die lianenartigen Passionsblumengewächse mit ihren oft außergewöhnlich schönen Blüten. Von den rund 550 bekannten Arten sind die meisten allerdings Wildformen mit größtenteils ungenießbaren Früchten. Eßbare Früchte liefern vor allem die Pflanzen der Gattung *Passiflora*. Sie sind in Südamerika beheimatet, werden heute aber auch in anderen tropischen Gebieten kultiviert. Beispielsweise auf Sri Lanka, wo diese Fotos entstanden. Dort müssen die Blüten einzeln mit einem kleinen Pinsel bestäubt werden (Bild Mitte); was in der südamerikanischen Heimat der Passionsblume eine bestimmte Bienenart übernahm, muß in den neuen Anbaugebieten Asiens und Afrikas mühsam von Hand vollzogen werden. Die lianenartigen Kletterpflanzen werden auf Sri Lanka an 2 m hohen Drahtspalieren gezogen. Die früchtetragenden Ranken bilden dichte grüne Wände, die eine rationelle Ernte erlauben (Bild unten).

Passifloraceae (Passionsblumengewächse). Die Pflanzen dieser Familie wachsen hauptsächlich in tropischen Gebieten innerhalb des 40. nördlichen und 35. südlichen Breitengrades, vorwiegend in Höhen zwischen 400 und 2000 m. Zu ihr gehören 12 Gattungen, deren wichtigste *Passiflora* ist; ihre Arten - es sind ungefähr 400 - findet man innerhalb der natürlichen Grenzen überall, die Mehrheit jedoch in Südamerika. Aufgrund der äußeren Ähnlichkeit mit einem Granatapfel nannten die spanischen Eroberer die Früchte dieser Pflanzen "granadilla", kleiner Granatapfel, ein Name, der auf alle Passionsfrüchte übertragen wurde. Die bedeutendsten früchtetragenden Arten der Gattung *Passiflora* sind durchweg attraktive Kletterpflanzen. **Purpurgranadilla,** Rote Passionsfrucht (*Passiflora edulis* forma *edulis*), engl. purple passionfruit, purple granadilla, franz. grenadille, pomme liane, fruit de la passion, span. maracuyá púrpura. Eine Varietät der am weitesten verbreiteten Passionsfruchtart *Passiflora edulis* und die in Europa bekannteste Passionsfrucht überhaupt. Die Pflanze ist ziemlich kälteunempfindlich und wächst daher vorwiegend im Hochland, in Kenia (einem ihrem Hauptanbaugebiete) in Höhenlagen von 1500 bis 2500 m. Außer in Kenia wird sie in größerem Umfang heute auch in Australien und auf Neuguinea angbaut. Südafrika, wo die Frucht "granadilla" genannt wird, konnte im Konkurrenzkampf seine zunächst starke Marktposition nicht behaupten und produziert nur noch für den Eigenbedarf. Purpurgranadillas sind ganzjährig erhältlich, verstärkt im Frühsommer und Sommer. Die Frucht ist, mit durchschnittlich 35 g Gewicht, etwa so groß wie ein Hühnerei, jedoch rund. Sie hat eine ledrige, glatte, purpurfarbene bis braunviolette Schale, die nach einigen Tagen Lagerung rasch schrumpft. Das ist zwar nur ein Zeichen des Feuchtigkeitsverlustes, doch sollte die Purpurgranadilla dann bald verwendet werden. Das Innere besteht aus einem safthaltigen Arillusgewebe, in dem zahlreiche schwarze Samenkerne eingebettet liegen. Trennt man Schale und Kerne ab, bleibt nur der Saft übrig, der etwa 32% des gesamten Fruchtgewichts ausmacht. Als sehr eigenwillig, exotischfruchtig, mit einer leichten Anlehnung an Aprikose, kann man den Geschmack der Purpurgranadilla am besten beschreiben. Da das Fruchtfleisch aufgrund des hohen Säuregehalts sehr erfrischend ist, wird es gern direkt aus der Schale gelöffelt. Mit den aromatischen Früchten lassen sich zudem Obstsalate, Fruchtsaucen, Eis, Cremes, Puddings und viele Desserts hervorragend abrunden. Sie sind auch in Form von Likör geschätzt. Ihr Saft dient außerdem, meist verdünnt, als Basis für erfrischende Getränke. **Maracuja, Gelbe Passionsfrucht** (*Passiflora edulis* forma *flavicarpa*), engl. yellow passionfruit, franz. fruit de la passion, span. maracuyá, parchita. Die neben der Purpurgranadilla bekannteste Passionsfrucht trifft man in ganz Südamerika an, in Taiwan, auf Hawaii und den Fidschi-Inseln, ferner auf Sri Lanka, dort allerdings nicht mehr in reiner Form. Die Hauptproduzenten sind Brasilien, Peru, Ecuador und Kolumbien. Die zitronengelbe Schale der kugelförmigen bis leicht

Von allen Blumen aus der Neuen Welt fand die Passionsblume im 16. und 17. Jahrhundert in Europa die größte Bewunderung. Ihren Namen verdankt sie spanischen Missionaren, die in der Form der Blüte, ihrer Staubgefäße und Stempel die Leidenswerkzeuge Christi zu erkennen glaubten.

Die Purpurgranadilla (oberes Bild) zeichnet sich durch ihr intensives, süß-säuerliches Aroma aus. Bei uns wird sie häufig als Maracuja angeboten, obwohl dieser spanische Name zur **Gelben Passionsfrucht** (unteres Bild) gehört. Letztere ist nahe verwandt mit der Purpurgranadilla und im Geschmack fast gleichwertig.

Das Fruchtfleisch der Passionsfrüchte findet vor allem als Saft Verwendung. Von links oben nach rechts unten: Die Früchte quer halbieren, die geleeartige Masse auslöffeln. Die vielen Kerne trennen sich am besten von dem geleeartigen Fleisch, indem man es mit dem Pürierstab sanft durchrührt. Das Ganze durchseihen, die Kerne bleiben im Sieb zurück.

Der ganze Stolz der Kolumbianer ist die Curuba. Dieser Farmer im Hochland von Bogota hat seine Nelkenzucht aufgegeben und auf Curubas umgestellt. Zu Recht schätzt er ihre Zukunft als vielversprechend ein.

Zu Hause ist die Curuba in den hochgelegenen Gebieten der kolumbianischen Anden. Kultiviert wird sie heute auch in den kühleren Hochlagen von Venezuela und Peru, mittlerweile sogar in Neuseeland.

Curubas

EXOTEN MIT ZUKUNFT

Außerhalb Südamerikas führt sie bislang nur ein Schattendasein. Dabei hat die zur Nationalfrucht der Kolumbianer avancierte Curuba viele Vorzüge, die eine erfolgreiche Karriere auch auf den europäischen Märkten versprechen: Sie eignet sich hervorragend für den plantagenmäßigen Anbau, kann ganzjährig exportiert werden, ist gut lagerfähig (im Kühlschrank 10 bis 14 Tage) und - mit ihrem vollfruchtigen, leicht säuerlichen, dabei angenehm milden Geschmack - vielseitig verwendbar. Ihre Schale ist ähnlich dick und fest wie bei einer Banane und kann, dank des recht kompakten Fruchtfleischs, sogar abgezogen werden. Beide Sorten, die rote und die gelbe Curuba, sind gleichermaßen gut und beliebt.

Auf den Plantagen Kolumbiens werden Curubas heute mit gutem Erfolg in Folienhäusern gezogen (unteres Bild). Damit die Blüten (Bild oben) und Früchte optimal gedeihen, stützt man die Kletterpflanzen mit Holzgerüsten ab. Seit den sechziger Jahren ist man in Kolumbien um rationellere Anbaumethoden und eine Veredelung der Frucht bemüht.

Die gelbe Curuba ähnelt, wenn sie reif ist, einer kleinen Banane, daher die englische Bezeichnung "banana passionfruit". Sie hat leicht geleeartiges Fruchtfleisch mit einem - im Unterschied zur Maracuja - sehr milden, ausgesprochen exotischen Eigengeschmack, der sich mit keiner anderen Frucht vergleichen läßt.

Die rote Curuba gilt, wie die gelbe Sorte, als kolumbianische Nationalfrucht. Beide erfreuen sich in ihrer Heimat großer Beliebtheit, man genießt sie vor allem in Verbindung mit Milchprodukten – in Shakes, Speiseeis, Joghurt oder Cremes. Das passierte Fruchtfleisch ist auch sehr gut für Sirup, Gelee, Gebäck und für viele Mixgetränke zu verwenden.

ovalen Maracuja ist dicker als die der Purpurgranadilla, die Frucht insgesamt größer (etwa 90 g Gewicht). In dem geleeartigen Fruchtfleisch sitzen braune Samen. Hinsichtlich des Geschmacks läßt sich, bis auf die fehlende Aprikosennote, kein wesentlicher Unterschied zwischen beiden Varietäten feststellen. Auch in bezug auf die vielfältigen Verwendungsmöglichkeiten steht die Maracuja der Purpurgranadilla in nichts nach. **Süße Granadilla,** Süße Passionsfrucht (Passiflora ligularis), engl. sweet passionfruit, golden passionfruit, franz. grenadille douce, span. granadilla. In ganz Südamerika von Brasilien und Peru bis hinauf nach Mexiko weit verbreitet, wird sie aber in den einzelnen Regionen nur in geringem Umfang kultiviert. Außerdem begegnet man ihr auf Hawaii und in Kenia. Die bis 11 cm langen, goldgelben bis orangefarbenen Früchte sind rund-oval mit einer auslaufenden Spitze. Obwohl die glatte Schale härter ist als bei anderen Passionsfrüchten, läßt sie sich leicht von Hand aufbrechen. Zum Vorschein kommt das für Passionsfrüchte typische, saftige Arillusgewebe, durchsetzt mit vielen schwarzen Samen. Sein Geschmack erinnert an eine säurearme Stachelbeere. Man genießt das gelbweiße oder leicht gräuliche Fruchtfleisch frisch, indem man es mitsamt den Kernen auslöffelt, ansonsten wird es wie das der anderen Passionsfrüchte verwendet. **Badea, Riesengranadilla** (Passiflora quadrangularis), engl. giant granadilla, franz. barbadine, span. badea, parcha. Die mit etwa 20 cm Länge größte Passionsfrucht ist hauptsächlich im Andengebiet Südamerikas bekannt, kommt aber auch im Fernen Osten, in Malaysia, Indonesien und Thailand vor. Außerhalb der Anbaugebiete spielt sie kaum eine Rolle. Dicke, wulstige Fruchtwände umschließen das mit vielen länglichen Samen durchsetzte Fruchtfleisch. Sein rötlicher Saft schmeckt recht fade und fällt gegenüber den anderen Passionsfrüchten erheblich ab. Genauso auffallend wie die Früchte sind auch die großen (12 cm im Durchmesser), rosa und lila Blüten. **Cholupa, Gulupa** (Passiflora pinnatistipula), span. cholupa, chulupa, gulupa. Die im tropischen Amerika beheimatete Passionsfrucht wird heute nur in Kolumbien angebaut und ganzjährig exportiert. Sie hat aber hauptsächlich lokale Bedeutung. Die gelblichgrüne bis bräunlich-purpurfarbene Frucht mißt 6 bis 7 cm im Durchmesser und hat eine dünne, doch harte, druckunempfindliche Schale. Das die Samen umschließende gelbliche Fruchtfleisch ist sehr erfrischend und aromatisch und wird entweder roh gegessen oder zu Saft, Mixgetränken und Konfitüre verarbeitet. **Curuba** (Passiflora mollissima), engl. banana passionfruit, mollifruit, franz. tacso, span. curuba, tacso, tumbo serrano. Die vollfruchtige, leicht säuerliche Passionsfrucht, von der es eine rote und eine gelbe Sorte gibt, wächst ausschließlich in den kühlen, höher gelegenen Gebieten der kolumbianischen Anden. Die länglich-ovale Frucht mit gelblichem bis orangefarbenem Fleisch bis zu 10 cm lang. Außerhalb ihrer Anbaugebiete hat sie bis jetzt wenig Bedeutung, ihre internationale Vermarktung wird aber stark gefördert.

Zum Frischverzehr wird die Curuba der Länge nach halbiert. Damit die weißen, pelzigen Noppen in der Schale hängenbleiben, wird das kernige Fleisch behutsam und ohne Druck ausgelöffelt.

Der Granatapfel ist die Frucht eines kleinwüchsigen, oft sogar strauchartigen Baumes, der seiner schönen Blüten wegen häufig nur zur Zierde angepflanzt wird.

Wildformen des Granatapfelbaums gibt es von Persien bis zum Hindukusch. Schon im Altertum wurde er auch kultiviert. Die leuchtend rote Blüte galt von jeher als Symbol der Liebe, die Frucht als Sinnbild der Fruchtbarkeit. Dieser Kupferstich eines "wilden Granat-Aepffel-Baumes" stammt aus der "Vollständigen Schau-Bühne aller Materialien und Specereyen" von D. Michael Bernhard Valentin, herausgegeben im Jahre 1704.

Das Fruchtinnere des Granatapfels ist durch weißliche Trennhäute in mehrere Kammern unterteilt, in denen die zahlreichen Samen liegen, von denen jeder einzelne wiederum von einer hellrosa bis dunkelrot gefärbten, beerenartigen Fruchtfleischhülle umgeben ist. Diese weichfleischigen und saftigen Fruchtkerne bilden den Hauptbestandteil der Frucht. Sie schmecken säuerlich-süß bis herb und erinnern entfernt an Johannisbeeren.

Die scharlachroten Granatäpfel aus Afghanistan (oberes Bild) gelten als die schönsten und aromatischsten, Früchte aus dem Mittelmeerraum haben eine grüne oder gelbe Schale mit manchmal rötlicher Schattierung. Bleiben Granatäpfel bis zur Vollreife am Baum, platzen sie auf (unteres Bild); die Ernte muß daher zu einem früheren Zeitpunkt erfolgen. Damit ein optimales Nachreifen gewährleistet ist, müssen die Früchte vorsichtig mit einer Schere abgetrennt werden.

So wird ein Granatapfel verarbeitet:

Um die "Beeren" unbeschädigt aus den Kammern herauslösen zu können, schneidet man zuerst am Kelchansatz mit dem Sägemesser ein keilförmiges Stück heraus.

Dann wird die Frucht über eine Schüssel gehalten und mit etwas Druck auseinandergebrochen; dabei fallen die meisten Fruchtkerne heraus. Die bitteren Zwischenhäute werden entfernt.

Will man Saft gewinnen, wird die halbierte Frucht auf einer Zitruspresse schonend ausgepreßt. Der Saft wird durch ein Sieb gegossen, da Schalenteile und Trennhäute bitter und ungenießbar sind.

Die Jujube oder Chinesische Dattel gibt es in einer Vielzahl verschiedener Sorten und Varietäten. Die meisten davon stammen aus China, wo sie die Größe und Form einer Zwetschge erreichen. Geschmacklich erinnern sie an eine Birne, doch haben sie weniger Aroma als die olivengroße Jujube aus dem Mittelmeerraum. Diese schmeckt angenehm süß-sauer und wird vor allem frisch verzehrt, wenn sie vollreif oder auch schon leicht runzelig ist.

Loquat (Bild unten) heißt diese Mispelart mit festem, säuerlichem Fruchtfleisch, das im Geschmack an Apfel und Birne erinnert. Nur völlig reif und ganz frisch eignen sie sich wie Pflaumen zum Rohessen. **Mispeln** (ganz unten) findet man in Mitteleuropa nur selten im Angebot. Da sie erst nach Frosteinwirkung und Lagern weich und genießbar werden, eignen sie sich nicht für den Frischverzehr, sondern sind lediglich für die Herstellung von Konfitüre und Gelee von Bedeutung.

Punicaceae (Granatapfelbaumgewächse). Aus der kleinen, im Mittelmeerraum und von Vorderasien bis Indien verbreiteten Familie myrtenartiger Pflanzen ist vor allem der Granatapfelbaum bekannt. **Granatapfel** *(Punica granatum)*, engl. pomegranate, franz. grenade, span. granada. Der immergrüne, oft strauchartige, bis 5 m hohe Granatapfelbaum wird heute in Afghanistan, im Iran, in Spanien, Italien, Israel, auf den Kanarischen Inseln, Madeira und Zypern, in Kalifornien und Brasilien angebaut. Importe kommen hauptsächlich in der zweiten Jahreshälfte aus Spanien, Italien, Israel und aus Übersee. Die runde, apfelsinengroße Frucht hat eine etwa 5 mm dicke, ledrige Schale, die ihre gute Transportfähigkeit und lange Haltbarkeit (bis zu 6 Monaten) bedingt. Charakteristisch für den Granatapfel ist der zipfelige Blütenkelch, der ihm eine zwiebelähnliche Form verleiht. Die weißen Samenkerne können den Rohgenuß leicht beeinträchtigen, bei frischen Früchten werden sie aber meist mitgegessen. Die "Beeren" verwendet man zu Obstsalaten, Eis, Puddings und Cremes, zu Gelees und Getränken. Den ausgepreßten Saft mischt man mit Wasser, Sekt und Weißwein oder kocht ihn mit Zucker zu Sirup ("Grenadine").

Rhamnaceae (Kreuzdorngewächse). Zu dieser 46 Gattungen mit über 500 Arten umfassenden Familie gehören u. a. der Faulbaum und der Christusdorn. **Jujube, Chinesische Dattel** *(Ziziphus jujuba)*, engl. jujube, Chinese date, Chinese fig, franz. jujube, span. azufaifa. Die in Nordchina beheimatete Frucht verbreitete sich über ganz China, Indien, Japan, Westasien und Syrien und gelangte schon im Altertum bis in den Mittelmeerraum. Ökonomische Bedeutung haben Jujuben nur in China, wo sie getrocknet oder kandiert in größerem Umfang gehandelt werden.

Rosaceae (Rosengewächse). Aus der großen, weltweit verbreiteten Familie mit rund 3000 Arten und 100 Gattungen kommen auch die wichtigsten europäischen Obstarten, wie Apfel, Birne, Kirsche, Pfirsich, Himbeere, Brombeere etc., ebenso wie die seit dem Altertum bedeutendste Zierpflanze der Welt, die Rose. **Loquat, Japanische Mispel,** Wollmispel *(Eriobotyra japonica)*, engl. loquat, Japanese plum, Japanese medlar, franz. nèfle du Japon, span. nìspero del Japón, ital. néspola del Giappone. Ihr Ursprung liegt in China oder Japan, heute wird sie auch im Mittelmeerraum, in Mittel- und Südamerika, Florida und Kalifornien, im Libanon, in Israel, Algerien, Thailand und Nordindien angebaut. Die ovalen Früchte (4 bis 8 cm lang) sind mit einer dünnen, zähen Haut überzogen, die je nach Sorte blaßgelb bis tieforange sein kann. In dem festen, saftigen Fleisch liegen 3 bis 6 Kerne. Nur vollreife Früchte ißt man roh oder verwendet sie geschält und entkernt zu Obstsalaten, Kompott und Cremes, auch für Saft und Gelee. **Mispel,** Nespel, *(Mespilus germanica)*, engl. medlar, franz. nèfle. Sie stammt aus Südosteuropa und Vorderasien, kommt aber heute fast überall in Europa, in der Türkei, im Iran und in Kalifornien vor. Die erst rostroten, später holzartig dunkelbraunen Scheinfrüchte des 3 bis 5 m

Die Icaco-Pflaume wächst im tropischen Amerika an bis 8 m hohen, verzweigten Bäumen mit langen, ovalen Blättern (oberes Bild). Mit einer Pflaume hat sie lediglich Form und Größe gemein. Roh ist sie adstringierend und hat nur wenig Aroma, erst gekocht und mit Zucker entwickelt sie ihren angenehmen Geschmack. Daher wird sie vorwiegend zu Kompott und Konserven verarbeitet.

Loganbeeren reifen an immergrünen, dunkelblättrigen Sträuchern, die hauptsächlich an der kalifornischen Pazifikküste und in Neuseeland angebaut werden. Obwohl recht robust, sind die Pflanzen für den Anbau in gemäßigtem Klima nicht geeignet; sie wären nicht ertragreich genug und sind nicht winterhart.

Die Loganbeere (oberes Bild) ist eine Kreuzung von Brombeere und Himbeere und vor allem in den USA geschätzt. In Farbe und Struktur einer Brombeere, in der Form einer übergroßen Himbeere ähnlich, vereint sie auch geschmacklich die Vorzüge beider Obstarten. Doch erst völlig reif, wenn sie ihre starke Säure verloren hat, sollte man sie verwenden - für den Rohverzehr oder die Herstellung von Konfitüre, Gelee, Püree, Saft und Wein. Die **Japanische Weinbeere** (unteres Bild), ebenfalls mit Brombeere und Himbeere verwandt, hat ein angenehm weinsäuerliches Aroma.

Die Boysenbeere ist eine amerikanische Weiterzüchtung der Loganbeere. Ihre Stärke liegt in dem gleichbleibend kräftigen und angenehmen Aroma, das weder durch Tiefkühlen noch durch Einkochen beeinträchtigt wird.

Mora de Castilla, die Andenbeere, erfreut sich vor allem in Kolumbien größter Beliebtheit. "Mora" ist das spanische Wort für Brombeere. Tatsächlich sieht die glänzend dunkelrote bis schwarze Frucht der Brombeere täuschend ähnlich, wird aber etwa doppelt so groß. Ihr unverkennbares Brombeeraroma hat einen ungewohnten, leicht "medizinischen" Beigeschmack.

hohen Mispelbaums enthalten sehr viel Gerbsäure, die sich durch Frost und Überreife verliert. **Icaco-Pflaume** *(Chrysobalanus icaco)*, engl. coco plum, cocoa plum, franz. icaque, prune coton, span. icaco, jicaco, hicaco, jicacillo. Die im tropischen Amerika beheimatete Frucht wächst in den Südstaaten der USA, in Mittel- und Südamerika. Es gibt mehrere Varietäten, die in der Farbe von gelb über rot bis rotbraun variieren. **Loganbeere** *(Rubus loganobaccus)*, engl. loganberry. Diese Brombeer-Himbeer-Kreuzung wurde nach ihrem Züchter J.H. Logan, der sie vermutlich 1881 in Kalifornien entwickelte, benannt. Heute gehört die aromatische Beere zu einer der gewinnträchtigsten Kulturen an der Pazifikküste der USA, wird allerdings nur selten exportiert. Eine Rückkreuzung der Logan- mit Himbeere und Brombeere ist die **Boysenbeere,** die 1925 von Rudolph Boysen in Kalifornien vorgestellt wurde. Ihre Premiere feierte diese Züchtung allerdings erst 1937 in Neuseeland; dort hat sie sich zu der wichtigsten Beerenfrucht dieser Art entwickelt. Da sie nicht lange haltbar und transportempfindlich ist, werden hauptsächlich tiefgefrorene Früchte, Pürees und Saftkonzentrate nach Europa exportiert. Die **Taybeere** gehört ebenfalls in diese Gruppe der Brombeer-Himbeer-Kreuzungen. Sie ist so groß wie die Loganbeere, länglich-konisch geformt und purpurrot gefärbt. **Japanische Weinbeere** *(Rubus phoenicolasius)*, engl. wine raspberry. Die ebenfalls mit Brombeeren und Himbeeren verwandte Beerenart, die vollreif leuchtend rot wird, ist in Ostasien beheimatet und wird seit der zweiten Hälfte des letzten Jahrhunderts kultiviert. **Andenbeere** *(Rubus glaucus)*, span. mora de castilla. Sie stammt vermutlich aus Kolumbien und wird dort verstärkt angebaut. Die Beere ist reich an Vitamin A und C und Mineralstoffen. **Nashi,** Japanische oder Asiatische Birne, Sandbirne *(Pyrus pyrifolia)*, engl. Asian pear, Japanese pear. Die aus Nordchina, Korea und Japan stammende Frucht wird heute in Plantagen an bis zu 2 m hohen Spalieren gezogen. Erzeugerländer außerhalb ihrer Heimat sind Neuseeland, Australien, Chile, auch Kalifornien. Von September bis Januar kommen Importe aus Japan, im April und Mai aus Neuseeland. Grundsätzlich werden zwei Nashi-Typen unterschieden: der chinesische Typ ähnelt eher einer Birne, der japanische Typ ist apfelförmig. Nashis sind äußerst druckempfindlich. Sie eignen sich ungeschält oder geschält vor allem zum Rohessen, in Stücke geschnitten für Obstsalate, Süßspeisen und Konfitüre.

Rutaceae **(Rautengewächse).** Diese Familie mit rund 1600 Arten ist vor allem wegen ihrer Gattung *Citrus* bekannt, die an anderer Stelle separat behandelt wird. **Woodapple** *(Feronia limonia)*, engl. woodapple, franz. pomme d'éléphant, pomme de bois. Die braunen, dunkel gefleckten Früchte wachsen an riesigen Bäumen auf Sri Lanka. Frisch werden sie nicht exportiert. **Baelfrucht, Belifrucht** *(Aegle marmelos)*, engl. bael fruit, beli, Bengal quince, franz. bel indien. Die in Indien heimische Frucht wird auch heute vorwiegend dort angebaut. Man verwendet sie wie den Woodapple.

Woodapple und Baelfrucht
IDEAL FÜR CREMES UND EIS

Außen eine harte, holzige Schale, ähnlich der einer Kokosnuß, innen weiches, fast cremiges Fruchtfleisch - dem Woodapple und der Bael- oder Belifrucht sieht man nicht an, daß sie zur selben botanischen Familie wie die Zitrusfrüchte gehören. Nur ihre Größe - etwa die einer Orange - könnte auf die Verwandtschaft hinweisen. Beide schmecken erfrischend säuerlich und angenehm. In Verbindung mit Zucker entfaltet sich ihr Aroma besonders gut, daher eignet sich ihr püriertes Fruchtfleisch hervorragend für Cremes, Puddings, Eis und Sorbets. Die Industrie leistet dazu die Vorarbeit: als "Beli-Cream" und "Woodapple-Cream" wird das mit Zucker sterilisierte Fruchtfleisch angeboten; solche Konserven kommen in sehr guter Qualität aus Sri Lanka. Neben der Verwendung für Desserts und Obstsalate dient das schokoladenbraune (Woodapple) bzw. gelborangefarbene (Belifrucht) Püree, mit Wasser, Milch oder Kokosmilch verdünnt, auch als Grundlage für herrliche Fruchtsäfte und Cocktails.

Die Borojó (Borojoa patinoi) aus Kolumbien zeichnet sich nicht durch besonderen Wohlgeschmack aus: Ihr säurereiches Fleisch hat einen leicht öligen Geruch, geschmacklich erinnert es an eine vollreife Tamarinde. Die Frucht gehört zur Familie der Rubiaceae (Rötegewächse), zu der u. a. auch die Kaffeepflanze zählt.

Die Bael- oder Belifrucht (Bild unten) wächst an einem bis zu 12 m hohen Baum, der in Indien als heilig gilt. Dort wird die tropfenförmige, im Durchmesser 6 bis 12 cm große Frucht gern frisch gegessen, zu Getränken verarbeitet oder in Scheiben geschnitten getrocknet. Das in Segmente unterteilte Fruchtfleisch ist reich an Vitamin C und A und soll gegen Ruhr helfen. Der **Woodapple** (ganz unten) stammt vermutlich aus Indien oder dem heutigen Sri Lanka und wird vorwiegend dort angebaut. Die Frucht ist reif, wenn sich ihr Fruchtfleisch durch Schütteln hörbar von der Schale getrennt hat. Auf Sri Lanka werden Woodapples frisch oder püriert und konserviert angeboten.

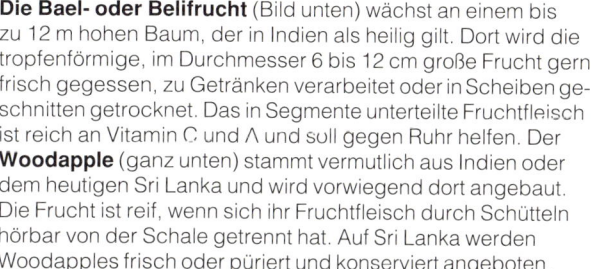

Die Nashi (Bild ganz oben) zählt zu den Exoten, die zwar schon seit Mitte der 60iger Jahre auf europäischen Märkten zu haben sind, doch sich erst in jüngster Zeit einen festen Platz im Angebot erobert haben. Die birnenförmigen Nashis chinesischen Typs haben ein weicheres Fleisch mit vielen Steinzellen, bei den apfelförmigen des japanischen Typs ist es fest und praktisch ohne Steinzellen. Mittlerweile gibt es eine stattliche Anzahl verschiedener Sorten und Varietäten. Neuere japanische Sorten wie die erfolgversprechende **"Hosui"** (Bild Mitte) zeichnen sich durch eine sehr dünne, genießbare Schale aus. Außerdem haben sie helles, süßes und sehr saftiges Fleisch mit nur noch wenigen Steinzellen. Eine mit der Nashi verwandte Fruchtart ist die chinesische **Shandong-Apfelbirne** (Bild unten), die erst seit Dezember 1987 nach Europa kommt. Die birnenförmige Frucht hat einen auffallend langen Stiel und läßt sich geschmacklich mit der Nashi vergleichen.

Die Aki, spanisch auch "merey del diablo", also "Frucht des Teufels" genannt, ist in der Tat eine verführerische und gleichzeitig gefährliche Beere: In reifem Zustand zwar cremig-zart, mild und nußartig, ist die Frucht sowohl im unreifen als auch überreifen Stadium wegen ihres hohen Gehalts an der Aminosäure Hypoglycin giftig und gesundheitsgefährdend.

Pulasan heißt die Frucht eines 10 bis 15 m hohen Baumes. Sie wächst an langen Stielen und meist in Büscheln, genau wie die eng verwandte Rambutan, der sie zum Verwechseln ähnlich sieht. Von ihr unterscheidet sie sich lediglich durch die noch fülligeren Stachelhaare, die dafür jedoch kürzer und dicker sind als bei der Rambutan.

Die Rambutan verdankt ihren Namen den welligen, roten oder gelben "Haaren" auf der Schale, denn in der malaiischen Sprache heißt "rambut" Haar. Die auch als "haarige Litchi" bezeichnete Frucht kann besser nicht umschrieben werden: Das milchig-weiße Fleisch, den exotischen Duft und den süß-säuerlichen Geschmack hat sie mit der Litchi gemein.

Ein Korb voll leuchtend roter Rambutans: frisch gepflückt und reif bieten sie ein ungewöhnlich schönes Bild. Und sie versprechen höchsten Genuß, solange die "Haare" aufrecht stehen und nicht welk oder gar schwarz verfärbt sind.

Sapindaceae (Seifenbaumgewächse). Die Familie verdankt ihren Namen der Tatsache, daß die Früchte einer Reihe der ihr angehörenden Bäume und Sträucher einen alkalischen Stoff enthalten, mit dem man Seide und Haare waschen kann. **Litchi, Litschi** *(Litchi chinensis),* engl. lychee, lichi, litchee, franz. litchi, cerise de la Chine. Die aus Südchina stammende Frucht wird weltweit in den Subtropen angebaut, in China, Burma, Indien, Japan, Australien, Neuseeland, Südafrika, Ostafrika, Brasilien, zudem in Florida und Hawaii. Ihre dünne, schuppenartige Schale verfärbt sich beim Trocknen allmählich braun - daher auch der Name "Chinesische Haselnuß". Um das perlmuttartige, weiße Fruchtfleisch verzehren zu können, pellt man es wie ein Ei aus der zerbrechlichen Schale; der braune Kern in der Mitte wird entfernt. Litchis sind vorwiegend als Frischobst beliebt. Ihr feines Aroma harmoniert mit vielen süßen Zutaten, aber auch mit Fleisch, Fisch, Geflügel und Reis. **Rambutan,** Behaarte Litchi, Falsche Litchi *(Nephelium lappaceum),* engl. rambutan, hairy litchi, franz. ramboutan, litchi chevelou. In Malaysia beheimatet, ist die etwa pflaumengroße Frucht heute vom südostasiatischen Raum bis nach Mauritius, Costa Rica, Ecuador und Australien verbreitet. Am besten eignet sich die Rambutan für den Frischverzehr, ähnlich wie die Litchi. **Pulasan** *(Nephelium mutabile),* engl. pulasan, franz. kapulasan, wird in Malaysia, Indonesien und auf den Philippinen angebaut. Sie hat nur lokale Bedeutung und dient in den Erzeugerländern vorwiegend als Frischobst. **Aki, Akipflaume** *(Blighia sapida),* engl. akee, franz. akée d'Afrique, ris de veau végétale, span. seso vegetal, merey del diablo. Die in Westafrika beheimatete Frucht, die Captain Bligh Anfang des letzten Jahrhunderts nach Jamaika brachte, wird heute auch in Brasilien, Venezuela, in der Karibik und in Süd-Florida angebaut. Nur vereinzelt kommen frische Akis nach Europa, da sie sehr transportempfindlich sind. Die Frucht wird von einer ledrigen, glatten Schale von gelboranger bis lachsroter Farbe umhüllt. Bei voller Reife springt diese in drei Fächer auf und enthüllt drei ungenießbare braune Samen, die an der Basis von einem weißen, fleischigen Samenmantel (Arillus) umgeben sind, dem eigentlichen eßbaren Teil der Frucht. Er schmeckt mild und nußartig und erinnert, aufgrund seines hohen Fettgehalts (20%), an eine Avocado. **Longan, Longane,** Longanpflaume, Drachenauge *(Dimocarpus longan),* engl. longan, dragon's eye, longyen, franz. œil de dragon, litchi ponceau. Sie ist in Südostasien heimisch und wird hauptsächlich in Indien und Taiwan kultiviert. Frische Longan-Früchte, kleiner als Litchis, sind nur selten zu haben. In den Anbauländern werden sie wie Kirschen verzehrt. **Quenepa,** Genip, Spanische Limone *(Melicoccus bijugatus),* engl. genip, quenette, Spanish lime, honey-berry, sensiboom, franz. quenette, span. quenepa, mamon, mamoncillo, maco. Die vorwiegend im nördlichen Südamerika und auf den karibischen Inseln angebauten Früchte haben eine grüne, dünne, lederartige Haut, die das creme- bis leicht orangefarbene Fruchtfleisch mit dem

Die Litchi gilt in China als die feinste aller Früchte, als die "Spenderin der Lebensfreude" - so die Übersetzung ihres chinesischen Namens "Lee Chee". Büschelweise, wie die rosa bis tiefroten Litchis am Baum wachsen, werden sie dort an der Straße verkauft. Ihr zartes, mild-säuerliches Fruchtfleisch mit dezentem Rosenaroma schmeckt herrlich erfrischend.

Die Longan hat es nicht leicht, sich neben der Litchi zu behaupten: Sie ist nur halb so groß, und ihre dünne, orangefarbene Schale verfärbt sich nach dem Pflücken innerhalb eines Tages ins Bräunliche. Geschmacklich jedoch steht die Longan der Litchi in nichts nach: Das weiß-glasige Fruchtfleisch duftet und schmeckt ähnlich aromatisch, aber etwas säuerlicher.

Die Quenepa hat vor allem in ihrer Heimat, dem tropischen Amerika und auf den Karibischen Inseln, einen hohen Stellenwert. Die traubenähnlich zusammenwachsenden Früchte werden dort in großen Mengen als Frischobst verzehrt oder püriert und gezuckert für Erfrischungsgetränke und Milch-Shakes verwendet. Quenepas dienen auch zur Herstellung von Konfitüre.

Frisch und vollreif, rosa bis tiefrot, mit saftigem, perlmuttartig schimmerndem Fruchtfleisch - so sollen Litchis auf den Markt kommen. Der in der Mitte liegende, bei den meisten Litchis recht große, dunkelbraune und ungenießbare Kern ist die einzige "Beeinträchtigung" beim Genuß der herrlich aromatischen Früchte. Doch gibt es schon Züchtungen mit kleineren Kernen und - eine absolute Neuheit - sogar welche ganz ohne Samen, wie im Bild vorn zu sehen. Die nur aus Thailand kommenden kernlosen Litchis sind um einiges kleiner, doch die Fruchtfleisch-Ausbeute ist genauso groß wie bei den Litchis mit Kern. Leider sind sie noch sehr rar, auch in Thailand selbst, wo sie bisher nur in ganz geringem Umfang angebaut werden.

Die Große Sapote, in den Anbauländern oft schlicht "mamey" genannt, um sie von anderen Sapoten zu unterscheiden, gehört zu den bedeutendsten Tropenfrüchten. Ihr appetitlich lachsrotes und buttrig-weiches Fruchtfleisch schmeckt so gut, wie es aussieht: sehr süß, da arm an Säure, würzig, an eine Kombination von Aprikose und Dörrpflaume erinnernd.

Bei der Sapodilla gibt es auch runde Formen, wie zum Beispiel die kleine "Makok" aus Thailand oder die größeren "Cricket Ball" und "Dwarapudi" aus Indien. Diese hier sieht durch den etwas eingedrückten Stielansatz einem Apfel ähnlich.

Sapodillas variieren je nach Sorte in bezug auf Größe, Form und Geschmack so stark, daß die Zuordnung zu derselben Fruchtart fast unglaubwürdig erscheint. In Europa werden meist die eiförmigen Sorten mit leichter Spitze (im Bild) angeboten. Ihr bei Vollreife weiches, fast geleeartiges Fleisch hat ein süßes, der Birne ähnliches Aroma mit leichter Aprikosennote.

Der Sternapfel ist außerhalb Mittelamerikas und der Karibik eine unbekannte Tropenschönheit. Er muß am Baum ausreifen, damit sich sein süßer, birnenartiger Geschmack voll entwickeln kann, und er verdirbt leider rasch. Die sternförmige Anordnung der Kerne in dem gallertartigen Fruchtfleisch gab der Frucht, die etwa die Größe eines Apfels hat, den Namen.

großen Samenkern umschließt. Der Kern läßt sich nur schwer vom Fruchtfleisch trennen.

Sapotaceae (Sapotengewächse). Die zahlreichen Sapote-Arten gehören zwei botanischen Familien an. Während Große Sapote, Sapodilla, Lucuma und Sternapfel zu den Sapotengewächsen zählen, handelt es sich bei der Sapote oder "chupa chupa" (Seite 30) um eine Frucht aus der Familie der Wollbaumgewächse. **Große Sapote,** Marmeladenfrucht oder -pflaume, Mamey *(Pouteria sapota)*, engl. mammee sapote, mamey, marmelade plum, franz. abricot des Antilles, span. zapote colorado, mamey, mamey colorado, yuco. Die mehr und mehr auch international einfach "mamey" genannte Frucht stammt aus Mittelamerika und ist heute von Florida bis Ecuador und Brasilien verbreitet. Unter ihrer holzig-rauhen, aber dünnen Schale befindet sich kräftig lachsrotes, von vielen Milchsaftbahnen durchzogenes Fleisch. Es wird vor allem frisch verzehrt, eignet sich aber auch vorzüglich für Marmelade, Cremes, Speiseeis und Milchshakes. Zum Rohessen wird die Frucht halbiert, das Fruchtfleisch von Kern und Fasern befreit und mit einem Suppenlöffel aus der Schale gehoben. Die Früchte lassen sich gut 2 bis 3 Wochen lagern. **Sapodilla,** Sapote, Sapotillapfel, Breiapfel, Westindische Mispel *(Manilkara zapota)*, engl. sapodilla, chico, naseberry, chiku (Indien), franz. sapotille, nèfle d'Amérique, span. níspero, chico zapote. Schon in der Zeit vor Kolumbus wurde der immergrüne, bis 20 m hohe Sapotill-Baum von Südmexiko bis Peru kultiviert, und seit Jahrhunderten dient das aus dem Baumstamm gewonnene Latex als Grundstoff für die Kaugummi-Herstellung. Außerhalb ihrer Heimat wird die im Durchmesser 5 bis 8 cm große Sapodilla im tropischen und subtropischen Amerika, auf den Westindischen Inseln und in Südostasien angebaut. Sapodillas sind ganzjährig erhältlich, meist aus Thailand. Man ißt sie frisch (Schale, Kerne und Fasern entfernen) und nimmt sie für Obstsalate, Konfitüre, Kompott und Cremes. **Sternapfel** *(Chrysophyllum cainito)*, engl. star apple, franz. pomme étoilée, caimite, span. caimito. Die an einem auch als Zierpflanze kultivierten Baum wachsende Frucht ist hauptsächlich auf den Westindischen Inseln und in Mittelamerika verbreitet. Es gibt zwei farblich verschiedene Sorten: eine mit purpurfarbener Schale und entsprechend verfärbtem Fruchtfleisch, die aromatischer ist, und eine mit hellgrüner Schale und eher weißem Fruchtfleisch, die süßer schmeckt. Sternäpfel werden meist roh gegessen. **Lucuma** *(Pouteria lucuma)*, engl. eggfruit, abiu, franz. balata jaune d'œuf, span. lucumo. Die dunkelolivgrüne Frucht, die von einer cellophanartigen Haut umhüllt ist, wird in Chile, Peru und Ecuador angebaut. Ihr gelb- bis orangefarbenes, eher trockenes Fleisch wird vorwiegend, mit Wasser, Milch oder Sahne püriert, für Desserts verwendet. **Lawalu** *(Chrysophyllum lanceolatum)*. Die in Europa noch völlig unbekannte Frucht hat etwa die Größe einer Zitrone. Das leicht mehlige Fruchtfleisch ist arm an Säure, daher empfiehlt sich die Zugabe von etwas Zitronen- oder Limettensaft. *Solanaceae* (Nachtschattengewächse). Von den

Lulo, die "falsche Orange" aus den Anden, übertrifft mit ihrem einzigartig vollen und "exotischen" Aroma die meisten Tropenfrüchte. Ihr Geschmack läßt sich nur schwer, etwa als eine Verbindung von Cherimoya, Ananas und Guave, beschreiben und verleiht vielen Zubereitungen, wie Säften, Cremes, Speiseeis, Sorbet und Konfitüre, eine erfrischende Note.

Die Physalis, besser bekannt als Kap-Stachelbeere, sieht der Lampionblume (Judenkirsche) sehr ähnlich, mit der sie auch verwandt ist. Im Gegensatz zu dieser wachsen die Physalis-Früchte aber nicht zur Zierde: die knackigen Beeren in der sie umgebenden gelblich-hellbraunen Hülle sind von fein süßsäuerlichem Geschmack und vor allem frisch ein Genuß.

Cocona oder Orinocoapfel heißt eine größere Schwester der Lulo, der sie außen und innen ähnelt: Typisch sind die feinen Härchen auf der ledrigen Haut, die sich jedoch leicht abreiben lassen, und das von vielen Samen durchsetzte, gallertartige Fruchtfleisch. Angenehm fruchtig im Geschmack, eignet sie sich sehr gut zur Herstellung von Erfrischungsgetränken.

Von Natur aus bestens geschützt und wie ein Bonbon verpackt: Jede einzelne Physalis steckt in einer winzigen, papierähnlichen "Tüte" und sollte darin auch bis zum Verzehr bleiben, besonders dann, wenn die Früchte noch nachreifen sollen. Bevor die Früchte für den Export verpackt werden, müssen die Hüllen gut trocknen, da sie sonst leicht schimmeln.

Die Lawalu ist eine Exotin im wahrsten Sinne des Wortes: die in Südostasien beheimatete Frucht wird bislang noch nicht exportiert. Leider, denn ihr süßes, fast etwas mehliges Fleisch eignet sich gut für Cremes und Eis.

Lucuma, die Nationalfrucht der Chilenen, ist schon seit Jahrtausenden an der Pazifikküste Südamerikas eine begehrte Frucht; in Europa dagegen ist sie leider noch völlig unbekannt. Vor Ort sollte man sich den Genuß der köstlichen Frucht, ob roh oder als Creme zubereitet, nicht entgehen lassen: Sie schmeckt walnußartig, mit leichtem Vanille- und Mango-Akzent.

Wie kleine Lampions sehen die anfangs grünen Kapseln der Physalis aus, die sich nach dem Fruchtansatz aus dem Blütenkelch entwickeln und unter deren schützender Hülle die viel kleineren, kugeligen Beeren reifen. Die papierdünnen "Verpackungen" sind deutlich gerippt und werden bis zu 5 cm lang. Sie wachsen an bis zu 2 m hohen, buschartigen Pflanzen.

An baumartigen, immergrünen Sträuchern, die bis zu 6 m hoch werden, reifen die Baumtomaten heran. In den meisten tropischen Gebieten sind die Tamarillo-Sträucher mit ihren charakteristischen herzförmigen Blättern oft in Gärten zu finden. Die Früchte hängen grüppchenweise an langen, dünnen Stielen und sind daher bequem zu ernten.

Die Tamarillo, auch als Baumtomate bekannt, gehört wie unsere Tomate zur Familie der Nachtschattengewächse. Vor allem im Anschnitt sieht die dünnhäutige Frucht mit ihrem rotgelben, außen festen und innen von Samen durchsetzten, geleeartigen Kerngebilde einer Tomate verblüffend ähnlich. Beim Geschmack allerdings hört die Ähnlichkeit auf.

Die erntereifen Tamarillos müssen fast wie rohe Eier behandelt werden. Sie sind sehr druckempfindlich und werden deshalb einzeln gepflückt und für den Transport sorgfältig in Kisten verpackt (Bild unten). Während des ganzen Jahres kommen Baumtomaten auf den Markt, je nach Ursprungsland in verschiedenen Größen und Farben. Es gibt orange- bis dunkelrote, purpurfarbene Sorten, aber auch gelbrote und gelbe wie die **"Inca Gold Tamarillo"** (ganz unten). Sie wurde in Ecuador gezüchtet, wird mittlerweile aber auch in Neuseeland angebaut. Kleinere und weichere Samenkerne und besonders süßer Geschmack sind ihre Vorzüge.

So bereitet man eine Tamarillo vor:

Die Frucht mit einem scharfen Messer wie einen Apfel spiralförmig schälen. Bei nicht zu weichen Tamarillos kann man einen Sparschäler verwenden.

Den holzigen Stielansatz mit einem spitzen Messer keilförmig herausschneiden.

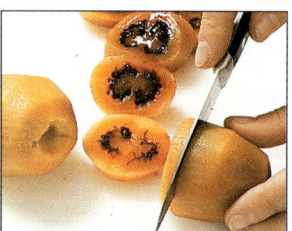

Die geschälte Tamarillo quer in Scheiben schneiden - so ist sie vielseitig verwendbar, beispielsweise für Salate.

Soll ein Mus hergestellt werden, die Fruchtscheiben mit dem Zerkleinerungsstab des Handmixers samt den Kernen fein pürieren.

etwa 2300 meist in Mittel- und Südamerika heimischen Arten dieser Familie werden nur etwa 30 Pflanzen kultiviert. Neben Kartoffel, Tomate und Tabak gehören auch sehr aromatische Früchte dazu. **Lulo, Quito-Orange** (*Solanum quitoense*), engl. naranjilla, franz. morelle de Quito, span. naranjilla ("kleine Orange"). Außerhalb der Erzeugerländer - Peru, Ecuador, Kolumbien und Costa Rica - ist die aus den nördlichen Andengebieten stammende Frucht leider nur wenig bekannt. Ihre Namen deuten auf die Ähnlichkeit mit einer Orange hin, doch ist sie mit 4 bis 6 cm Durchmesser kleiner. Das grüne, geleeartige Fruchtfleisch enthält viele kleine Samenkerne, die mitgegessen werden. **Cocona, Orinocoapfel** (*Solanum topiro*), engl. peach-tomato, franz. cocona, span. cocona, tupiro, tupiru. Die an 1 bis 2 m hohen Sträuchern mit bis zu 60 cm langen Blättern wachsende Frucht kommt vor allem in Peru und Bolivien vor, wird aber nicht kommerziell angebaut. Man verwendet sie wie die Lulo. **Physalis, Kap-Stachelbeere,** Ananaskirsche (*Physalis peruviana*), engl. Cape gooseberry, golden berry, Peruvian cherry, franz. physalis, groseille du Cap, coqueret du Pérou. In Peru beheimatet, kam sie vor 200 Jahren durch portugiesische Seefahrer ans Kap der Guten Hoffnung, wo sie in großem Umfang kultiviert wurde. Auch heute noch wird sie vorwiegend in Südafrika angebaut. Die kirschförmige Beere mit zahlreichen kleinen, eßbaren Samen erinnert geschmacklich an eine Mischung aus Passionsfrucht, Ananas und Stachelbeere. **Tamarillo, Baumtomate** (*Cyphomandra betacea*), engl. tree tomato, franz. tomate d'arbre, span. tomate de árbol, tamarillo. Die aus den peruanischen Anden stammende Beerenfrucht findet man heute fast überall in den Tropen. Von Oktober bis April kommen Tamarillos aus Brasilien und Kolumbien, von Dezember bis April aus Kenia und Südafrika, von April bis Oktober aus Neuseeland. Die dünne Fruchtschale weist einen leicht bitteren Geschmack auf und wird deshalb vor dem Verzehr meist entfernt. Zum Rohessen schneidet man Tamarillos längs durch und löffelt das Fleisch samt den Kernen aus der Schale. **Pepino, Birnenmelone,** Mellowfrucht (*Solanum muricatum*), engl. melon pear, tree melon, mellow fruit, fruit cucumber, franz. poire-melon, span. pepino, pepino dulce, pepinillo, pepino morado. Sie wird heute in den warmen Andentälern von Kolumbien bis Chile angebaut, aber auch in Neuseeland, Florida, Kalifornien und Südspanien. Bis jetzt werden nur geringe Mengen nach Europa exportiert. Eine reife Pepino erkennt man an der Farbe: ihre Schale muß schön gelb sein. *Zingiberaceae* (**Ingwergewächse**). Alle Mitglieder dieser tropischen Pflanzenfamilie enthalten ätherisches Öl, daher sind einige von ihnen Gewürzpflanzen. **Ingwer** (*Zingiber officinale*), engl. ginger, franz. gingembre, span. jengibre. Er stammt vermutlich aus Ostasien. Heute sind die wichtigsten Anbauländer Indien, Malaysia, Indonesien, China, Japan, die Westindischen Inseln, Kenia, Nigeria und Brasilien. Die Wurzelknollen sind innen weiß bis gelblich und leicht faserig. Sie haben einen aromatischen, zugleich scharfen Geschmack.

Pepino ist der spanische Name dieser uralten indianischen Frucht aus Peru oder Kolumbien, die heute sogar auf den Kanarischen Inseln gedeiht. Sie erinnert an eine Melone, heißt deshalb auch Birnenmelone, ist aber nicht mit ihr verwandt. Der gut 1 m hohe, krautige Halbstrauch, an dem sie heranreift, gehört zu den Nachtschattengewächsen. Er trägt 140 bis 400 g schwere Früchte, je nach Sorte in unterschiedlicher Form und Färbung. Meist sind sie eiförmig zugespitzt (oberes Bild), sie können aber auch rund sein (rechts: "Apfelmelone"). Die glatte und sehr dünne Haut ist cremeweiß bis gelb im Grundton und mehr oder weniger purpurfarben bis violett gestreift. Das goldgelbe Fruchtfleisch wird vollreif angenehm weich und umschließt zwei getrennte Hohlräume mit einigen kleinen, meist aber gar keinen Samen. Es schmeckt wie Birne und Melone zusammen - auch daher der Name -, süß, manchmal leider etwas fade. Pepinos ißt man am besten roh, nach Belieben mit oder ohne Schale, und verwendet sie zu Obstsalaten und Desserts.

Ingwerwurzeln zählen zwar nicht zu den Früchten, doch da sie frisch als würzende Zutat oft verwendet werden - auch in Kombination mit Früchten - ist ihre Erwähnung in diesem Buch durchaus berechtigt. Dieses Universalgewürz der Asiaten verleiht vielen Speisen und Getränken einen fruchtig-würzigen bis beißend scharfen Geschmack und eignet sich auch für Gebäck und Süßspeisen. Frischer Ingwer ist das ganze Jahr über erhältlich und läßt sich problemlos an einem kühlen Ort lagern.

Der eßbare Teil der Ingwerpflanze, die sich zu einer Schilfstaude bis zu 1,5 m Höhe entwickelt, liegt unter der Erde. Die sich horizontal ausbreitenden, knolligen Wurzeln (Rhizome) werden ausgegraben, sobald die Stengel zu welken beginnen, und sofort von Erde, Faserwurzeln und Stengelresten befreit.

Zitrus-früchte

Sie sind - nach Bananen und Trauben - das wirtschaftlich bedeutendste Obst der Erde. Die Weltproduktion hat sich in den letzten 20 Jahren praktisch verdreifacht. Fast unüberschaubar ist die Zahl der zur Gattung *Citrus* gehörenden Früchte. Doch ist es nicht so sehr die Anzahl der einzelnen botanischen Spezies (es gibt etwa 15 gut differenzierbare Arten), die die systematische Einteilung selbst für Experten so schwierig macht, sondern die unendliche Vielzahl von Kulturformen, Sorten, Varietäten, Hybriden und Rückkreuzungen, die im Laufe der Jahrhunderte entweder zufällig entstanden oder gezielt entwickelt wurden. Und um die Verwirrung komplett zu machen, können an sich identische Formen je nach Standort noch Unterschiede in Farbe und Geschmack aufweisen. Nichtsdestotrotz lassen sich alle Zitrusfrüchte den folgenden großen Gruppen zuordnen: den Orangen, den Mandarinen, den Grapefruits und den Zitronen.

Richtig in Mode kamen Zitrusbäume, und später auch deren Früchte, bei den Reichen und Mächtigen der Barockzeit. Es entstanden aufwendige "Orangerien" mit großen Fenstern, um die kostbaren und empfindlichen Kübelpflanzen über die kalte Jahreszeit zu bringen. Später gehörte, zumindest in England und in Holland, zu jedem respektablen Bürgerhaus ein Wintergarten, um die "goldenen Äpfel" selbst ernten zu können.

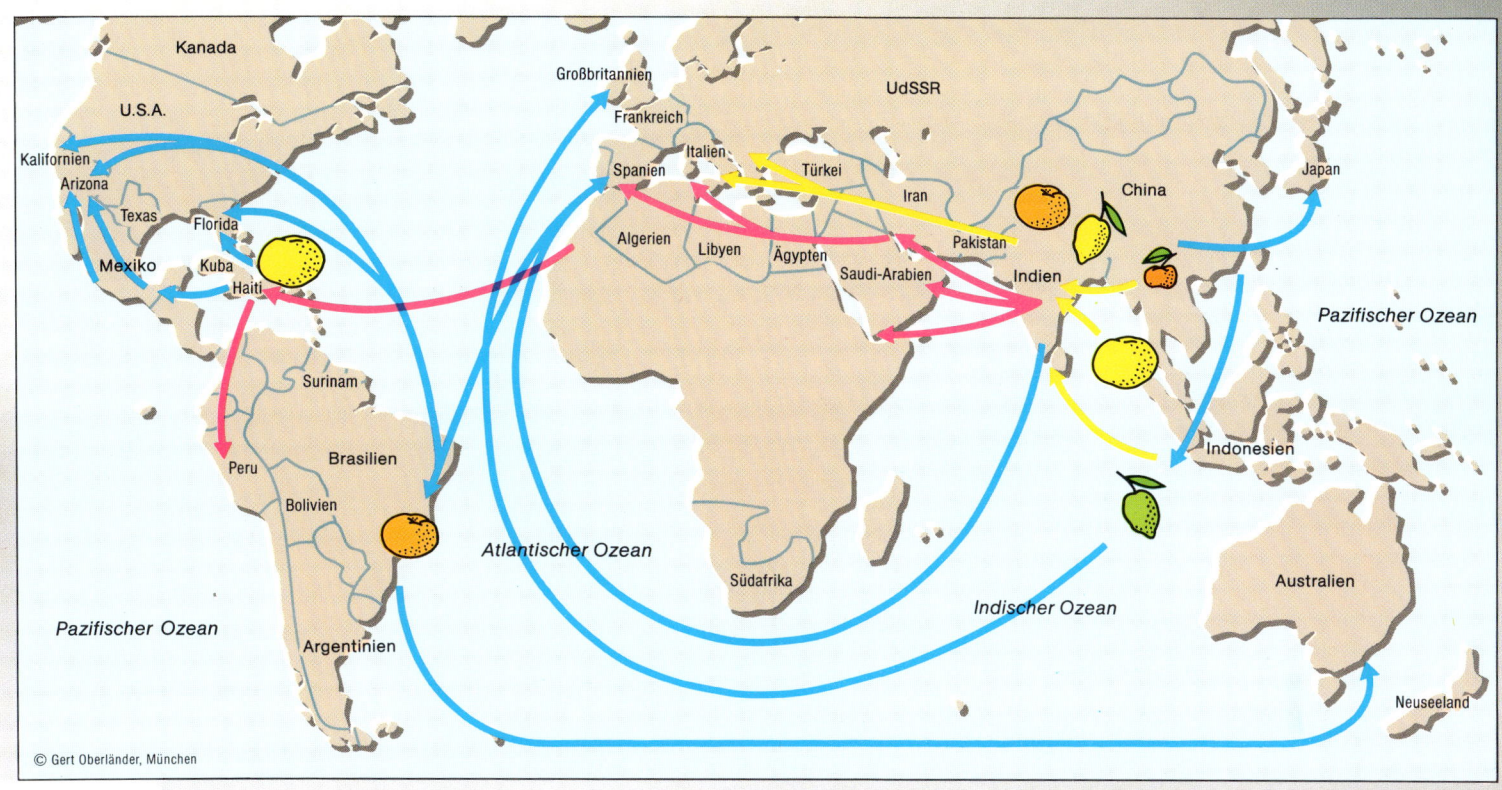

Alle Zitrusfrüchte sind fernöstlichen Ursprungs. Man nimmt an, daß sie schon vor 4000 Jahren von den südlichen Hängen des Himalaya bis zu den Gebirgen des südlichen China kultiviert wurden. Welche immensen und komplizierten "Reisen" die verschiedenen Zitrusfrüchte im Laufe der seither vergangenen Jahrtausende zurückgelegt haben, kann diese Karte nur sehr vereinfacht darstellen. Denn heute gibt es sie, innerhalb des sogenannten "Zitrusgürtels", rund um den ganzen Erdball. Die gelben Pfeile veranschaulichen die Zitrus-"Wanderungen" vor der Zeitwende, die rosa Pfeile die vom Jahre 1 bis 1500 n. Chr., und die blauen stehen für die Zeit von 1500 bis zur Gegenwart.

Von "Limonien (im Bild) und Pomerantzen" die "unter das Geschlecht der Citrinat gerechnet werden können", berichtet schon das "Kreutterbuch Deß Hochgelehrten unnd weitberühmten Herrn D. Petri Andreae Matthioli", gedruckt zu Franckfort am Mayn im Jahre 1586.

Rutaceae (Rautengewächse). Von den rund 1600 Arten dieser Familie, zusammengefaßt in 150 Gattungen, sind die meisten in tropischen und subtropischen Gebieten beheimatet. Die wichtigsten Gattungen sind *Citrus* (Orangen, Mandarinen, Grapefruits, Zitronen) und *Fortunella* (Kumquats). Von ihnen wiederum sind die Früchte der Gattung *Citrus* die wirtschaftlich bedeutendsten, also jene, die gemeinhin unter dem Sammelbegriff Zitrusfrüchte (engl. citrus fruit, franz. agrumes, span. agrios, cítricos, ital. agrumi) zusammengefaßt werden. Sie rangieren unter den Obstkulturen, an der Gesamt-Anbaufläche gemessen, auf Platz zwei, als Exportfrüchte werden sie nur noch von den Bananen und Trauben übertroffen. Der Ursprung der Zitrusfrüchte ist in der Alten Welt zu suchen. Die früheste Erwähnung in der Literatur ist eine chinesische Aufzeichnung aus dem 8. vorchristlichen Jahrhundert. Was allerdings nicht bedeutet, daß Zitrusfrüchte nicht schon viel früher kultiviert wurden. Die Heimat der kultivierten Zitrusfrüchte sind unbestritten die Monsungebiete Südostasiens. Da die Südhänge des Himalaya und der südchinesischen Gebirge mit wildwachsenden *Citrus*-Arten bewachsen waren, ist anzunehmen, daß man schon vor rund 4000 Jahren mit ihrer Domestikation begann. In Südchina wurde in den letzten Jahrzehnten eine Reihe von Wildformen gefunden, die recht nahe mit unseren heutigen kultivierten Arten verwandt sind.

Es waren die Feldzüge Alexanders des Großen, durch die die ersten Zitrusfrüchte in das Gebiet des östlichen Mittelmeeres gelangten. Interessanterweise war es *Citrus medica*, die Zedratzitrone, die als erste im Westen Verbreitung fand, allerdings nicht gegessen wurde, sondern vor allem als Parfüm und Arzneimittel Verwendung fand. Etwa 300 Jahre später gelangte die Zitrone (*Citrus limon*) in die nordafrikanischen Küstenländer. Im 10. Jahrhundert waren es dann die Araber, die die Sauerorange (*Citrus aurantium*) in den westlichen Mittelmeerländern kultivierten. Vermutlich waren es auch die arabischen Seefahrer, die die Zitrusfrüchte nach Ostafrika brachten, später die Holländer, die den Grundstock für die heute so bedeutenden Anbaugebiete in der Kapkolonie legten. Wer die Apfelsine, also die süße Orange (*Citrus sinensis*), letztlich nach Europa brachte, ist sehr umstritten. Es gibt Vermutungen, daß es schon die Kreuzritter waren, andere Quellen sprechen von indonesischen oder venezianischen Kaufleuten, mit ziemlicher Sicherheit aber weiß man, daß im 16. Jahrhundert die Portugiesen Bäume hochkultivierter Sorten einführten. Die Mandarinen (*Citrus reticulata*) allerdings kamen recht spät zu uns. Erst Anfang des 19. Jahrhunderts begann man im Mittelmeerraum, Mandarinen anzubauen. Diese Früchte mit ihren inzwischen weit wichtigeren Untergruppen haben seither stark an Beliebtheit zugenommen, wenngleich sie bei uns die Orangen nicht übertreffen konnten. In ihrer asiatischen Heimat sind sie jedoch nach wie vor die wichtigste *Citrus*-Gruppe. In die Neue Welt, nach Amerika, gelangten die Zitrusfrüchte übrigens - wie könnte es anders sein - durch

Für den Frischverzehr bestimmte Orangen werden auch heute noch von Hand gepflückt. Dieser Orangenpflücker in Spanien ist mit weichen Baumwollhandschuhen und einer speziellen Zange ausgerüstet.

Nur vollreife Orangen werden geerntet, denn einmal gepflückte Früchte reifen nicht nach. Den Reifezustand erkennt man nicht etwa an der Farbe der Schale, sondern am Verhältnis von Zucker und Säure im Fruchtfleisch, das beispielsweise für spanische Navel-Orangen (im Bild) 5,5 : 1 betragen muß. Staatliche Kontrollen sorgen für die Einhaltung der vorgegebenen Werte.

Orangen

FRUCHT FÜR FRUCHT VON HAND GEERNTET

Zumindest, wenn sie als Frischfrüchte vermarktet werden sollen, ist auf das schonende Ernten von Hand nicht zu verzichten. Wie bei allen Zitrusfrüchten, ist die absolut unversehrte Schale ein wesentliches Qualitätsmerkmal, denn auch die kleinste Beschädigung beeinträchtigt ihre Haltbarkeit ganz beachtlich. Dabei ist gerade ihre relativ lange Lagerfähigkeit ein ganz wesentlicher Vorteil, der nicht zuletzt auf die konservierende Wirkung der natürlichen "Verpackung", also der unverletzten Schale, zurückzuführen ist. Die ist allerdings auch luftdurchlässig, was ein langsames Austrocknen zur Folge hat. Durch das Wachsen der Schale kann dieser Vorgang jedoch hinausgezögert werden.

Blühende Orangenbäume verbreiten einen starken, betäubenden Duft. Die Blüten dienen auch zur Herstellung von Orangenblütenwasser (in Asien ein traditionelles Würzmittel) und Tee.

Mit viel Handarbeit ist die Orangenernte (hier auf einer Plantage in Spanien, in der Nähe von Valencia) verbunden. Zuerst werden die Früchte mit Hilfe einer Zange samt Stielen und daranhängenden Blättern vom Baum abgeknipst, danach Stiele und Blätter von Hand entfernt. Nur die einwandfreien, unverletzten Früchte werden dann in Plastiktragen gesammelt, gewogen und direkt in die Packhallen abtransportiert.

Der Name "Orange" ist sehr alt, ihm liegt das arabische "naranjo" (bitter) zugrunde. Eine andere Version besagt, daß er sich von "or", also "Gold" (Goldapfel), herleitet. Die noch oft verwendete Bezeichnung "Apfelsine" wie auch der botanische Name *Citrus sinensis* verraten die Herkunft des "Apfels aus China".

Christoph Columbus. Er hat bereits auf seiner zweiten Reise Kerne oder Bäumchen (was von beiden es war, darüber streiten sich die Gelehrten) mitgenommen; die klimatischen Bedingungen sowohl auf den karibischen Inseln wie auch auf dem Festland waren so ideal, daß die Zitrusbäume dort schnell heimisch wurden.

Inzwischen werden Zitrusfrüchte rund um den Erdball kultiviert, in allen klimatisch geeigneten Zonen. Das sind vor allem solche Regionen mit starker Sonneneinstrahlung und Wärme, aber geringer Luftfeuchtigkeit - die meisten Arten vertragen feuchttropisches Klima nur schlecht. Bedingt durch ihre Erbanlagen, die wiederum auf ihr Ursprungsgebiet hinweisen, brauchen Zitruspflanzen im Jahresrhythmus wiederkehrende Wachstumspausen, die nicht durch Kälte-, sondern Trockenperioden gegeben sind. In Europa bietet diese klimatischen Voraussetzungen vor allem die Iberische Halbinsel, und seit Mitte des letzten Jahrhunderts werden dort Zitrusfrüchte erfolgreich kultiviert; schon damals konnte Portugal jährlich fast 200 000 Tonnen nach England exportieren. Inzwischen ist Spanien das Exportland Nummer eins, obgleich Brasilien weltweit absoluter Spitzenreiter ist, was die Produktionsmengen betrifft. Allerdings liegt dort auch der Eigenverbrauch sehr hoch, wobei ein sehr hoher Anteil der Zitrusfrüchte industriell verarbeitet wird.

Ernährungsphysiologisch gesehen, sind Zitrusfrüchte äußerst wertvoll, vor allem wegen ihres hohen Vitamin-C-Gehalts. Wie sich die verschiedenen Früchte - die botanisch gesehen eigentlich große Beerenfrüchte sind - zusammensetzen, ist weitgehend einheitlich. Das Exokarp, also die äußere Schale, die zahlreiche Öldrüsen enthält, verfärbt sich mit zunehmender Reife gelb bis orange, kann aber auch, bei einigen tropischen Sorten, wenn also die Früchte keinen niedrigen Temperaturen ausgesetzt sind, grün bleiben. Das darunterliegende, weißliche Mesokarp (die Albedo, also die Innenschale), das viel Pektin enthält, ist bei Zitronen von recht fester Konsistenz, bei Orangen und Mandarinen eher weich und schwammig. Der innere, eßbare Teil der Früchte, das Endokarp, besteht aus 8 bis 12 Segmenten, die nicht eigentlich als Fruchtfleisch bezeichnet werden können, sondern eine Vielzahl von dünnen, mit Saft gefüllten "Schläuchen" sind. Deren Wände sind sehr dünn, so daß sich der Saft leicht auspressen oder aber, bei Orangen, Mandarinen und Grapefruits, in Form der Segmente genießen läßt.

Orange, Apfelsine *(Citrus sinensis)*, engl. und franz. orange, span. naranjo. Ihr lateinischer Name deutet schon auf ihre Urheimat hin: In China gab es sie bereits vor 3000 Jahren. Heute ist die Orange die wichtigste Frucht der ganzen *Citrus*-Gruppe, vor allem auch, was ihre wirtschaftliche Bedeutung betrifft. Sie wird in allen wärmeren Zonen rund um den Erdball angebaut, im sogenannten "Zitrusgürtel", der etwa zwischen dem 40. Grad nördlicher und dem 35. Grad südlicher Breite liegt. Hauptproduzenten sind Brasilien, die USA mit Florida und Kalifornien, alle Mittelmeerländer, China, Mexiko, Indien, Südafrika und

So werden Orangen für den Export vorbereitet:

In den voll mechanisierten Packhäusern werden sie zunächst auf mögliche Verletzungen und Schädlinge hin geprüft, dann nach Handelsklassen (Extra, I, II) sortiert.

Die Früchte werden eingeschäumt und gewaschen, wobei chemische Zusätze Bakterien und Pilze abtöten; dann gründlich gespült und getrocknet. Danach werden die Orangen mit Wachs besprüht.

Ein weiterer Aufbereitungsschritt ist das Sortieren der Früchte nach Größen (meist "Kaliber" 1 bis 6). Die Verpackung der sortierten Früchte wird durch die Art des Weiterverkaufs in den Importländern bestimmt.

Bei "gelegten" Orangen der Klassen Extra und I werden oft einige Früchte der obersten Lage zur besseren Präsentation in Seidenpapier gewickelt.

Die fertig verpackten Orangen werden nochmals mit Wachs übersprüht, auch aus optischen Gründen, weil die Früchte dann besonders schön glänzen.

Früchte der Klassen I und II für den Verkauf in Lebensmittelmärkten und Selbstbedienungsläden werden in Netzen, meist zu 2 kg, abgepackt.

Orangen

IDEAL FÜR DEN FRISCHVERZEHR

Von allen Zitrusfrüchten sind sie die wichtigsten und zugleich die populärsten. Allen voran die Navel-Orange, die in Europa beliebteste Dessertfrucht: aromatisch, saftig und ohne jeden Kern. Besonderes Kennzeichen: der von außen sichtbare, oft auch hervorstehende Nabel, der ihr den Namen gab. Die gleichmäßige, intensiv orangerote Farbe bekommt die Schale erst, wenn die Nachttemperatur im Anbaugebiet relativ niedrig ist. Der appetitliche Glanz der Früchte (wie bei den Orangen im großen Bild) allerdings kommt von der schützenden Wachsschicht, mit denen sie für den Export versehen werden. Sie ersetzt die natürliche Schutzschicht, die durch den Waschvorgang verletzt worden ist. Das Wachs macht die Schale zwar ungenießbar, doch ist es notwendig, um einem vorzeitigen Austrocknen und dem Verlust von Inhaltsstoffen entgegenzuwirken. Für den direkten Verbrauch in den Anbauländern jedoch ist das Wachsen nicht erforderlich; dort kommen die Orangen gleich nach dem Pflücken und unbehandelt (wie auf dem Bild links oben) auf den Markt.

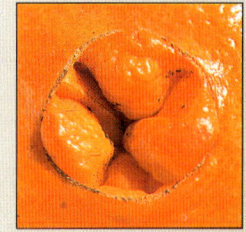

Thompson Navel (oberes Bild), kleiner und feinschaliger als die bekannte "Washington Navel", kommt ab Abfang November als eine der ersten Orangen auf den Markt. **Navel Late** (unteres Bild), eine Mutante der "Washington Navel", gehört zu den späten Sorten: sie ist in Europa frühestens ab Januar reif.

Der sichtbare Nabel (engl. "navel") am Blütenansatz ist das Kennzeichen aller Navel-Orangen. Diese kleine Zweitfrucht wurde ursprünglich angezüchtet, um die Kerne aus der Hauptfrucht aufnehmen zu können. Später gelang es, die Kerne auch aus der Tochterfrucht herauszuzüchten.

Navel-Orangen haben eine dicke Schale und gelbes, festes, saftiges und süß-aromatisches Fruchtfleisch, das zudem immer kernlos ist. Aus den Mittelmeerländern, vor allem Spanien und Marokko, kommen sie von November bis Januar, die späten Sorten bis Mai; danach aus Südafrika, Südamerika, Australien, USA (Kalifornien).

Eine von Hand aufgebrochene Navel-Orange. Sie enthält 9 bis 11 Segmente, die sich gut teilen lassen. Die Schale läßt sich sehr leicht ablösen. Auch darum gelten die Navels als die besten Eßorangen.

EINE FRUCHT, DOCH VIELE SORTEN

Ob rund oder oval, gelb, orange oder rot, groß oder klein, mit glatter oder rauher Schale - bei der Vielfalt der Sorten und Varietäten - es sind weltweit etwa 400 - ist es kaum vorstellbar, daß es sich, botanisch gesehen, um nur eine einzige Frucht handelt: um *Citrus sinensis*, die "süße" Orange oder Apfelsine. Bei der auf dieser Seite abgebildeten Auswahl handelt es sich um die wichtigsten auf den europäischen Märkten gehandelten Sorten.

Valencia, die wichtigste Blondorange, säuerlich und aromatisch, ist sehr saftreich und fast ohne Kerne.

Valencia Late ist äußerst saftreich und die Sorte, aus der viele der industriell gewonnenen Säfte gepreßt werden.

Shamouti, oval und größer als "Valencia", mit dickerer Schale, weniger säuerlich. Läßt sich leicht schälen und teilen.

Pera, eine für die Tropen entwickelte "Shamouti", wird vor allem in Brasilien angebaut. Süß, sehr saftig, wenig Kerne.

Salustiana, eine wichtige Sorte aus Spanien und Marokko. Leicht abgeflacht, im Geschmack kräftig-süß, fast kernlos.

Navelina, eine frühreifende, kleine Navel mit eher dünner Schale, ist eine natürliche Mutation der "Washington Navel".

Clanor aus Südafrika. Ihr Fleisch ist sehr zart und saftig, mit nur wenigen Kernen, die feste Schale dünn und feinporig.

Washington Sanguina, eine vor allem in Marokko angebaute Halbblutorange. Schwache Rotfärbung, kernarm.

Moro, eine frühe Halbblutorange (ab November) mit dunkelrot geädertem Fruchtfleisch. Eher klein, säuerlich-süß.

Tarocco, eine große, ovale, dünnschalige Halbblutorange. Sehr süß, feines, ausgeprägtes Aroma, nur wenig Kerne.

Sanguinelli ist außen und innen tiefrot bis bläulich. Die Doppelblutorange kommt aus Spanien, Sizilien und Marokko.

Australien. Die Früchte des Orangenbaumes, der übrigens bis zu 8 m Höhe erreicht (in Kulturen hält man ihn allerdings, aus praktischen Gründen, kleinwüchsiger) und bis zu 100 Jahre alt werden kann, haben höchst unterschiedliche Formen (von kugelrund bis oval) und Farben (von leuchtend orangegelb bis rot), und natürlich schmecken sie auch nicht alle gleich. Unter der Schale liegt, wie bei allen Zitrusfrüchten, eine weiße, zweite Haut, die bei der Orange von schwammiger Konsistenz und bitter ist, und das in 6 bis 12 Segmente geteilte Fruchtfleisch. Ihre Inhaltsstoffe, die die Orange als höchst gesunde Frucht ausweisen, macht sie für uns zu einem wichtigen Vitamin-Lieferanten. Ihr Vitamin-C-Anteil ist mit 40 bis 80 mg pro 100 g Fruchtfleisch besonders hoch. Darüber hinaus enthält sie 12 weitere Vitamine, Frucht- und Traubenzucker, Fruchtsäure sowie zahlreiche Mineral- und Aromastoffe. Orangen haben in den europäischen Ländern zwar in den Wintermonaten Saison, doch gibt es sie das ganze Jahr über. Zum einen sind es die vielen verschiedenen Sorten, die zu unterschiedlichen Zeiten reifen, zum anderen die über die ganze Welt verstreuten Produktionsgebiete, die die lückenlose Versorgung ermöglichen. Hinzu kommt, daß sich Zitrusfrüchte generell und relativ leicht mit chemischer Hilfe manipulieren lassen, so daß sie entsprechend lange Transporte und Lagerzeiten überstehen. Denn anders als viele andere Früchte, reifen einmal gepflückte Orangen nicht mehr nach. Sie müssen also reif geerntet werden. Der richtige Zeitpunkt für die Ernte ist daher ausschlaggebend für die Qualität der Früchte. Die wiederum ist abhängig vom richtigen Verhältnis von Zucker und Säure, dem sogenannten Reifeindex. Deshalb achten nicht nur die Produzenten selbst, sondern auch die staatlichen Aufsichtsbehörden der Erzeugerländer darauf, daß bei der Ernte dieses Verhältnis für die einzelnen Sorten genau den Exportbestimmungen entspricht (zum Beispiel in Spanien für die "Valencia Late" 6,6 : 1). Ein weiteres wichtiges Kriterium bei der Vermarktung ist die sortentypische Farbe der Schale, obwohl sie eigentlich kein Indiz für den Reifezustand einer Orange ist. Der Farbwechsel von Grün zu Orange während der Reife beginnt erst nach einer Reihe kühler Nächte, wie sie in den europäischen Anbaugebieten, in Kalifornien und Südafrika die Regel sind. In Gebieten mit auch im Winter relativ hohen Nachttemperaturen (Florida, Brasilien usw.) können die Früchte mehr oder weniger grün bleiben, obwohl sie völlig ausgereift sind. Von den weltweit mehr als 400 Orangen-Sorten haben sich für den Plantagenanbau nur einige wenige wirklich durchgesetzt. Maximal sind es 30 Sorten, die von wirtschaftlicher Bedeutung sind. Der Handel unterteilt die Orangen, nach der Färbung ihres Fruchtfleischs, in "Blondorangen", "Halbblut"- und "Blutorangen". Von den Blondorangen kommen als erste die verschiedenen **Navel-Orangen** auf den Markt. Erzeugerländer sind im westlichen Mittelmeerraum an erster Stelle Spanien, dann Marokko und Algerien, sowie im Osten Griechenland, die Türkei und Israel. Auch

Die beiden wichtigsten Bitterorangen, für den Frischverzehr ungeeignet, spielen hauptsächlich für die verarbeitende Industrie eine Rolle. Die **Pomeranze** (oberes Bild) dient in erster Linie der Herstellung bitterer Orangenmarmelade ("Sevilla-Marmelade"; aus Sevilla kommen auch die besten Pomeranzen), aus der Schale wird Orangeat hergestellt und Likör (Grand Marnier, Cointreau) destilliert. Die **Bergamotte** (unteres Bild) ist vor allem wegen ihres ätherischen Öls gefragt, das ebenfalls zur Herstellung von Likör, vor allem aber zur Aromatisierung von Tabak und Tee verwendet wird. Das aus der Schale gewonnene Bergamotte- und Pomeranzenöl wie auch das aus den Blüten der Pomeranze gewonnene Neroliöl sind außerdem Grundstoff bei der Parfümherstellung.

Chinois oder **Chinotto** ist eine kleinfrüchtige Bitterorange, die in China beheimatet ist. Auch sie wird vorwiegend industriell verarbeitet. Dazu werden die Früchte noch grün geerntet und in Meerwasser aufbewahrt. Ihr Saft wird für Erfrischungsgetränke verwendet ("Chinotto"), außerdem stellt man Likör damit her. Die kleinen Früchte eignen sich auch sehr gut zum Kandieren.

Die echte Pampelmuse, in China "pomelo" genannt, gehört dort zum ständigen Angebot auf den Märkten. Zum chinesischen Neujahrsfest und zum alljährlichen "Mondkuchenfest" ist sie der beliebteste Geschenkartikel. So ist es in Südostasien üblich, sie mit Sprüchen und guten Wünschen zu bemalen.

Pomelos erobern sich auf den europäischen Märkten einen immer größeren Anteil. Von der israelischen Neuzüchtung, die aus Grapefruit und Pampelmuse entstand, gibt es mittlerweile, wie bei der Grapefruit, gelbfleischige (Bild unten) und rosafleischige (Bild ganz unten) Früchte. Das Fleisch der Pomelos ist fest und saftig. Bei den aus Israel kommenden Früchten, die völlig unbehandelt sind, kann auch die Schale mitverwendet werden; kandiert wird sie zu einem wohlschmeckenden Konfekt.

Südafrika, die USA, Australien, Mittel- und Südamerika produzieren Navel-Orangen. Schon ab Oktober gibt es die **Navelina,** dann die **Navel,** als letzte ist die **Navel Late** bis Juli auf dem Markt. Von den "normalen" Blondorangen ("common oranges") ist weltweit die Gruppe der **Valencia** die wichtigste; zu ihr zählt zum Beispiel die **Shamouti,** eine Sorte der östlichen Mittelmeerländer, die von Israel unter der Bezeichnung "Jaffa" vermarktet wird und auch nur so beim Verbraucher bekannt ist. Ein ähnliches Konzept verfolgen Südafrika mit seiner Marke "Outspan" und Kalifornien mit "Sunkist". Die Halbblutorangen haben, wie der Name schon sagt, nur eine leichte Rotfärbung des Fruchtfleischs; ebenso verhält es sich mit der Schale, die sogar ganz ohne rötliche Verfärbung sein kann. Beispiele sind **Washington Sanguina** und die **Blutoval** aus Spanien (Februar bis März) und Marokko oder **Moro** und **Tarocco** aus Sizilien (Dezember bis März). Der geschmackliche Unterschied zu den Blondorangen ist nicht wesentlich. Anders bei den Blutorangen, die man auch als "Vollblutorangen" bezeichnet: Sie schmecken kräftiger und herber als die Blond- und Halbblutorangen. Ihr Fruchtfleisch ist meist kräftig rot, mehr oder weniger auch ihre Schale. Ein Beispiel für diese Gruppe ist der **Sanguinello** aus Italien, wenngleich bei ihr die Grenze zu den Halbblutorangen fließend ist. **Bitterorange, Pomeranze** *(Citrus aurantium),* engl. sour orange, Seville orange, franz. orange amère, bigarade, span. naranja agria, naranja amarga. Eine eigenständige *Citrus*-Art, die mit unseren Orangen nichts gemein hat. Sie wächst in fast allen subtropischen Regionen der Welt. Ihre Schale läßt sich sehr leicht vom Fruchtfleisch lösen, die einzelnen Segmente sind ebenfalls leicht voneinander zu trennen. Eine Verwandte der Pomeranze ist die **Bergamotte** *(Citrus bergamia).* Beide Bitterorangen sind zum Frischverzehr nicht geeignet, werden aber dennoch in der Küche nicht genügend gewürdigt. Aus Saft und Schale der Pomeranze lassen sich beispielsweise köstliche Cremes herstellen, als würzende Zutat kann sie für Gebäck verwendet werden. Für die verarbeitende Industrie spielen beide eine wichtige Rolle. Eine weitere Variante ist die kleinfrüchtige **Chinois** oder **Chinotto** *(Citrus myrtifolia),* die ebenfalls hauptsächlich der industriellen Verwertung dient. **Pampelmuse** *(Citrus maxima),* engl. pomelo, pummelo, shaddock, franz. pamplemousse, span. toronja. Ihre lateinische Bezeichnung deutet schon auf den Umstand hin, daß sie, mit einem Durchmesser von bis zu 25 cm und einem Gewicht bis 6 kg, die mit Abstand größte aller Zitrusfrüchte ist. Ihre Form variiert von kugelrund bis birnenförmig, ihre extrem dicke Schale kann alle Schattierungen von Grün bis Gelb aufweisen. Ihr Name kommt wahrscheinlich aus dem Holländischen. In ihren südostasiatischen Kolonien bezeichneten die Holländer die riesige Zitrusfrucht einfach als "pompelmoes", als "prächtige Frucht". Die englische Bezeichnung "shaddock" für die Pampelmuse ist auf einen schottischen Kapitän namens Shaddock zurückzuführen, der die Frucht Anfang des 17. Jahrhun-

Der etwas verwirrende Name Grapefruit ("Traubenfrucht") rührt daher, daß die Früchte oft eng zusammen, wie die Beeren einer Traube, an den Ästen hängen.

Äußerlich oft nicht zu unterscheiden sind gelb- und rosafleischige Grapefruits. Bei der mittelgroßen, sehr saftigen und kernlosen Sorte "Marsh", die es in beiden Varianten gibt, weist jedoch die Schale der rosafleischigen **Marsh Rosé** (unteres Bild) eine leichte Rosapigmentierung auf. Sie hat außerdem einen etwas höheren Zuckergehalt als die gelbfleischige **White Marsh** (oberes Bild). Im großen Bild: eine **Marsh Seedless.**

Rotfleischige Grapefruits erkennt man auch äußerlich an ihrer mehr oder weniger rötlich gefärbten Schale. Das Fruchtfleisch der Sorten **Star Ruby** (oberes Bild) und **Sunrise** (unteres Bild) ist dunkelrot gefärbt. Es schmeckt noch milder als das der rosafleischigen Sorten und ist sehr aromatisch.

Grapefruit oder Pampelmuse?

Auch wenn zwischen beiden oft kein Unterschied gemacht wird, so handelt es sich doch um zwei botanisch verschiedene Arten der Gattung *Citrus*. Grapefruits sind fest und rund, mit 10 bis 15 cm Durchmesser deutlich größer als Orangen, haben eine glatte, feinporige Schale und sind sehr saftig. Pampelmusen dagegen sind dickschalig und viel weniger saftig, aber viel größer: mit bis zu 6 kg Gewicht sind sie die größten Zitrusfrüchte überhaupt.

Die Sweetie ist Anfang der 80er Jahre in Israel aus einer Kreuzung zwischen Grapefruit und Pomelo entstanden. Sie ist groß und oval, hat eine dicke, grüne bis gelbe Schale und süßaromatisches, festes Fruchtfleisch.

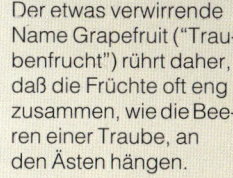

derts auf die Karibik-Insel Barbados brachte. Ihre ursprüngliche Heimat ist mit Sicherheit in Südostasien zu suchen, wo sie bis heute eine wichtige *Citrus*-Art geblieben ist. Hauptproduzenten dort sind Malaysia und Thailand. Außerhalb Asiens wird sie auf den karibischen Inseln, in Florida und Kalifornien kultiviert, doch nicht mit dem gleichen Erfolg wie die Grapefruit. **Pomelo,** in angelsächsischen Ländern oft auch die Bezeichnung für Grapefruits und Pampelmusen, ist eine israelische Züchtung, eine Kreuzung aus Pampelmuse und Grapefruit. Ihre Größe liegt genau zwischen diesen beiden. Es gibt sie fast das ganze Jahr über auf den europäischen Märkten, wobei sich Israel und Südafrika in der Belieferung abwechseln. Pomelos sind von hervorragendem, angenehm säuerlichem Geschmack. Ihre dicke, grüngelb gefärbte Schale läßt sich leicht abziehen. Inzwischen sind auch Pomelos mit rosa Fruchtfleisch auf dem Markt; einen geschmacklichen Unterschied zu den gelbfleischigen gibt es aber nicht. **Grapefruit** *(Citrus paradisi)*, engl. grapefruit, franz. pomélo, span. pomelo. Zumindest im deutschen Sprachgebrauch werden sie oft verwechselt, die Grapefruit und die Pampelmuse. Die wesentlich "jüngere" Grapefruit - sie tauchte zum ersten Mal vor gut 200 Jahren auf den Westindischen Inseln auf - hat jedenfalls, was die kommerzielle Bedeutung betrifft, die Pampelmuse weit hinter sich gelassen. Man nimmt an, daß sie eine Zufallskreuzung von Pampelmuse *(Citrus maxima)* und Orange *(Citrus sinensis)* ist. Heute gehören Grapefruits zum Repertoire fast aller Zitrusfrüchte produzierenden Länder, mit deutlichem Schwerpunkt in den USA (Florida und Texas). Grapefruits sind zwar deutlich größer als die verwandten Orangen, aber wesentlich kleiner als die Pampelmusen. Je nach Sorte ist ihre Schale hell- bis rötlichgelb, für den fruchttypischen Geschmack läßt sich nur schwer ein Vergleich finden: am ehesten kann man ihn als eine Mischung von bitter, süß und sauer beschreiben. Bezüglich ihrer wertvollen Inhaltsstoffe steht sie anderen Zitrusfrüchten in nichts nach, ihr Gehalt an Vitamin C ist zwischen Orange und Zitrone einzustufen. Gegenüber diesen beiden hat sie außerdem den Vorteil, daß sie sich länger lagern läßt. **White Marsh** und **Marsh Seedless** sind die wichtigsten Sorten, sie sind das ganze Jahr über auf dem Markt, und zwar abwechselnd aus den Mittelmeerländern, den USA, aus Mittel- und Südamerika: von Oktober bis April aus Anbaugebieten der nördlichen Halbkugel, von Mai bis September aus denen der südlichen Hemisphäre. Speziell in Israel entstanden in den letzten Jahren züchterisch verbesserte Sorten, die an die klimatischen Bedingungen so angepaßt wurden, daß die Angebotszeitspanne um 3 Monate ausgedehnt werden konnte. Besonders die rosa- und rotfleischigen Sorten - mit Namen wie "Marsh Pink", "Yarden Red", "Sunrise", "Ruby Red", "Star Ruby" oder "Red Blush" - erfreuen sich steigender Beliebtheit. **Mandarine** *(Citrus reticulata)*, engl. mandarin orange, tangerine, franz. mandarine, span. mandarina. Richtiger wäre, gleich von der Mandari-

Die eigentliche, gewöhnliche Mandarine (*Citrus reticulata*, im Bild) steht mit ihrem Namen für die größte und variationsreichste Gruppe innerhalb der Zitrusfrüchte. Sie ist mittelgroß mit hellgelber bis blaßorangefarbener Schale und hat zartes, süßes und saftiges Fruchtfleisch mit bis zu 25 Kernen. Die in erster Linie für den Frischverzehr bestimmten Früchte werden nur sehr selten nach Sorten gehandelt.

Die immergrünen Mandarinenbäume sind in der Regel niedrig (2 bis 6 m hoch) und, was die klimatischen Bedingungen betrifft, sehr anpassungsfähig und wenig kälteempfindlich, sie können daher auch in den Mittelmeerländern angebaut werden. Die dornigen Äste tragen zahlreiche Früchte, die in heißen Trockengebieten allerdings größer, süßer und saftiger werden als in den kühleren Klimazonen.

Mandarinen

EIN NAME FÜR VIELE FRÜCHTE

Es gibt zwar tatsächlich "die Mandarine", nämlich die gewöhnliche mit der botanischen Bezeichnung *Citrus reticulata*, doch hat sich ihr Name als Sammelbegriff für alle jene Formen, Varietäten, Kreuzungen und Mutationen eingebürgert, die sich von den Orangen in erster Linie durch ihre dünne, leicht ablösbare Schale, ihre kleinere Größe, die abgeflachte Form sowie durch ihre Süße und das fruchttypische Aroma unterscheiden. Ihr Fruchtfleisch ist in 8 bis 10 Segmente aufgeteilt, die sich leicht voneinander lösen lassen, und das in ihrer Schale enthaltene ätherische Öl ist ebenfalls bei allen gleich. Außerdem sind Mandarinen im allgemeinen früher reif als Orangen. Ansonsten streiten sich die Gelehrten - die Systematik dieser großen, unüberschaubaren *Citrus*-Gruppe ist überaus schwierig.

Temple (auch **King Orange,** oberes Bild) heißt das Ergebnis einer natürlichen Kreuzung aus Mandarine und Orange; die genaue Abstammung ist jedoch unbekannt. Sie kommt von Januar bis Mai aus Israel. Die relativ großen Früchte haben eine rauhe, kräftig rotorange gefärbte Schale und sehr saftiges, würzig-aromatisches Fruchtfleisch, das allerdings zahlreiche Kerne enthält. **Mapom** (unteres Bild) ist ebenfalls eine der zahlreichen Kreuzungen mit anderen *Citrus*-Arten: ihre "Eltern" sind Mandarine und Grapefruit.

Mandora (Mandarine x Orange) gehört in die Gruppe der Tangors. Sie kommt seit neuestem aus Zypern. Wie die meisten Mandarinen, ist sie ein echter "easy-peeler", also leicht zu schälen. Unter ihrer festen, kräftig orangefarbenen Schale verbirgt sich süß-aromatisches, saftiges Fruchtfleisch mit nur wenigen Kernen.

Clementinen sind das Ergebnis einer Zufallskreuzung, vermutlich von Mandarine und Pomeranze. Sehr aromatisch.

Clemenvilla kommt aus Spanien. Sie ist eine neuere Kreuzung aus Clementine mit der Tangelo "Orlando".

Suntina aus Israel, seit 1987 auf dem Markt, ist eine Kreuzung aus Clementine und "Orlando" (Grapefruit x Tangerine).

Tangerine, die kleinste aller Mandarinen, ist eine der beiden wichtigsten Varietäten der gewöhnlichen Mandarine.

Tambor nennt sich die Kreuzung einer Tangerine mit einer Orange. Extrem dünne Schale, außerordentlich saftig.

Minneola gehört zur Gruppe der Tangelos (Tangerine x Grapefruit). Sie kommt aus Israel, den USA und Südafrika.

Ortanique, seit den 50er Jahren ein Exportschlager der Antillen-Insel Jamaica: Orange ("Or") mit Tangerine ("tan") vereint ("unique").

Topaz, eine Kreuzung von Tangerine und Orange (Tangor), hat die Größe einer mittleren Orange. Süß-aromatisch.

Ellendale ist der Name dieses Kreuzungsprodukts. Ihre vermutete Herkunft: Mandarine x Tangerine x Orange.

Ugli, auf Jamaica entstanden, ist eine Kreuzung zwischen Tangerine x Grapefruit x Orange. Bis 16 cm Durchmesser.

Satsuma, die am frühesten reif werdende Mandarinen-Art, ist japanischen Ursprungs. Es gibt verschiedene Sorten.

Clausellina, auch Clauselina, ist eine Mutation der Satsuma "Owari". Sie reift in Spanien noch vor der Satsuma.

Kara, eine verbesserte "King" (Mandarinen-Sorte), die mit einer Satsuma gekreuzt wurde. Kräftig im Geschmack.

nen-Gruppe zu sprechen, denn der Name Mandarine steht nicht nur für die eigentliche "echte" Mandarine, sondern auch als Sammelbegriff für die vielen mandarinenähnlichen Varietäten, Formen und Kreuzungen, die zufällig oder durch systematische Züchtung entstanden sind und sich teilweise erheblich voneinander unterscheiden. Die beiden wichtigsten Varietäten der gewöhnlichen Mandarine haben mittlerweile diese quantitativ längst überholt: die **Satsuma** *(Citrus reticulata var. unshiu)*, die aus der japanischen Provinz Satsuma stammt, und die **Tangerine** *(Citrus reticulata var. tangerina)*, die kleinste aus der Mandarinenfamilie. Diese drei, also Mandarine, Satsuma und Tangerine, werden vielfach untereinander gekreuzt, darüber hinaus aber auch mit anderen *Citrus*-Arten, wie mit Orangen (Oberbegriff Tangor) oder mit Grapefruits (Oberbegriff Tangelo). Von diesen vielen Kreuzungen seien nachfolgend einige der wirtschaftlich wichtigsten genannt: Die **Clementine,** in verschiedenen Sorten auf dem Markt, ist wahrscheinlich eine Zufallskreuzung von Mandarine x Pomeranze. Sie wurde Anfang dieses Jahrhunderts im Garten des Paters Pierre Clement in Algerien entdeckt - daher ihr Name. Wie alle Früchte der Mandarinen-Gruppe, läßt sie sich leicht schälen, hat keine oder nur wenige Kerne und sehr saftiges, aromatisches Fruchtfleisch mit einem ausgewogenen Zucker-Säure-Verhältnis. Die **Temple** oder **King,** das Ergebnis einer Kreuzung von Mandarine x Orange, gehört zu den besonders erfolgreichen Sorten. Die gleichen Eltern hat auch die **Malaquina,** die in Uruguay gezüchtet wurde. Aus Clementine x Tangerine wurde die **Fortuna,** aus Clementine x Orlando die **Suntina.** Zu den Kreuzungen von Tangerine x Orange gehören **Topaz, Tambor, Murcott** und die kernreiche, aber wohlschmeckende **Ortanique,** vermutlich auch die große und häßliche **Ugli** (bei der allerdings auch noch die Orange beteiligt ist). Zu den Tangelos zählen **Minneola** und **Orlando** (Grapefruit x Tangerine) sowie die **Mapom** (Mandarine x Grapefruit). Die ebenfalls wichtige **Wilking** ist vermutlich eine Kreuzung von Mandarine x Temple. **Kumquat, Zwergorange,** Goldorange *(Fortunella margarita* für die ovale, *Fortunella japonica* für die runde Form), engl. und franz. kumquat. Die kleinfrüchtigen Zitrusbüsche wurden von dem englischen Botaniker Robert Fortune (daher ihr lateinischer Gattungsname *Fortunella)* im Süden Chinas entdeckt und nach Europa gebracht. Inzwischen werden sie in fast allen "Zitrus"-Ländern angebaut, mit Schwerpunkt in China, Japan, Brasilien, USA und Israel. Das Ergebnis der Kreuzung einer Kumquat-Art *(Fortunella margarita)* mit einer Limette *(Citrus aurantiifolia)* ist die **Limequat.** Sie hat säuerliches, sehr erfrischendes Fruchtfleisch mit einem leichten Limetten-Aroma. Importe kommen aus Israel, den USA und Südafrika. Die Früchte lassen sich gut mit Fleisch- und Fischgerichten kombinieren. Ähnlich verwendbar sind **Orangequat,** eine Kreuzung von Kumquat und Orange, und **Citrangequat,** das Kreuzungsprodukt von Citrange (ebenfalls gekreuzt aus Zitrone und Orange) mit einer Kumquat.

Nagami heißen diese orangenähnlichen, nur etwa dattelgroßen, goldgelben Kumquats. Ihr Geschmack ist leicht bitter-süß. Die dünne, süße Schale ist unbehandelt und wird mitgegessen.

Meiwa, neben der "Nagami" die bekannteste Kumquat-Sorte, doch süßer und größer als diese. Sie ist rund und hat eine dunkle, weiche Schale. Wie bei allen Kumquats, ist sie unbehandelt und kann mitgegessen werden. Trotzdem sollten die Früchte vorher gewaschen werden. Die "Meiwa" eignet sich besonders gut für den Frischverzehr.

Die Kumquat-Büsche mit ihren leuchtend gelben "Miniatur-Orangen" werden oft als Zierpflanzen gehalten. Auch in China, ihrer Urheimat, kultiviert man sie vor allem wegen ihres dekorativen Aussehens, verwendet natürlich aber auch die traubenartig an den Ästen hängenden Früchte.

Citrangequat, wie Limequat und Orangequat ein Kreuzungsprodukt mit einer Kumquat. Ihre glatte, gelbe Schale ist etwas dicker als bei den beiden anderen, kann aber ebenso mitverwendet werden.

Limequat - der Name sagt es schon - ist das Ergebnis einer Kreuzung von Limette und Kumquat. Die etwa pflaumengroßen Früchte können ebenfalls samt Schale gegessen werden.

Ein Zitronenhain auf Sizilien. In Italien sowie auf der Iberischen Halbinsel befinden sich auch heute noch die wichtigsten Anbaugebiete in Europa. Das dort herrschende subtropische bis gemäßigte Klima ist für den Zitronen-Anbau ideal. Die Bäume blühen zur selben Zeit, in der auch Früchte ausgebildet werden. In Italien wird, durch eine künstlich herbeigeführte zweite Blütezeit, sogar dreimal im Jahr geerntet.

Zitrone *(Citrus limon)*, engl. lemon, franz. citron, span. limón. Ihre Heimat dürfte, wie auch bei anderen Zitrusfrüchten, irgendwo zwischen dem Himalaya und Südchina liegen. Jedenfalls war sie schon vor unserer Zeitrechnung in China bekannt, wurde vermutlich von den Arabern nach Europa (Spanien) gebracht, und dann war es Christoph Columbus, der sie in der Neuen Welt heimisch machte. Heute bringen die Anbaugebiete in den Subtropen und den gemäßigten Zonen die besten Früchte hervor; Zitronen mögen es nämlich weder zu kalt noch zu warm. Sie brauchen, wie auch die Orange, während der Fruchtreife einige entsprechend kühle Nächte, um in "Zitronengelb" zu erstrahlen. Die Farbe der Schale ist daher auch kein ausreichender Beweis für den Reifezustand. Vielmehr ist es die Schale selbst - sie muß schön gleichmäßig glänzen. Da Zitronen meist vor der Vollreife geerntet werden, müssen sie unter optimalen Bedingungen (10°C und mindestens 80% relative Luftfeuchtigkeit) gelagert werden. So wechseln sie langsam die Farbe von Grün zu Gelb. Sie können aber auch am Baum hängend einige Monate "gelagert" werden, ohne jeden Qualitätsverlust. Ausgereifte Früchte sind am besten in einem kühlen, trockenen Raum mit etwa 5°C und 85% relativer Luftfeuchtigkeit zu lagern. Wurden sie bei trockenem Wetter geerntet, so halten sie sich bis zu einem halben Jahr. Die Anforderungen, die der Verbraucher an eine Zitrone guter Qualität stellen kann, sind viel Saft, eine dünne Schale und möglichst wenig Kerne. Zumindest den Saftgehalt kann man beim Kauf prüfen: Sind die Früchte klein und schwer, dann sind sie mit Sicherheit auch saftig. Große und leichte Zitronen dagegen haben vermutlich eine dicke weiße Innenschale und daher einen geringeren Saftanteil. Die Hauptanbaugebiete der Zitrone sind im Mittelmeerraum Italien (Sizilien und Kalabrien), die Türkei, Griechenland, und, mit stark steigenden Ausfuhren, Spanien. In Amerika sind es die USA (Kalifornien und Florida), Mexiko, Argentinien, Brasilien und Chile. Auch Südafrika gehört zu den Anbauländern, hauptsächlich mit der Sorte **Eureka.** Diese Sorte wird auch in Kalifornien überwiegend angebaut. Für Europa (vor allem Deutschland) ist **Verna** die wichtigste Sorte geworden, die hauptsächlich aus Spanien kommt. Weitere Sorten sind **Genua, Primofiori, Lisbon, Meyer** usw. Leider bedeuten für den Handel diese Sortennamen nicht mehr viel, denn Zitronen werden überwiegend nach ihren Herkunftsländern benannt und gehandelt. **Zedratzitrone, Zitronatzitrone** *(Citrus medica)*, engl. citron, franz. cédrat, span. cidra. Ihre Urheimat ist unbekannt, vermutlich kommt sie aus Südostasien. Sie war jedenfalls die erste Zitrusfrucht, die nach Europa kam, und zwar schon 300 v. Chr. mit Alexander dem Großen. Ihr lateinischer Name deutet darauf hin, daß sie vornehmlich als Medikament genutzt wurde. Heute werden die bis zu 20 cm großen und 2 kg schweren Früchte in erster Linie zu Zitronat verarbeitet. Genauer gesagt, das dicke Mesokarp der grün geernteten Früchte. Die Früchte werden dazu längs halbiert, das Kerngehäuse entfernt, die Außenschale abgeschält. Die

Verna, eine der wichtigsten Zitronen-Sorten in Europa, wird vorwiegend in Spanien, aber auch in Italien angebaut. Sie ist länglich, an beiden Enden spitz zulaufend und fast kernlos. Ihr Säuregehalt ist vergleichsweise gering.

Eureka, eine kernlose Sorte mit angenehmem Aroma und reichlich Saft. Sie wird weltweit, mit deutlichem Schwerpunkt in den USA, kultiviert.

Zitrone

DIE WÜRZENDE ZITRUSFRUCHT MIT DER FRISCHEN NOTE

Sie ist die Zitrusfrucht, die am wenigsten aus unseren Küchen wegzudenken ist. Und das, obwohl ihr Fruchtfleisch praktisch nicht verzehrt wird. Doch ihr vitaminreicher Saft ist nicht nur die Grundlage vieler Gerichte, vor allem von Desserts, sondern verfeinert auch Getränke, Gebäck, Saucen, Fleisch- und Fischgerichte - vielen gibt ein Hauch von Zitrone sozusagen erst den letzten Schliff. Schließlich ist der Saft ein wirksames Hausmittel gegen Erkältungskrankheiten und dient - nicht zuletzt - sogar als Reinigungsmittel. Außerdem ist die äußere Schale ein viel verwendetes, geradezu unentbehrliches Würzmittel für Gebäck und Süßspeisen.

Lisbon, eine wegen ihrer guten Qualität sehr wichtige Sorte, ist zwar in Portugal entstanden, wird aber vorwiegend in den USA ebenso wie in Griechenland, Marokko, Ägypten und auf Zypern angebaut.

"Buddha's Hand" nennt man in ihrer Urheimat Indien auch die **Gefingerte Zitrone** *(Citrus medica* var. *sarcodactylis)*, eine Varietät der Zedratzitrone. Sie läßt sich kaum schälen, hat sehr viele Kerne und ist daher als Obst ungeeignet.

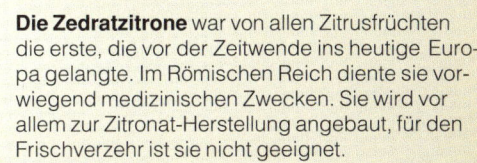

Die Zedratzitrone war von allen Zitrusfrüchten die erste, die vor der Zeitwende ins heutige Europa gelangte. Im Römischen Reich diente sie vorwiegend medizinischen Zwecken. Sie wird vor allem zur Zitronat-Herstellung angebaut, für den Frischverzehr ist sie nicht geeignet.

Primofiori, eine Zitronen-Sorte mit besonders viel Saft und feiner Säure. Sie kommt von Oktober bis Februar auf unsere Märkte. Angebaut wird sie in Italien und Spanien.

Auch die Blätter der Kaffir-Limette haben ein sehr kräftiges Limetten-Aroma. In den asiatischen Landesküchen werden sie daher häufig als Gewürz verwendet.

Tahiti- oder persische Limetten ähneln in Form und Farbe mehr der Zitrone als die kleineren Mexikanischen Limetten. Sie sind eine echte Alternative zur Zitrone, kernlos, mit äußerst wohlschmeckendem Fruchtfleisch und sehr aromatischer Schale, die übrigens meist unbehandelt ist. Und - sie sind beinahe doppelt so saftig wie die Zitrone.

Die Kaffir-Limette, auch **Sambal** genannt, ist eine Limetten-Art aus Asien (Produktionsländer sind Thailand und Indonesien) mit sehr wenig Saft, aber viel Aroma. Sie wird meist in Stücke oder Scheiben geschnitten verwendet, zum Beispiel in Curry-Gerichten mitgekocht. Die hocharomatische Schale ist auch ein erfrischend-exotisches Gewürz für Longdrinks.

Die Moschus-Limette oder **Calamondin,** vielleicht besser bekannt unter ihrem englischen Namen "Musk Lime", ist eine kleine Limetten-Art aus Südostasien. Sie hat zwar sehr viele Kerne, dafür aber ein besonders feines Aroma und relativ viel Saft. Sie ist daher bestens für die Verwendung in erfrischenden Drinks geeignet.

entstandenen Hälften werden in Fässern mit Salzwasser eingelegt, danach wieder ausgewaschen und anschließend in Dickzucker gelegt und kandiert.

Limette, Limone *(Citrus aurantiifolia),* engl. lime, franz. lime, citron vert, span. lima. Sie ist die Zitrone der Tropen, die Saure Limette, wie sie auch genannt wird, mit dem ganz unverwechselbaren Aroma ihres Safts und ihrer Schale. Bei uns wird sie oft auch Limone genannt, eine Bezeichnung, die man tunlichst vermeiden sollte, weil sie leicht zu Verwechslungen führt; sie ähnelt zu sehr dem in vielen Sprachen für die Zitrone gebrauchten Namen. Die Limette ist eine echte Tropenpflanze, von allen Zitrusfrüchten liebt sie die Kälte am wenigsten. Ihre Heimat vermutet man im malaiischen Archipel, heute wird sie jedoch in ganz Südostasien kultiviert, in Indien, Sri Lanka, auf den karibischen Inseln, in Florida, Mexiko, Brasilien und Südafrika. Inzwischen ist die Limette auch auf unseren Märkten eingeführt, und die Nachfrage steigt ständig. Dank der unterschiedlichen Erntezeiten in den verschiedenen Ländern wird sie auch ganzjährig importiert. Limetten sind eine echte Alternative zur Zitrone. Sie haben keine oder nur ganz wenige Kerne, hocharomatisches Fruchtfleisch und eine ebensolche, meist unbehandelte Schale, die sich hervorragend zum Würzen von Süßspeisen und Gebäck eignet. Außerdem ist die Limette fast doppelt so saftig wie die Zitrone. Ihr Vitamin-C-Gehalt ist zwar niedriger, dafür ist sie reich an Calcium, Kalium und Phosphor. In den tropischen Anbaugebieten wird eine Vielzahl von Limetten-Sorten gehandelt, die meisten sind aber nur von regionaler Bedeutung. International gesehen, werden hauptsächlich zwei Gruppen gehandelt: einmal die Westindischen, auch Mexikanische oder Key-Limetten genannt. Das sind meist kleine Früchte, saftig, kräftig-aromatisch und mit vielen Kernen, deren Schale in allen Schattierungen zwischen Grün und Gelb gefärbt sein kann. Zum anderen die Tahiti- oder persischen Limetten, die mittelgroß und kernlos sind. Sie werden fast ausschließlich unreif und grün (weil dann besonders sauer) angeboten, obwohl sie in gelbem, reifem Zustand weit aromatischer sind. Die Tahiti-Limetten sind außerdem nicht so haltbar wie Zitronen und schrumpfen, ihrer dünnen Schale wegen, bei langer Lagerung etwas ein. Das beeinträchtigt aber nur die Quantität, nicht die Qualität des Saftes. In Asien und Südeuropa wird übrigens auch eine **Süße Limette** *(Citrus limetta)* angebaut und gehandelt, hat aber bisher nur lokale Bedeutung. Sie hat die Größe einer Orange, eine etwas längliche Form und einen sehr speziellen, aber nicht uninteressanten Geschmack. Für Getränke läßt sich ihr Saft sehr gut mit dem ihrer "sauren" Schwester mischen. Die **Kaffir-Limette** oder **Sambal** *(Citrus hystrix)* mit ihrer runzeligen Schale wird nicht wegen ihres (geringen) Saftanteils gekauft, sondern vor allem als würzende Zutat speziell für die pikanten Gerichte der asiatischen Küchen verwendet. Die **Moschus-Limette** oder **Calamondin** *(Citrus madurensis)* wird nach Europa noch nicht exportiert. Die kleinen Früchte haben viele Kerne, aber auch viel Saft und ein sehr feines Aroma.

Der gesunde Saft frischer Zitrusfrüchte kann auch durch die beste Konserve nicht ersetzt werden. Frischer Saft schmeckt einfach besser - da nimmt man die kleine Mühe schon in Kauf, die Früchte erst auspressen zu müssen. Zudem hat man, wenn man die Säfte selbst bereitet, eine viel größere Auswahl. Von links: Zitronensaft, Grapefruitsaft, Mandarinen-, Orangen- und Blutorangensaft.

Das Filetieren von Zitrusfrüchten ist unumgänglich, wenn man die Segmente ohne die Häutchen verwenden möchte. Natürlich taugen dazu nur kernlose Früchte. Oben eine Kappe abschneiden, die Frucht von unten nach oben schälen. Zwischen den Trennhäuten die Filets herauslösen. Den Saft aus dem an den Häuten verbliebenen Fruchtfleisch über den Filets ausdrücken.

Orangen-Julienne, also ganz feine Streifen von der äußeren Schale, sind für viele Gerichte eine feine, würzende Zutat. Die Schale zuerst in Streifen abschälen und die innere weiße Haut abschneiden. Die gesäuberte Schale wird in ganz feine Streifen ("Julienne") geschnitten und in einer leichten Zuckerlösung (1/4 Zucker, 3/4 Wasser) einige Minuten weich gekocht.

Zitrus-Säfte

WIEVIEL FRÜCHTE FÜR WIEVIEL SAFT?

Natürlich ist es nicht möglich, die Saftmenge pro Frucht genau vorherzusagen, und darum ist es oft so problematisch, in Rezepten die exakte Stückzahl der Früchte anzugeben, die für eine bestimmte Saftmenge benötigt wird. Denn der Saftgehalt einer Frucht ist von vielen Faktoren abhängig. Zum einen haben die Früchte einer Sorte nicht immer das gleiche Gewicht, zum anderen kann der Saftgehalt je nach Anbaugebiet und je nach Alter der Früchte beträchtlich schwanken. Die untenstehende Tabelle geht in jedem Fall von frischen, nicht überlagerten Früchten aus. Trotzdem wird es immer Abweichungen geben, doch hat man zumindest einen Anhaltspunkt: beispielsweise, wie viele Orangen man für die Gewinnung von 1/4 l Saft mindestens benötigt. Besonders große Unterschiede im Saftgehalt gibt es übrigens bei den Zitronen.

Zitrone (Primofiori)	5 Stück = 250 ml
Limette (Tahiti)	7 Stück = 250 ml
Grapefruit (Marsh's Seedless)	2 Stück = 250 ml
Mandarine (mittelgroße Sorte)	4 Stück = 300 ml
Orange (Navel)	4 Stück = 280 ml
Halbblutorange (Tarocco)	7 Stück = 270 ml

Exoten-Küchenpraxis

NEUE MÖGLICHKEITEN IN DER FEINEN KÜCHE DURCH TROPISCHES UND SUBTROPISCHES OBST

"Pflücken und reinbeißen": Frisch werden tropische Früchte in ihrer Heimat wohl überwiegend konsumiert, und mit dieser Empfehlung werden sie auch bei uns in erster Linie angeboten. Sicher zu Recht, denn Obst bedarf im allgemeinen eigentlich keiner weiteren Bearbeitung. Es ist ein fix und fertiges Lebens- oder besser Genußmittel. So ist es denn auch in der klassischen Menüfolge der Abschluß eines gelungenen Mahls - in Form eines Obstkorbs oder einer Obstschale. Einfach Früchte pur.

Alle Rezepte sind für 4 Portionen berechnet, falls nicht anders angegeben.

Vorspeisen,
Suppen und Salate

FÜR KALTE, PIKANTE GERICHTE ERÖFFNEN
TROPISCHE FRÜCHTE GANZ NEUE MÖGLICHKEITEN

Traditionellerweise werden Früchte in der Menüfolge als Dessert gereicht, sei es in Form von Obstsalaten, frischen Früchten mit Sauce, als Eis oder, anspruchsvoller in der Zubereitung, als Cremes. Inzwischen haben sich aber auch pikant zubereitete Früchte durchgesetzt, zumal beispielsweise reife Mangos, Ananas, Papayas oder Melonen, nur mit etwas Salz und Pfeffer oder eventuell etwas Vinaigrette verfeinert, bereits delikate Vorspeisen sind. Auch in Konsistenz und Aroma ist frisches Obst so vielseitig, daß es auch im Bereich der pikanten Salate und Vorspeisen eine Vielzahl von Kombinationsmöglichkeiten erlaubt. Die Exoten haben diese Palette natürlich noch erweitert.

Das klassische Vorbild für die Zusammenstellung von Obst und Fleisch beziehungsweise Schinken ist "Melone mit Schinken": Eine Zuckermelone mit einigen Scheiben luftgetrocknetem Schinken ist eine Delikatesse (im Bild). Aufbauend auf dieser bewährten Basiszusammenstellung lassen sich mit allen der vielen Melonenarten oder mit anderen tropischen Früchten höchst interessante Rezepte kreieren. So harmoniert zum Beispiel eine reife Papaya mit einigen Tropfen Limettensaft ganz hervorragend mit Schinken, Salami oder geräuchertem Fisch. Aber auch reife Ananas, Mangos oder Kiwanos lassen sich auf diese Art "komplettieren". Allein die diversen Mangosorten, die geschmacklich stark variieren, können auf die verschiedensten Weisen pikant verarbeitet werden: mit scharfen oder säuerlichen Saucen, zu Fleisch oder Fisch, als Einzelfrucht oder zusammen mit anderen Früchten sowie pikanten Zutaten für einen Salat. Aber auch bei Suppen sind dem Kreativen keine Grenzen gesetzt, heiß oder kalt - viele exotische Früchte passen sich den unterschiedlichsten pikanten Richtungen an. Für Hors d'œuvres ist die Avocado eine geradezu ideale Frucht; sie wird eher als Gemüse denn als Frucht betrachtet und auch ebenso verwendet. Ihre Konsistenz, ihr relativ hoher Fettgehalt und ihr Aroma sind für süße Geschmackskombinationen weniger geeignet als für pikante, wie zum Beispiel für Cremes, Saucen, Vorspeisen, Salate oder auch Suppen.

Pur - oder als Salat

REIFE FRÜCHTE BEDÜRFEN NICHT UNBEDINGT EINER VERFEINERUNG

Für engagierte Köche bietet die Vorspeisen-Küche seit jeher die Möglichkeit, Neues zu probieren. Die immer größere Auswahl an exotischen Früchten auf dem Markt erweitert auch diese Variationsmöglichkeit ständig. Schon bei einem "Amuse gueule" kann man mit Exoten seine Kreativität unter Beweis stellen. Ausreichend ist schon ein Stück reife Mango mit einem Salatblatt und einem Löffel pikanter Sauce oder eine Scheibe der dekorativen Sternfrucht mit einem Stück Fisch in pikanter Marinade. Ebenso erlaubt die große Auswahl an Melonen, Papayas und Pitahayas neue Kombinationen. Ein gutes Beispiel ist ein Vorspeisenteller für 4 oder mehr Personen, bei dem sich jeder selbst bedienen und so eine noch unbekannte Frucht kennenlernen kann. Auf einem solchen Teller können wie im Beispiel links die einzelnen Früchte in Gruppen angerichtet werden und eine oder mehrere Saucen dazu getrennt gereicht werden. Aber auch Einzelfrüchte kann man schön vorbereitet pur servieren und so dem Gast die Möglichkeit geben, sie beliebig zu würzen oder mit Saucen zu mischen.

MELONE MIT COCKTAILSAUCE

Für 2 Portionen
1 Charentaise-Melone (etwa 800 g)
Für die Sauce:
Saft von 1 Limette, 3 EL Tomatenketchup
1 TL dunkle Sojasauce
1 TL feingeriebener Meerrettich
15 Tropfen Tabascosauce
1/2 TL Salz, frisch gemahlener weißer Pfeffer
80 ml cremiger Joghurt

Die Melone quer halbieren, die Kerne entfernen und das Fruchtfleisch in Kugeln ausstechen oder würfeln. Für die Sauce alle Zutaten kräftig verrühren und entweder getrennt servieren oder die Melonenstücke darin ziehen lassen. So zieht sie besser in das wäßrige Melonenfleisch ein.

SALATTELLER MIT PFEFFER-MAYONNAISE

So eine leichte, aber relativ scharfe Mayonnaisensauce paßt zu vielen Gerichten, weil sie sich geschmacklich anpaßt und den dominanten Geschmack einer Frucht, wie einer Tamarillo, nicht verdrängt. Die Zusammenstellung der Früchte kann je nach Angebot variiert werden.

1 Karambole, 1 Tamarillo, 1 Papaya
1 Kiwi, 1 Lulo, 2 Feigen
Für die Mayonnaisensauce:
100 g Mayonnaise, 2 EL Magerjoghurt
2 TL Limettensaft, 1/4 TL Salz
etwas frisch gemahlener weißer Pfeffer
1 EL eingelegte grüne Pfefferkörner

Die Früchte soweit nötig schälen und in Scheiben schneiden. Das Fruchtfleisch der Papaya in Kugeln ausstechen oder würfeln. Für die Sauce Mayonnaise mit Joghurt, Limettensaft, Salz, Pfeffer und grobgehackten Pfefferkörnern verrühren. Auf Tellern anrichten.

HUMMER-MANGO-SALAT

Salzwasser zum Kochen

1 Hummer (600 bis 700 g)

1 EL feiner Weinessig

1/2 EL Limettensaft

1/4 TL Salz, frisch gemahlener Pfeffer

1/4 TL scharfer Senf

4 EL bestes Olivenöl

1 TL eingelegter grüner Pfeffer

einige Basilikumblätter

1 Mango (etwa 500 g)

50 g rote Paprikaschote

1/4 Friséesalat

Ausreichend Salzwasser zum Kochen bringen. Wenn es
kräftig sprudelt, den Hummer hineingeben und weitere
2 Minuten sprudelnd kochen lassen, dann den Topf vom
Herd nehmen und den Hummer 10 Minuten im Wasser
ziehen lassen. In Eiswasser abschrecken und das
Hummerfleisch auslösen. Aus dem Schwanz den Darm
herausziehen und das Fleisch in Scheiben schneiden.
Das Scherenfleisch auslösen und halbieren. Auf 4 Teller
verteilen. Für die Salatsauce den Essig mit dem Limettensaft, Salz, Pfeffer, Senf und Öl verrühren. Dann den
grünen Pfeffer und die Basilikumblätter zugeben. Die
Mango teilen, Kern und Schale entfernen und das
Fruchtfleisch in Würfel schneiden. Die Paprikaschote in
Rauten schneiden und mit den Mangowürfeln sowie
dem vorbereiteten Friséesalat auf den Tellern arrangieren. Mit der Salatsauce übergießen.

AVOCADOSALAT MIT GARNELEN

20 Garnelen (à 10 g)

20 g Butter

40 g Tomatenketchup

25 g Tomatensaft

Salz, frisch gemahlener weißer Pfeffer

Zucker, Limettensaft, Haselnußöl

1 mittelgroße, reife Avocado

2 geschälte Tomaten

1 Eichblattsalat

Die Garnelen in Butter braten. Für die Marinade den
Tomatenketchup und -saft vermischen und mit Salz,
Pfeffer, Zucker und Limettensaft abschmecken. Einige
Tropfen Haselnußöl zufügen. Kurz vor dem Servieren
die Avocado schälen und das Fleisch in gleichmäßigen
Scheiben vom Kern schneiden. Die Tomaten vierteln,
entkernen und in Würfel schneiden. Beides mit Salz,
Pfeffer, Zucker und Limettensaft würzen und mit einigen
Tropfen Haselnußöl beträufeln. Von den Garnelen die
Krusten und den Darm entfernen. Jeden Schwanz bis
zu drei Viertel seiner Länge aufschneiden und mit der
Marinade einstreichen. Die Avocadoscheiben fächerförmig auf Tellern arrangieren, die Tomatenwürfel und
die Garnelenschwänze dazugeben und mit dem vorbereiteten Eichblattsalat garnieren. Die restliche Marinade
über den Salat träufeln.

Von reifen Avocados
läßt sich das Frucht-
fleisch am besten mit
einem Löffel aus der
halbierten Frucht
herausschälen. Mit
Zitronensaft bepinseln,
damit es sich nicht
braun verfärbt.

SALAT MIT POMELO,
LACHS UND RIESENGARNELEN

1 Pomelo (etwa 900 g Bruttogewicht
ergibt 450 g Fruchtfleisch)

1/2 Eichblattsalat, 4 gelbe Cocktailtomaten

2 Stangen Staudensellerie

1 1/2 EL Sherryessig

Salz, frisch gemahlener weißer Pfeffer

4 EL Traubenkernöl

4 Riesengarnelen, 8 Lachsmedaillons (à 30 g)

1 1/2 EL Bratöl

Petersilie zum Garnieren

Die Schale der Pomelo
mit einem Messer ein-
schneiden und abschä-
len. Die Segmente las-
sen sich dann mit dem
Messer herausschnei-
den, oder man zieht
die Haut ab.

Die dicke Schale der Pomelo sauber vom Fruchtfleisch
abschälen und die Filets zwischen den Häuten heraus-
trennen. Den Eichblattsalat putzen, waschen und abtropfen lassen. Die Tomaten halbieren. Den Staudensellerie abziehen, dann in 5 cm lange Stücke und diese in
dünne Streifen schneiden. Aus Essig, Salz, Pfeffer und
Öl die Salatsauce zubereiten. Die Garnelen in kochendes Salzwasser geben. Etwa 1 Minute kochen lassen,
vom Herd nehmen und zum Abkühlen beiseite stellen.
Dann ihre Krusten und Därme entfernen und die Garnelen bis zu 3/4 ihrer Länge aufschneiden. Die Lachsmedaillons salzen, pfeffern und im erhitzten Öl kurz braten.
Die Salate und die Garnelen mit der Sauce marinieren.
Mit dem Lachs und den Pomelofilets auf Tellern anrichten und mit der Petersilie garnieren.

SALAT MIT ORANGEN
UND ZWIEBELN

100 g rote Zwiebeln

3 Orangen

1 kleiner Lollo bionda

16 schwarze Oliven mit Stein

2 EL Zitronensaft, Salz, frisch gemahlener Pfeffer

4 EL Olivenöl

Zitronenmelisse zum Garnieren

Die Zwiebeln schälen und in dünne Ringe schneiden.
Die Orangen sauber schälen und in Scheiben schneiden. Den geputzten, gewaschenen und gut abgetropften Salat auf 4 Teller verteilen und darauf die Zwiebel-
ringe sowie die Orangenscheiben anrichten. Jeweils
4 Oliven darauflegen. Aus Zitronensaft, Salz und Olivenöl eine Salatsauce zubereiten und über den Salat
gießen. Zum Schluß mit Zitronenmelisse garnieren.

Die Kombination von Orangen mit reichlich Zwiebeln als
Salat ist in Griechenland und Italien sehr populär. Eine
delikate Variante: Grapefruit zu gleichen Teilen mit Orangen und Zwiebeln mischen und im übrigen wie im
obigen Rezept weiterverarbeiten. Der bittere Grape-
fruitgeschmack macht den Salat noch etwas frischer.

SALAT MIT GRAPEFRUIT UND KUMQUAT

1 Grapefruit (etwa 480 g Bruttogewicht ergibt 250 g Fruchtfleisch)
16 Kumquats (etwa 160 g)
50 g Feldsalat
1 rote Chilischote
2 EL Sherryessig
Salz, Pfeffer, 4 EL Öl
Kerne von 1/2 Granatapfel

Die Grapefruit sauber schälen und filetieren. Die Kumquats waschen und in Scheibchen schneiden. Den Feldsalat putzen, waschen und trockenschleudern. Den Stielansatz der Chilischote entfernen, die Schote halbieren, von Kernen und weißen Rippen befreien und waschen. Dann fein hacken. Aus dem Essig, 1/4 TL Salz, etwas Pfeffer und dem Öl eine Vinaigrette rühren. Die Grapefruitfilets mit den Kumquatscheibchen, dem Feldsalat und den Granatapfelkernen auf 4 Tellern arrangieren, mit der feingehackten Chilischote bestreuen und mit der Vinaigrette übergießen.

Variante: Die scharfe, pikante Salatsauce mit dem besonderen Aroma des Sherryessigs paßt auch gut zu Orangen und Zitronen. Im obigen Rezept kann die Grapefruit zum Beispiel durch Orangen oder Mandarinen ersetzt werden.

SALAT MIT GRAPEFRUIT UND HÄHNCHENBRUST

2 rote Grapefruits (wie Star Ruby)
8 Eichblattsalatblätter, 4 Feldsalatsträußchen
4 Egerlinge, 1 Passionsfrucht
1/2 EL Weißweinessig, 1 EL Grapefruitsaft
Salz, frisch gemahlener weißer Pfeffer
2 bis 3 EL Distelöl
1 TL feingehackte Kräuter (Basilikum, Kerbel, Petersilie)
2 Hähnchenbrüste (à 80 g), 1 EL Butter
Kerbelblättchen zum Garnieren

Die Grapefruits sauber schälen, filetieren und aus den Resten den Saft herausdrücken. Den Eichblatt- und Feldsalat putzen, waschen und abtropfen lassen. Die Egerlinge putzen, aber erst kurz vor dem Anrichten waschen. Das Fruchtfleisch der Passionsfrucht passieren und mit 1/2 EL Weißweinessig verrühren. Grapefruitsaft, Salz und Pfeffer zugeben und rühren, bis das Salz vollständig aufgelöst ist, bevor das Öl und zum Schluß die Kräuter dazugemischt werden. Die Hähnchenbrüste salzen und pfeffern, in der Butter außen goldbraun und innen saftig braten. Zum Ruhen und Abtropfen einige Minuten auf ein Gitter setzen. Die Champignons nun waschen und in Scheiben schneiden. Die Grapefruitfilets und die Salate mit der Sauce marinieren und auf Tellern anrichten. Die Hähnchenbrüste schräg in dünne Scheiben schneiden und fächerförmig arrangieren. Mit Petersilie garnieren.

Kalt und pikant

EXOTEN SCHMECKEN AUCH
IN "SCHARFER UMGEBUNG"

REISSALAT MIT ANANAS,
MANGO UND HÄHNCHENBRUST

Für 4 bis 6 Portionen

200 g Basmatireis, 200 g Hähnchenbrust

etwas Salz, 30 g Butter

1 reife Mango (etwa 500 g)

1/2 frische Ananas (etwa 500 g), 2 Tomaten

Für die Salatsauce:

1/2 Tasse Hühnerbrühe, 1 kleine Peperoni

je 2 EL feines Pflanzenöl und Weinessig

1 EL Limettensaft, 1/2 TL Salz

frisch gemahlener Pfeffer, 10 schwarze Oliven

Den Reis in Salzwasser kochen, abseihen und kalt abspülen. Das Hähnchenfleisch salzen, in dünne Scheiben schneiden und in der heißen Butter ganz kurz
braten. Mango- und Ananas-Fruchtfleisch würfeln. Tomaten halbieren, Haut und Kerne entfernen und das
Fruchtfleisch würfeln. Für die Sauce die Brühe mit der
entkernten und in Streifen geschnittenen Peperoni bis
zur Hälfte einkochen. Erkalten lassen und mit den übrigen Zutaten zu einer Salatsauce rühren. Den Salat
damit anmachen und zum Schluß die Oliven zufügen.

AVOCADOMOUSSE
MIT GARNELEN

1 mittelgroße Avocado (etwa 150 g Fruchtfleisch)

Salz, frisch gemahlener weißer Pfeffer

Zitronensaft, 30 g feingeriebener, säuerlicher Apfel

3 Blatt Gelatine, 2 EL heiße Brühe, 160 ml Sahne

8 große Garnelen, 1 enthäutete Tomate

2 Stangen Staudensellerie, einige Friséesalatblätter

etwas Zucker, Walnußöl

Die Avocadomousse
mit einem Löffel ab-
stechen und direkt auf
den Teller setzen. Da-
für muß sie vollständig
kalt und erstarrt sein.
Sie läßt sich dann leicht
vom Löffel lösen.

Die Avocado schälen, halbieren und den Kern entfernen. Mit Salz, Pfeffer und Zitronensaft würzen und mit
dem Apfel pürieren, dann passieren. Die eingeweichte
und ausgedrückte Gelatine in der Brühe auflösen und
unter das Püree mischen. Die Sahne steifschlagen,
zuerst 1/3 unter das Püree rühren, den Rest vorsichtig
unterziehen. Die Mousse in eine Schüssel füllen und im
Kühlschrank erstarren lassen. Die Garnelen in kochendes Salzwasser geben, kräftig aufkochen, vom Herd
nehmen und im Sud gar ziehen, dann abkühlen lassen.
Die Tomaten entkernen und würfeln. Den Staudensellerie abziehen, zuerst in Stücke, dann in Scheiben und
Streifen schneiden. Den Friséesalat putzen, waschen

Marinierter Fisch ist eiskalt serviert eine ideale Vorspeise oder ein Zwischengericht für heiße Tage. Die violetten Pitahayas passen gut dazu, weil sie schön saftig und erfrischend sind und, da gerät ihr Nachteil zum Gewinn, nicht sonderlich viel Aroma besitzen.

und abtropfen lassen. Kurz vor dem Servieren Kruste und Darm der Garnelen entfernen. Je 2 Nocken Mousse auf einem Teller anrichten. Die Salate mit Salz, Pfeffer, Zucker und Zitronensaft würzen. Mit dem Walnußöl beträufeln und zusammen mit der Mousse anrichten.

MARINIERTER FISCH - SÜSS-SAUER

400 g frisches Fischfilet (wie Kabeljau oder Meerwolf)
2 Pitahayas (à 250 g)
Für die Marinade:
2 unbehandelte Orangen, 2 Zitronen
6 EL trockener Sherry, 2 EL Olivenöl, 1 TL Salz
je 1/4 TL Ingwerpulver und Cayennepfeffer
3 zerdrückte Knoblauchzehen, 50 g Zwiebelwürfel
2 EL feingehackte Petersilie

Das gewaschene und trockengetupfte Fischfilet würfeln. Die Pitahayas schälen und in Scheiben schneiden. Mit dem Fisch vermischen. Für die Marinade die Schale von 1 Orange abreiben, die Orangen und Zitronen auspressen und mit dem Sherry und Olivenöl mischen. Mit Salz, Ingwerpulver und Cayennepfeffer würzen. Knoblauch, Zwiebeln und Petersilie unter die Marinade rühren. Über den Fisch und die Pitahayas gießen, mit Folie abdecken und mindestens 3 bis 4 Stunden, besser noch über Nacht, im Kühlschrank ziehen lassen. Mit frischem Blattsalat und Knoblauchbrot servieren.

Saucen und Suppen
AUS TROPISCHEN FRÜCHTEN BIETEN VIELE MÖGLICHKEITEN, EIN MENÜ ZU VERÄNDERN

SCHARFE ZITRONENSAUCE

In Mittelamerika kennt man sie in vielen Variationen. Sie kann sowohl warm als auch kalt, zu Fisch oder zu Fleisch serviert werden. Im Kühlschrank läßt sie sich etwa 10 Tage aufbewahren.

120 g Zwiebeln, 4 Knoblauchzehen
3 frische Chilischoten, 5 EL feines Pflanzenöl
Abgeriebenes von 1 unbehandelten Zitrone
je 100 ml Zitronensaft und trockener Weißwein
1/2 TL Salz, 1/4 TL Ingwerpulver

Die Zwiebeln schälen und ganz fein hacken. Die Knoblauchzehen zerdrücken. Die Chilischoten längs aufschneiden, die Kerne sorgfältig entfernen und das Fruchtfleisch sehr fein hacken. Das Öl in einer Pfanne erhitzen. Zuerst die Zwiebelwürfel 2 bis 3 Minuten dünsten, dann Knoblauch und Chili zugeben. Weitere 2 bis 3 Minuten bei schwacher Hitze dünsten, denn die Zwiebelwürfel dürfen nicht braun werden. Zitronensaft, Wein, Salz und Ingwer zugeben. Die Sauce bei Mittelhitze bis etwa zur Hälfte reduzieren.
Variante: Limettensauce. Zitronen durch Limetten ersetzen und zusätzlich 50 ml Orangensaft verwenden. Das gibt der Sauce einen sehr fruchtigen Geschmack.

ANANASSAUCE

Sie ist trotz der fruchtigen Süße eine sehr pikante, scharfe Sauce und paßt zu allen Fisch- und Fleischgerichten, die Säure und Schärfe vertragen. Sie sollte aber nur warm serviert werden.

1 frische Ananas
(etwa 1 kg entspricht 500 g Fruchtfleisch)
Saft von 1/2 Limette, 2 EL Bienenhonig
1/2 TL Salz, 1/2 TL Kurkumapulver
1/4 TL Muskatblüte (Macis), 1 Msp. Muskatnuß
1 Stück Zimtrinde, 2 Chilischoten
je 1/8 l Weißwein und Wasser

Diese Ananassauce läßt sich mit reifen Mangos bestens variieren. Das Ananas-Fruchtfleisch wird einfach zur Hälfte durch wirklich reife Mangos ersetzt. Damit die Sauce genügend Säure bekommt, denn Mangos enthalten in der Regel nicht viel davon, verwendet man statt einer halben eine ganze Limette oder Zitrone.

Die Ananas schälen und den Strunk entfernen. Den dabei ablaufenden Saft auffangen und in eine Kasserolle geben. Das Fruchtfleisch würfeln und 1 Tasse davon zurückbehalten. Den Rest in die Kasserolle geben, Limettensaft, Honig und Gewürze zufügen. Die Chilischoten längs teilen, die Kerne entfernen und das Fruchtfleisch fein hacken. Mit Wein und Wasser aufgießen und etwa 30 Minuten ganz langsam kochen. Die Sauce soll etwa zu einem Drittel eingekocht sein. Im Mixer pürieren und mit den zurückbehaltenen Ananasstücken servieren. Die Sauce läßt sich auch mit reduziertem Fleischfond verlängern.

GUACAMOLE

Eine Avocadosauce oder eigentlich ein Avocadobrei, der aus Mexiko stammt und geradezu universell verwendbar ist: für Tortillas, Tacos oder als Brotaufstrich, auch als kleine Vorspeise oder verdünnt als Salatsauce.

2 große, vollreife Avocados (à etwa 300 g)
1 mittelgroße Zwiebel, 1 Knoblauchzehe
2 kleine Chilischoten, 1/2 TL Salz
etwas frisch gemahlener Pfeffer
150 g Tomaten
1 EL gehacktes Koriandergrün (Cilantro)

Die Avocados halbieren, die Kerne herausnehmen und das Fruchtfleisch mit einem Löffel aus den Schalen lösen, fein hacken und in eine Schüssel geben. Die Zwiebel ganz fein würfeln und die Knoblauchzehe zerdrücken. Die Chilischoten längs halbieren, die Kerne herauskratzen und das Fruchtfleisch ganz fein hacken. Zusammen mit den Gewürzen zu den Avocados geben und mit einem Schneebesen durchrühren. Die Tomaten kurz in kochendes Wasser tauchen, die Haut abziehen, halbieren und die Kerne entfernen. Das Fruchtfleisch in kleine Würfel schneiden und zum Schluß mit dem gehackten Cilantro unter die Avocadocreme rühren. Die Sauce kann man beliebig mit entfetteter, kalter Fleisch- oder Hühnerbrühe verdünnen.
Tip: Guacamole kann auch als feiner Snack gereicht werden. Je 1 Löffel der Guacamole auf Cracker setzen und mit gerösteten, gehobelten Mandeln bestreuen. Im Tiefkühlfach leicht anfrieren lassen, bevor sie serviert werden. Dazu paßt trockener Sherry sehr gut.

ZITRONENSUPPE

Diese leichte und bekömmliche Suppe ist in ganz Griechenland bekannt und dort vor allem während der kühleren Jahreszeit beliebt.

1 Suppenhuhn (etwa 1,2 kg)
1 TL Salz, 120 g Karotten
je 1 Stange Lauch und Staudensellerie
1 Zwiebel, 1 Tasse Langkornreis, 2 Eier
Saft und Abgeriebenes von 1 unbehandelten Zitrone

Das ausgenommene Huhn innen und außen waschen und in etwa 2 l Salzwasser zum Kochen bringen. Dann bei schwacher Hitze in etwa 2 Stunden garen. Zu Beginn der Kochzeit mehrmals den Schaum abschöpfen. In der Zwischenzeit die Karotten schaben, waschen und in kleine Stücke schneiden. Vom Lauch nur das Weiße verwenden, längs einschneiden und gründlich waschen, dann in kleine Stücke schneiden. Den Staudensellerie waschen und kleinschneiden. Die Zwiebel schälen und vierteln. Die Gemüse etwa 40 Minuten vor Ende der Garzeit zu dem Huhn geben und mitkochen. Das Huhn herausnehmen, die Brühe passieren und wieder aufkochen. Den Reis waschen und in der Brühe in 20 Minuten weich kochen, dann vom Herd nehmen. Inzwischen das Hühnerfleisch in mundgerechte Stücke schneiden. Aus dem Topf 1/2 Tasse Brühe entnehmen und etwas abkühlen lassen. Die Eier schaumig rühren und den Zitronensaft tröpfchenweise unterrühren, dann die abgeriebene Zitronenschale unterrühren. Die Brühe langsam unter Rühren zufügen, damit die Sauce nicht stockt. Diese Eier-Zitronen-Sauce langsam und unter kräftigem Rühren in die Suppe geben. Die Suppe warm stellen und unter Rühren cremig werden lassen, sie darf nicht mehr kochen.

EISKALTE MELONENSUPPE. 2 gut gekühlte Cantaloup-Melonen (à 500 g) halbieren, die Kerne entfernen, das Fruchtfleisch auslösen und pürieren. Das Püree mit dem Saft von 1 bis 2 Zitronen, 40 ml Cognac, 1 Prise Salz und frisch gemahlenem Pfeffer abschmecken. Etwas feingehackte Zitronenmelisse einrühren und die Suppe schaumig aufschlagen. Mit Zitronenmelisse garnieren und sofort servieren.

Feine, leichte Suppen

KALT ODER WARM DIE IDEALE VORSPEISE FÜR JEDE JAHRESZEIT

AVOCADOSUPPE MIT SAHNEHAUBE

Eine Suppe für alle Gelegenheiten. Denn nach dem folgenden Rezept zubereitet, schmeckt sie warm wie kalt gleich gut. Man darf die Suppe allerdings nicht aufkochen, weil sie sonst bitter wird. Also nur bis kurz vor dem Siedepunkt erhitzen.

40 g feingehackte Schalotten, 10 g Butter
1 reife Avocado (etwa 250 g)
1/8 l Sahne, 600 ml Hühnerbrühe
Salz, Pfeffer, Cayennepfeffer
Für die Garnitur:
1/2 Avocado, 1/8 l Sahne
etwas Salz, 1 Prise Zucker
1 EL geröstete, gehobelte Mandeln

Die Schalotte in der Butter dünsten. Die Avocado wie links halbieren, entkernen und schälen. Das in Stücke geschnittene Avocadofleisch mit der Sahne und den Schalotten pürieren. Die Brühe aufkochen, das Püree zugeben und kräftig darunterschlagen. Die Suppe mit den Gewürzen abschmecken und bis kurz vor dem Siedepunkt erhitzen. Für die Garnitur das Avocadofleisch in dünne Scheiben schneiden. Die Sahne mit Salz und Zucker steifschlagen. Die Suppe in Tassen oder Tellern anrichten, darauf die Avocadoscheiben und 1 Löffel Sahne geben. Mit den Mandeln bestreuen.

FISCHSUPPE MIT ANANAS

Die Kombination von Fisch und Ananas ist in Südostasien sehr beliebt. Dieses Rezept stammt aus Vietnam, ist sehr mild gewürzt und läßt sich deshalb in Richtung Schärfe variieren. Man muß dafür nur eine feingehackte Chilischote und etwas mehr Sojasauce zusetzen.

Eine Avocado teilen: Längs rundherum mit einem Messer bis zum Kern einschneiden. Dann durch eine drehende Bewegung die Avocado teilen und den Kern herausnehmen. Das Fruchtfleisch wird schnell dunkel, aber mit Zitronensaft beträufeln schafft Abhilfe.

1/2 frische Ananas (etwa 300 g Fruchtfleisch)
300 g Bambussprossen (frisch oder aus der Konserve)
300 g Fischfilet (Zackenbarsch oder Brassen)
1/2 EL Tamarindenmark, 2 EL Öl
1 TL Zucker, 1/2 TL Salz
je 1 Msp. Ingwerpulver und weißer Pfeffer
1/2 EL helle Sojasauce, Saft von 1/2 Limette
1/2 EL frische, gehackte Pfefferminzblätter

Die Ananas schälen, vom holzigen Strunk befreien und in Stücke schneiden. Die Bambussprossen abtropfen lassen und in Scheiben schneiden. Das Fischfilet waschen, trockentupfen und würfeln. Das Tamarindenmark mit 1/2 Tasse Wasser bis zur Hälfte einkochen und passieren. Das Öl in einem Wok oder einer Pfanne er-

hitzen und die Bambussprossen mit den Ananasstückchen darin kurz anbraten. Mit Zucker bestreuen, die Tamarindenbrühe zugießen und umrühren. 3/4 l Wasser mit dem Salz aufkochen, das Fischfilet einlegen und mit Ingwerpulver, Pfeffer, Sojasauce und Limettensaft würzen. Die Bambussprossen-Ananas-Mischung zufügen und die Suppe bei milder Hitze noch 2 bis 3 Minuten kochen lassen. Mit der Minze bestreuen.

LIMETTENSUPPE MIT RIESENGARNELEN

Limetten schmecken kräftiger und aromatischer als Zitronen und harmonieren vortrefflich mit Fisch und Meeresfrüchten. In Burma und Thailand werden daher saure Suppen mit reichlich Fisch und Garnelen serviert.

400 g gekochte Riesengarnelen
je 3/8 l Hühnerbrühe und Wasser
1 Stengel Zitronengras, Salz, Pfeffer
1 EL abgeriebene Schale von unbehandelten Limetten
2 unbehandelte, hauchdünn geschnittene Limetten
3 EL Limettensaft, 30 Tropfen Tabascosauce
1 EL gehackte, frische Cilantro- oder Korianderblätter zum Garnieren

Die Garnelen schälen, aber die Schwanzflosse zum einfacheren Essen daranlassen. Brühe und Wasser mit Zitronengras, Salz und Pfeffer zum Kochen bringen. Etwa 10 Minuten bei milder Hitze kochen, dann Limettenschale, -scheiben und -saft sowie Tabascosauce zugeben. 5 bis 6 Minuten leise köcheln lassen. Dann die Garnelen zugeben, das Ganze wieder erhitzen und in Suppenteller geben. Mit Cilantro- oder Korianderblättern bestreuen.

MANGOSUPPE MIT HÜHNERFLEISCH

Sie wird in Indien und Ceylon zubereitet, wenn es Mangos während ihrer Saison im Überfluß gibt. Mit grünen, also unreifen Mangos zubereitet, erhält die Suppe einen "gemüsigen" Charakter, mit sehr reifen Früchten schmeckt sie wie im folgenden Rezept süßlich pikant.

40 g Butter, 80 g Langkornreis
1 EL Currypulver, 30 g frischer Ingwer
3/4 l Hühnerbrühe
je 1 Msp. Nelkenpulver und geriebene Muskatnuß
1/4 TL Cayennepfeffer, Salz
1 reife Mango (etwa 600 g)
200 g gekochte Hühnerbrust

Die Butter in einem Topf zerlaufen lassen. Den Reis, das Currypulver und den hauchdünn geschnittenen Ingwer zugeben und einige Minuten anbraten. Mit der Brühe aufgießen und den Reis bei geschlossenem Topf bißfest garen. Die Suppe mit Nelkenpulver, Muskatnuß, Cayennepfeffer und Salz würzen. Das Mango-Fruchtfleisch würfeln. Davon 1/3 zurückbehalten, den Rest zur Suppe geben. Weitere 10 bis 15 Minuten kochen. Die Hühnerbrust in Scheiben schneiden und zusammen mit den restlichen Mangowürfeln in der Suppe erwärmen.

Tomatensuppe schmeckt, so ungewöhnlich kombiniert, sehr apart. Auf die Suppe gebratene Bananenscheiben geben und diese mit frischer, geraspelter Kokosnuß bestreuen.

Die indische Mangosuppe schmeckt auch sehr fein, wenn sie mit Fischfond aufgegossen wird. Dazu gehört natürlich eine Einlage von festfleischigem Fisch (wie zum Beispiel Lotte) oder Langusten.

Fische und Meeresfrüchte

EINE VERBINDUNG, DIE PROBIERT SEIN WILL:
TROPISCHE FRÜCHTE MIT DEN PRODUKTEN DES MEERES

Der Reiz dieser Kombination beruht auf dem schon ohnehin sehr zarten Geschmack von frischem Fisch und erst recht auf dem feinen Aroma der meisten Meeresfrüchte. Die Zeiten, als noch jeder Fisch mit Zitronensaft "gesäuert" wurde, gehören Gott sei Dank der Vergangenheit an, denn Fisch gibt es aufgrund kurzer Wege inzwischen fast überall frisch. Zudem muß man mit Säure, auch der feinster Früchte, in Zusammenhang mit Fisch sehr vorsichtig umgehen. Sie soll den Fischgeschmack unterstreichen, aber nicht verdrängen. Früchte, wie zum Beispiel Mangos, Kiwis oder Guaven, passen meist recht gut zu der Kombination mit Fischen und Meeresfrüchten. Besonders in Verbindung mit scharfen Gewürzen der Capsicum-Familie, also Chili oder Paprika, harmonieren sie vortrefflich, vertragen sich aber auch gut mit Zwiebeln und Knoblauch, natürlich nur in sehr mäßiger Dosierung. Ein Beispiel für eine gelungene Mischung ist das folgende Rezept.

BRASSEN MIT MANGOWÜRFELN.

2 Sack- oder Goldbrassen (à etwa 500 g) ausnehmen, innen und außen gut waschen, trocknen und mit Salz und Pfeffer würzen. Mit einem scharfen Messer in Abständen von etwa 2 cm einschneiden. 2 EL feines Pflanzenöl mit dem Saft von 1 Limette verrühren und die Fische damit begießen. In Folie hüllen und im Kühlschrank 2 Stunden durchziehen lassen. In der Zwischenzeit 30 g feingewürfelte Zwiebeln und 1 zerdrückte Knoblauchzehe in 20 g Butter in einer entsprechend großen Form anlaufen lassen. 60 g Staudensellerie in feine Streifen schneiden und 1/2 rote Paprikaschote fein würfeln, dazugeben und kurz dünsten. Mit 1/4 l Weißwein aufgießen und die Fische einlegen. Das Fruchtfleisch von 1 reifen Mango (etwa 500 g Bruttogewicht) würfeln und zu den Fischen geben. Mit 1 TL eingelegtem grünem Pfeffer bestreuen, wenn nötig, salzen und mit 1 EL gehackten Kräutern (Thymian, Petersilie und Minze) bestreuen. Bei 220°C im vorgeheizten Backofen etwa 15 Minuten backen. Mit gekochten Kartoffeln oder Reis servieren.

Fisch auf fernöstliche Art

MIT EXOTEN IN DER PFANNE GEBRATEN ODER IM OFEN GEBACKEN

STEINBUTT IN DER PAPAYA

2 Papayas (à 450 g), 400 g Steinbuttfilet
2 EL Pflanzenöl, 50 g Zwiebeln
Abgeriebenes und Saft von 1 unbehandelten Orange
50 g Staudensellerie
1/2 TL Salz, frisch gemahlener Pfeffer
2 EL gehackte Walnüsse, 40 g Butter
Kapuzinerkresse zum Garnieren

Die Papayas halbieren, die Kerne entfernen und das Fruchtfleisch mit einem Kugelausstecher herausstechen. Das Fischfilet in Stücke schneiden. In einer entsprechend großen Pfanne das Öl erhitzen und die ganz fein gewürfelte Zwiebel, das Abgeriebene und den Saft der Orange sowie den feingehackten Staudensellerie weichdünsten. Dann die Fischstücke zugeben, salzen und pfeffern, ganz kurz absteifen und das Papaya-Fruchtfleisch daruntermischen. In die 4 ausgehöhlten Papayahälften füllen. Mit den gehackten Walnüssen bestreuen, Butterflöckchen daraufsetzen und im vorgeheizten Backofen bei 220°C 6 bis 8 Minuten überbakken. Mit Kapuzinerkresse garnieren.

GROUPER AUS DEM OFEN
MIT BABACOSCHEIBEN

Für 2 Portionen
1 Grouper (Zackenbarsch, 800 bis 1000 g)
Salz, frisch gemahlener Pfeffer
je 1 Zweig Zitronenmelisse und Thymian
1 Zwiebel, 1 große grüne Peperoni
1 Knoblauchzehe, 4 EL Pflanzenöl
1/2 Babaco (etwa 300 g), 4 Garnelen (etwa 120 g)
1 EL helle Sojasauce
2 EL Fischfond oder Fleischbrühe

Den ausgenommenen Grouper innen und außen salzen und pfeffern und die Kräuter in die Bauchhöhle legen. Dann auf beiden Seiten in Abständen von 2 cm einschneiden. Zwiebel und Peperoni in Ringe schneiden und die Knoblauchzehe zerdrükken. 3 EL Öl in einer Form erhitzen, Zwiebel, Peperoni und Knoblauchzehe andünsten. Den Fisch darauflegen. Die Babacoscheiben und die geschälten Garnelen dazulegen. Die Sojasauce mit dem restlichen Öl, Fischfond, etwas Salz und Pfeffer verrühren und über den Fisch und die Babacoscheiben gießen. Im vorgeheizten Backofen bei 220°C in 15 bis 20 Minuten garen.

FISCH-CURRY
MIT ANANAS UND BANANEN

Für 4 bis 6 Portionen
1 kg Fisch (1 Meeräsche, 1 Knurrhahn)
4 Scheren von Steinkrabben
2 kleine Zwiebeln, 2 Knoblauchzehen
2 kleine Chilischoten, 30 g frische Ingwerwurzel
1/2 Stange Lauch (200 g), 3 EL feines Pflanzenöl
2 EL Currypulver, 2 Stücke Zitronengras
200 g Tomaten
1 kleine Ananas (etwa 400 g Fruchtfleisch)
1/2 l Fischfond
Limettensaft, Salz und Pfeffer zum Nachwürzen
4 kleine Apfelbananen

Die Fische waschen, trockentupfen und in nicht zu kleine Stücke schneiden. Man kann auch die Köpfe mitverwenden, da sie viel Geschmack abgeben. Die Schalen der Krabbenscheren aufschlagen. Zwiebeln und Knoblauchzehen schälen und fein hacken. Die Chilischoten längs halbieren, entkernen und ganz fein hacken. Den Ingwer schälen und in hauchdünne Scheiben schneiden. Den Lauch putzen, waschen und in Scheiben schneiden. Das Öl in einer Pfanne erhitzen, Zwiebeln und Knoblauch darin hell anlaufen lassen. Dann Chili, Ingwer, Lauch und Currypulver zugeben und unter ständigem Rühren 2 bis 3 Minuten braten. Die Tomaten enthäuten, entkernen und würfeln. Die Ananas schälen, den Strunk entfernen und das Fruchtfleisch würfeln. In der Currymischung kurz anbraten, Fisch und Krabbenscheren zugeben und mit dem Fond aufgießen. Wenn nötig, mit Limettensaft, Salz und Pfeffer nachwürzen. Bei Mittelhitze dünsten, bis die Fischstükke gar sind. Nach halber Garzeit die Bananenscheiben zugeben. Reis paßt zu dem Curry natürlich am besten.

ROUGETFILETS MIT LIMETTENSAUCE

4 Rougets (Meerbarben, à 150 bis 200 g)
etwas Salz, Pfeffer
Saft von 1 Limette, 30 g Butter
Für die Sauce:
80 g gehackte Schalotten, Saft von 3 bis 4 Limetten
je 50 ml Weißwein, Wasser und Sahne
Salz, Pfeffer, 90 g frische, eiskalte Butter
Außerdem:
1 Mango (etwa 300 g), 1 EL Butter, Kartoffelpüree

Die Rougetfilets mit Salz und Pfeffer sparsam würzen, dann mit etwas Limettensaft beträufeln. Die Butter in einer Pfanne zerlaufen lassen und die Filets von beiden Seiten kurz, aber knusprig braun braten. Man kann sie auch mit Butter bestreichen und unter dem Grill im Backofen garen. Die Haut soll in jedem Fall leicht knusprig braun werden. Für die Sauce die Schalotten mit dem Limettensaft, Wein und Wasser etwa 10 Minuten kochen. Durch ein Sieb in eine Pfanne gießen, die Sahne unterrühren und bis zur Hälfte einkochen. Mit Salz und Pfeffer würzen und zum Schluß die Butter in Flöckchen unterrühren. Das Mango-Fruchtfleisch würfeln. 1 EL Butter in einer Pfanne erhitzen und die Mangowürfel darin ganz kurz anlaufen lassen. Zusammen mit den Filets auf Tellern anrichten, Rosetten aus Kartoffelpüree aufspritzen und mit Sauce umgießen. Mit einer Limettenscheibe garnieren.

Tip: Statt der Mango passen auch Gemüse wie Zucchini oder Auberginen sehr gut.

GARNELEN MIT GEDÜNSTETEN MANGOS

400 g Tiefseegarnelen
Für die Sauce:
2 Schalotten, 1/2 Knoblauchzehe, 60 g Butter
1 bis 2 Peperoni, 1/4 l Fischfond
80 ml trockener Weißwein, 1/2 EL gehackte Petersilie
1 bis 2 reife Mangos (600 bis 700 g Bruttogewicht)
Salz, Pfeffer, körnig gekochter Reis
Petersilie zum Garnieren

Die Garnelen schälen, den Schwanz jedoch nicht entfernen. Für die Sauce die Schalotten ganz fein hacken, die Knoblauchzehe zerdrücken und in 30 g heißer Butter hell anschwitzen. Die Peperoni längs halbieren, von den Kernen befreien und kleinschneiden. Zu den Zwiebeln geben und mit dem Fischfond aufgießen. Bei schwacher Hitze leise köcheln lassen, bis die Sauce auf etwa ein Drittel reduziert ist. Dann den Weißwein und die Petersilie zusetzen und noch einige Minuten köcheln lassen. In der Zwischenzeit die Mangos teilen, das Fruchtfleisch mit einem Löffel aus der Schale heben und in Scheiben schneiden. In die Sauce legen und darin warm werden lassen. Die restliche Butter in einer entsprechend großen Pfanne zerlaufen lassen und die gesalzenen und leicht gepfefferten Garnelen darin knusprig braun braten. Herausnehmen und auf 4 Tellern anrichten. Dann die Mangos dazugeben und mit der Sauce übergießen. Je 1 Löffel Reis auf die Teller geben und mit gebratener Petersilie garnieren.

LOUP DE MER MIT KIWISAUCE

1 Loup de mer (etwa 800 g)
Saft von 1 Limette, Salz, Pfeffer
Für die Sauce:
3 Kiwis (à 100 g), 150 ml Bouillon
10 g Zucker, 50 g Butter
Salz, 1/4 TL Cayennepfeffer
Außerdem:
30 g Butter zum Braten
2 Kiwis, Paprika-Kartoffeln

Den Fisch filetieren und in 4 Portionen schneiden. Mit etwas Limettensaft beträufeln, sparsam salzen und pfeffern. Für die Sauce die Kiwis schälen und pürieren. Durch ein feines Sieb streichen und mit der Bouillon und dem Zucker bis etwa zur Hälfte einkochen. Die Butter unterarbeiten und mit Salz und Cayennepfeffer abschmecken. Die Butter in einer großen Pfanne zerlaufen lassen, die vorbereiteten Fischfilets von beiden Seiten knusprig braun, gerade auf den Punkt, braten. Für die Garnitur die Kiwis schälen, in Scheiben schneiden und in der Pfanne ganz kurz anlaufen lassen. Zusammen mit den Filets auf Tellern anrichten, die Paprika-Kartoffeln dazugeben und mit der Sauce übergießen.
Tip: Es muß nicht unbedingt der kostbare Loup de Mer (auch Meerwolf, Wolfsbarsch) sein, auch preiswertere Fischsorten passen vorzüglich zu dieser Kiwisauce.

TINTENFISCH MIT TAMARILLOSAUCE

Für die Sauce:
3 Tamarillos (250 g), 1 TL Zucker
Saft von 1 Limette, 40 ml Rotwein, 1 EL Butter
2 Schalotten, 1/2 Knoblauchzehe, 50 g Lauch
1/2 l Fischfond
1 Thymianzweig, 1 Estragonzweig, 1/8 l Sahne
Außerdem:
300 g Tintenfisch (Sepia), gesäubert und vorbereitet
Salz, etwas weißer Pfeffer
30 g Butter, Kartoffelschnee

Die Tamarillos schälen und für die Garnitur 8 schöne Scheiben herausschneiden. Die restlichen Tamarillos grob hacken, mit Zucker, Limettensaft und Wein zum Kochen bringen und 5 bis 10 Minuten köcheln lassen. In einer weiteren Kasserolle die Butter zerlassen und die zerkleinerte Schalotte, die zerdrückte Knoblauchzehe und den Lauch darin anlaufen lassen. Mit dem Fischfond aufgießen, Thymian und Estragon dazugeben und bei schwacher Hitze bis auf etwa ein Drittel reduzieren. Zu der Tamarillosauce gießen, durchrühren und wieder zum Kochen bringen. Weitere 4 bis 5 Minuten köcheln lassen, dann die leicht aufgeschlagene Sahne unterrühren. Die Tintenfische auf Holzspießchen stecken, mit Salz und Pfeffer würzen und in der Butter von beiden Seiten braten. Mit je 2 Tamarilloscheiben und 1 Löffel Kartoffelschnee anrichten und mit der frisch aufgeschlagenen Tamarillosauce begießen. Mit einem Thymian- oder Estragonzweig garnieren.

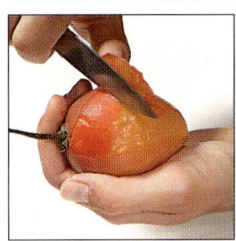

Tamarillos (Baumtomaten) können wie echte Tomaten geschält werden. Kurz in kochendes Wasser tauchen, dann die Haut abziehen.

Früchte und Fleisch

TRADITIONSREICHE IDEEN AUS SÜDOSTASIEN BEREICHERN AUCH DIE NEUE EUROPÄISCHE KÜCHE

Die gelungenen Beispiele in der internationalen Kochkunst für die erfolgreiche Kombination von süßen Früchten und Fleisch, wie zum Beispiel Preiselbeeren oder Sauerkirschen zu Wildgerichten, sind nicht sehr zahlreich. Frst als Bananen und Ananas, letztere aus der Dose, erschwinglich wurden, haben sich amerikanisch inspirierte Kombinationen "à la Hawaii" auf dem alten Kontinent eingebürgert. Inzwischen sind jedoch die meisten dieser geschmacklichen Entgleisungen wieder von den Speisekarten verschwunden. Neue Kombinationen mit tropischen Früchten wurden gewagt, indem sich kreative Köche in den Landesküchen der Herkunftsländer von Früchten wie Ananas, Papaya oder Mango umsahen. Speziell aus Südostasien macht sich ein wohltuender Einfluß auf unsere Küche in Bezug auf die Verwendung tropischer Früchte bemerkbar. Ein gutes Beispiel für die sparsame Verwendung von Exoten ist diese Marinade für Lammkotelettes.

MARINADE FÜR LAMMKOTELETTES.
1 Papaya (400 g) schälen, die Kerne entfernen und das Fruchtfleisch in kleine Würfel schneiden. 100 g Kumquats und 1 kleine Zwiebel (etwa 50 g) in Scheiben schneiden. 2 Knoblauchzehen zerdrücken oder in hauchdünne Scheiben schneiden. 2 bis 3 kleine Peperoni längs aufschneiden und die Kerne entfernen. Diese Zutaten zusammen mit 1 EL gehackter Zitronenmelisse, 2 Zweigen Thymian, etwas frisch gemahlenem Pfeffer und 1/2 TL Salz sowie 1/8 l feinem kaltgepreßtem Sojaöl mischen. Die Kotelettes in ein entsprechend großes Gefäß schichten und mit der Marinade übergießen. Mit Folie abdecken und mindestens über Nacht marinieren. Wenn möglich, ab und zu mit dem gewürzten Öl beschöpfen. Die Kotelettes kann man gut abgelaufen über Holzkohle grillen oder in der Pfanne braten. In diesem Fall können die Kumquatscheiben und Papayawürfel in der Pfanne mit erhitzt werden, denn die Früchte stehen in wohltuendem Kontrast zum scharf gewürzten Fleisch.

Zartes Geflügel fruchtig würzig

GEFÜLLT ODER GEBRATEN WIRD ES DURCH EXOTEN OPTIMAL ERGÄNZT

Geflügelfleisch harmoniert einfach vortrefflich mit Früchten, besonders, wenn es gebraten wird. Bei tropischen Früchten sind es die reifen Mangos, Ananas und Papayas, bei den Zitrusfrüchten die Orangen und Mandarinen, mit denen sich gut experimentieren läßt. So kann man Geflügel, wenn es im Ganzen gebraten wird, mit Früchten füllen. Die Früchte können wie im nebenstehenden Rezept aber auch unter Reis gemischt werden. Oder man bereitet aus Kalb- oder Schweinefleisch eine Farce zu, die dann mit Früchten angereichert wird. Wichtig ist, daß zu der Süße und Säure der Früchte durch die Schärfe von Cayennepfeffer oder Chilischoten beispielsweise ein Gegengewicht entsteht. Denn dieser Kontrast ist nötig und beeinträchtigt den zarten Geschmack des Geflügels in keinster Weise.

Die Füllung kann man zusätzlich noch mit einem Eigelb binden. Einfüllen und die Öffnung mit Zahnstochern verschließen oder mit Küchenzwirn zunähen.

GEFÜLLTE PERLHÜHNCHEN

2 junge Perlhühner (Pintadeau)
Salz, frisch gemahlener Pfeffer
Für die Füllung:
60 g Langkornreis, Salzwasser
1/2 l Geflügelfond, 30 g gekochter Schinken
150 g reifes Mango-Fruchtfleisch
1/2 kleine Peperoni, 1/2 TL Salz
1 Msp. Ingwerpulver
3 EL gemischte, gehackte Kräuter (Petersilie, Schnittlauch, Thymian und wenig Liebstöckel)
3 EL feines Pflanzenöl

Die Perlhühner innen und außen mit Salz und Pfeffer einreiben. Für die Mango-Füllung den Reis in Salzwasser weichkochen und abseihen. Den Geflügelfond bei Mittelhitze auf etwa 1/8 l einkochen und unter den Reis mischen. Den Schinken fein würfeln, das Mango-Fruchtfleisch grob würfeln und die Peperoni ganz fein hacken. Alles zum Reis geben und mit Salz und Ingwerpulver pikant würzen. Die Hälfte der Kräuter unter die Füllung rühren, damit die Perlhühner füllen und die Öffnung mit Zahnstochern verschließen oder mit einem Baumwollfaden zunähen. Die Perlhühnchen mit der Hälfte des Öls bepinseln und mit den restlichen Kräutern einstreuen. Das restliche Öl in einer Fettpfanne verteilen, die Hühnchen daraufsetzen und im vorgeheizten Ofen bei 200°C in 35 bis 40 Minuten schön knusprig braun braten. Zwischendurch mit dem Bratenfond beschöpfen.

GEBRATENES HUHN
MIT DATTELN UND REIS

So pikant gewürzt, kann Hühnerfleisch die Süße der Datteln gut vertragen. Ein Gericht, das auch an warmen Sommertagen gut schmeckt.

1 küchenfertige Poularde (etwa 1,4 kg)
Für die Gewürzmischung:
1 TL Salz, je 1/4 TL Cayennepfeffer und Piment
2 TL scharfes Paprikapulver
Außerdem:
120 g Zwiebeln
1 Knoblauchzehe, 100 g Staudensellerie
4 EL feines Pflanzenöl, 250 g Tomaten
250 g frische Datteln, 1/2 l Hühnerbrühe
1 EL gehackte Petersilie
3 Tassen gekochter Langkornreis

Die Poularde in 8 Stücke zerteilen und auf der Arbeitsfläche auslegen. Von allen Seiten mit der Gewürzmischung einreiben. Dafür Salz, Cayennepfeffer, Piment und Paprikapulver mischen. Die Zwiebel schälen und fein würfeln. Zusammen mit der zerdrückten Knoblauchzehe und dem feingewürfelten Staudensellerie in dem erhitzten Öl hell anschwitzen. Dann die Hühnerstücke zugeben und bei starker Hitze auf dem Herd von allen Seiten anbraten. In der Zwischenzeit die Tomaten in kochendes Wasser tauchen, die Haut abziehen, halbieren und die Kerne entfernen. Das Fruchtfleisch in Stücke schneiden und zu dem Huhn geben. Die Datteln längs aufschlitzen, die Kerne herausnehmen und das Fruchtfleisch in Streifen schneiden. Zum Fleisch geben und alles zusammen insgesamt etwa 15 Minuten bei ständiger Bewegung schmoren. Die Brühe zugießen und in dem auf 200°C vorgeheizten Backofen 20 Minuten garen, dann die Petersilie und den Reis zugeben und in weiteren 20 bis 30 Minuten fertig garen. Wenn nötig, noch mit Salz und Pfeffer nachwürzen.

GEFÜLLTE WACHTELN
MIT ANANAS GEBRATEN

Wenn die Wachteln zusammen mit den Früchten gegart werden, so verbinden sich die Aromen von Früchten und Fleisch optimal.

4 küchenfertige Wachteln (à 160 g)
Salz, frisch gemahlener Pfeffer
Für die Füllung:
80 g Schweinefleisch, 1 Schalotte
1/2 Knoblauchzehe, Salz, 1 Msp. Cayennepfeffer
1 Eigelb, 2 EL Fleischbrühe, 20 ml Cognac
Außerdem:
1 Ananas (etwa 1 kg)
2 Schalotten, 1 Knoblauchzehe
1 Chilischote, 20 g frischer Ingwer
4 EL feines Pflanzenöl, 1/2 TL Salz
1 EL gehackte Petersilie

Die Wachteln innen und außen mit Salz und frisch gemahlenem Pfeffer einreiben. Für die Füllung das Schweinefleisch und die geschälte Schalotte in grobe Würfel schneiden und in einen Mixer oder Cutter geben. Die zerdrückte Knoblauchzehe, die Gewürze, das Eigelb, die Fleischbrühe und den Cognac zugeben und kurz durchmixen. Mit dieser Farce die Wachteln füllen und die Öffnung mit einem Baumwollfaden zunähen. Die Ananas schälen, den Strunk entfernen und das Fruchtfleisch in Stücke schneiden. Die Schalotten schälen und ganz fein würfeln. Die Knoblauchzehe zerdrücken und die Chilischote längs halbieren, Kerne entfernen und das Fruchtfleisch ganz fein hacken. Den Ingwer schälen und in dünne Scheiben schneiden. Das Öl in einer entsprechend großen Pfanne erhitzen, die Schalotte, den Knoblauch, die Chilischote und den Ingwer darin anlaufen lassen, dann die Ananasstücke zufügen. Untermischen, salzen und die Wachteln dazugeben. Im vorgeheizten Backofen bei 200°C knusprig braun braten. Zwischendurch die Wachteln mit dem Bratensaft begießen und mit der gehackten Petersilie bestreuen. Mit Reis oder Nudeln servieren.

SCHWEINEFILET
MIT MANGOSAUCE

2 reife Mangos (à 500 g Bruttogewicht)

30 g Butter, 1 pariertes Schweinefilet (etwa 300 g)

Salz, Pfeffer

2 EL Orangensaft, 1/8 l Weißwein (Sauternes)

1 EL Zitronensaft, 1/4 TL Zimtpulver

100 g gekochte Bandnudeln

1 TL gehackte Petersilie, 1 TL gehackte Trüffeln

Petersilie zum Garnieren

Die Mangos teilen, das Fruchtfleisch mit einem Löffel aus der Schale heben. Die Hälfte davon zu Spalten schneiden und zugedeckt beiseite stellen. Den Rest in kleine Würfel schneiden. Die Butter in einer Pfanne erhitzen. Das Filet salzen und pfeffern, in der Butter von allen Seiten kräftig anbraten, die Hitze reduzieren und fertig braten. Herausnehmen, in Folie wickeln und warm stellen. Die Mangowürfel, den Orangensaft und Weißwein zugeben und die Sauce 8 bis 10 Minuten kochen. Durch ein feines Sieb passieren, mit Pfeffer, Salz, Zitronensaft und Zimtpulver würzen. Die Mangospalten auf 4 Tellern anrichten, je 2 Scheiben Schweinefilet dazugeben. Die gekochten Bandnudeln mit der Petersilie sowie den Trüffeln mischen und auf den Tellern anrichten. Mit der Sauce übergießen und mit Petersilie garnieren.

SCHWEINEFLEISCHRAGOUT
MIT BANANEN

300 g Schweinefilet aus der Schulter

4 EL Pflanzenöl, 1 Zwiebel (etwa 50 g)

1 Frühlingszwiebel, 2 Knoblauchzehen

1 EL frischer Ingwer, 2 EL Weinessig

Saft von 1 Limette, 1/8 l Fleischbrühe

1 TL Salz, 1/4 TL Pfeffer

150 g weißer Rettich, 1 Tomate

1 EL dunkle Sojasauce, 1/2 TL Zucker

300 g Bananen, 1 EL gehackte Zitronenmelisse

Zitronenmelisse zum Garnieren

Das Filet würfeln. In einer Pfanne das Öl erhitzen und das Fleisch darin kurz von allen Seiten anbraten. Herausnehmen und warm stellen. Die Zwiebel und Frühlingszwiebel fein hacken und zusammen mit der zerdrückten Knoblauchzehe und dem in feine Scheiben geschnittenen Ingwer in dem Öl anlaufen lassen. Essig, Limettensaft und Brühe zugießen, salzen und pfeffern. Den in feine Streifen geschnittenen Rettich und die in Würfel geschnittene Tomate zugeben. Etwa 10 Minuten leise köcheln lassen, dann das Fleisch zugeben und mit der Sojasauce und dem Zucker würzen. Die Bananen schälen, in dicke Scheiben schneiden, unter das Ragout mischen und, ohne nochmals zu rühren, einige Minuten bei schwacher Hitze auf dem Herd lassen, bis es durch und durch heiß ist. Auf Tellern anrichten, mit gehackter Melisse bestreuen und mit Melisseblättchen garnieren. Reis (mit Wildreis gemischt) dazu reichen.

SÜSS-SAURE ANANAS
MIT RÄUCHERSPECK

1,5 kg Ananas (1 bis 2 Früchte)
1 EL Schalottenwürfel, 1 EL Pflanzenöl
1 TL Zucker, 800 ml Kalbsfond
30 g frischer Ingwer, Saft von 1 Limette
2 kleine Peperoni, 1/2 Zimtstange
1/2 TL Kurkumapulver, 1/2 TL Speisestärke
300 g gekochter und geräucherter, magerer Schweinebauch
Peperoni und Zitronenmelisse zum Garnieren

Das Ananas-Fruchtfleisch in möglichst gleich große Würfel schneiden. Den dabei ablaufenden Saft auffangen, die kleineren Stücke (insgesamt 200 g) dazugeben und beiseite stellen. Die Schalottenwürfel im heißen Öl anlaufen lassen, den Zucker und die Ananasstücke zusammen mit dem Saft zugeben und mit dem Kalbsfond aufgießen. Den Ingwer schälen, in hauchdünne Scheiben schneiden und mit dem Limettensaft zugeben. Die Peperoni halbieren, entkernen und fein hacken. Mit der Zimtstange und dem Kurkumapulver zugeben und kochen, bis die Flüssigkeit etwa bis zur Hälfte eingekocht ist. Die Ananasstücke sollen fast zerfallen. Durch ein feines Sieb passieren und in einem Topf mit den zurückbehaltenen Ananaswürfeln 4 bis 5 Minuten kochen. Die Stärke mit 1 EL Wasser anrühren und damit die Flüssigkeit binden. Den Schweinebauch in dünne Scheiben schneiden, knusprig braun braten und mit den Ananas anrichten. Mit Peperoni und Melisse garnieren.

SCHWEINEFLEISCH-SPIESSE
MIT FRÜCHTEN

60 g Butter, 2 kleine Zwiebeln, 1/2 Knoblauchzehe
1 kleine Mango (etwa 300 g Bruttogewicht)
65 g brauner Zucker, 1/2 TL Salz
1 Prise Cayennepfeffer, 2 TL Currypulver
2 TL Weißweinessig, 400 g Schweinefilet
Fruchtfleisch von 1/2 Papaya (200 g)
300 g Ananas-Fruchtfleisch, 1 Banane (200 g brutto)
40 g Butterschmalz
Safranrisotto, Paprikawürfel
60 g frische, geraspelte Kokosnuß

Die Butter erhitzen, die feingehackte Zwiebel und zerdrückte Knoblauchzehe darin anbraten. Das Mango-Fruchtfleisch pürieren und mit Zucker, Gewürzen und Essig zu den Zwiebeln geben. Alles gut durchmischen, kurz erhitzen und passieren. Das Filet würfeln und in der Marinade 24 Stunden im Kühlschrank durchziehen lassen. Die Papaya und die Ananas in große Würfel, die Banane in dicke Scheiben schneiden. Das marinierte Fleisch abtropfen lassen und die Marinade zurückbehalten. Wie rechts das Fleisch und die Früchte abwechselnd auf 4 Spieße stecken. Die Spieße in dem Butterschmalz 10 Minuten auf allen Seiten braten, herausnehmen und warm halten. Die Marinade mit dem Bratensaft erhitzen. Spieße und Risotto anrichten. Paprikawürfel über den Reis streuen. Die Spieße mit der heißen Marinade begießen und mit den Kokosflocken bestreuen.

Das marinierte und in Stücke geschnittene Filet abwechselnd mit den Früchten auf Spieße stecken. Dabei mit einem Fleischstück beginnen und enden.

Aus dem Wok
RÜHREN ÜBER STARKER HITZE
DIE IDEALE GARMETHODE FÜR FRÜCHTE

ANANAS-ENTE

500 g Entenfleisch ohne Fett und mit wenig Haut (entspricht etwa 1 Flugente von 1,2 kg)

Für die Marinade:

3 EL Sojaöl, 2 Thymianzweige, 2 kleine Peperoni

2 EL helle Sojasauce, 1 TL brauner Zucker

1 TL Salz, etwas frisch gemahlener Pfeffer

Außerdem:

1 Zwiebel, 2 Knoblauchzehen

30 g frischer Ingwer, 1/2 rote Paprikaschote

400 g Ananas-Fruchtfleisch (entspricht 1 kleinen Frucht)

Salz und Sojasauce zum Nachwürzen

2 EL Sojaöl zum Braten

ANANASWÜRFEL IM SPECKMANTEL: ein delikater Snack. 2 EL Tomatenketchup mit 2 TL Sojasauce, etwas Pfeffer und Ingwerpulver würzen. Damit Scheiben von Räucherspeck bestreichen und diese um Ananaswürfel wickeln. Im Ofen oder im Wok braten.

Ananas-Ente marinieren und braten:

Die Entenfleischstücke mit den Thymianzweigen belegen und mit dem Sojaöl übergießen.

Sojasauce und Gewürze über das Fleisch verteilen und untermischen. Mit Folie bedecken und 1 Stunde im Kühlschrank marinieren.

Das Fleisch im heißen Wok ohne weitere Fettzugabe in 3 Portionen bei starker Hitze unter Rühren knusprig anbraten (etwa 2 Minuten). Herausnehmen und warm halten.

Das Öl im Wok erhitzen und die gewürfelte Zwiebel und den zerdrückten Knoblauch unter Rühren anschwitzen.

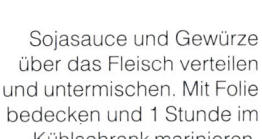

Ingwer und Paprikaschote zugeben und 2 Minuten dünsten. Dabei ständig in Bewegung halten. Ananas und Fleisch zugeben.

Zuerst die Ente entbeinen, dann alle mageren Teile (wie Brust und Keulen) mit Haut abtrennen und in mundgerechte Stücke schneiden. In ein entsprechend großes Gefäß geben, mit den Thymianzweigen belegen und mit dem Öl übergießen. Die Peperoni längs halbieren, die Kerne entfernen und das Fruchtfleisch fein hacken. Mit der Sojasauce, dem Zucker, Salz und Pfeffer mischen und damit das Fleisch marinieren. Die übrigen Zutaten vorbereiten: die Zwiebel fein hacken, die Knoblauchzehen zerdrücken, den Ingwer schälen und in hauchdünne Scheiben schneiden. Die Paprikaschote würfeln. Die Ananas schälen, den Strunk entfernen und das Fruchtfleisch in Stücke schneiden. Wie in der Bildfolge beschrieben, die Zutaten unter Rühren braten. Nachdem Ananas und Fleisch zugegeben wurden, wenn nötig, nachwürzen und weitere 2 Minuten garen. Dazu paßt frisches Brot oder Reis.

GEBRATENER REIS MIT ANANAS

(im Bild ganz rechts)

200 g gekochter Schinken

3 EL helle Sojasauce, 5 EL feines Pflanzenöl

1 Ananas (etwa 1,2 kg Bruttogewicht)

1 kleine Zwiebel (etwa 50 g)

20 g frische Ingwerwurzel, 2 Knoblauchzehen

2 kleine Chilischoten, 1 grüne Paprikaschote

2 Tassen gekochter Reis, 1/8 l Hühnerbrühe

40 g Pinienkerne, Salz, Pfeffer

1 TL gehacktes Koriandergrün (Cilantro)

Den Schinken in Würfel von etwa 1 cm Kantenlänge schneiden und in der Mischung aus Sojasauce und 2 EL Öl marinieren. Die Ananas schälen, den harten Strunk entfernen und das Fruchtfleisch in Würfel schneiden. Zwiebel und Ingwerwurzel schälen und in dünne Scheiben schneiden. Das restliche Öl in einem Wok erhitzen, Zwiebel und Ingwer darin andünsten und die zerdrückten Knoblauchzehen zugeben. Die Chilischoten (ohne Kerne) fein hacken, die Paprikaschote (ebenfalls ohne Kerne) in feine Streifen schneiden. Zusammen mit den Ananaswürfeln in den Wok geben, den Reis, die Hühnerbrühe und die Pinienkerne zufügen. Bei starker Hitze unter Rühren braten. Salzen und pfeffern und mit dem Cilantro bestreuen.

FRÜCHTE-CURRY

Ein Curry, das auch ganz ohne Fleisch pikant schmeckt. Man kann es aber auch mit Fleisch servieren: dafür zum Beispiel 200 g Kasseler in Würfel schneiden, kurz anbraten und unter das Curry mischen.

1 Baby-Ananas (etwa 500 g Bruttogewicht)
1 Papaya (etwa 400 g Bruttogewicht)
2 Bananen, Saft von 1 Limette
2 Zwiebeln (120 g), 1 grüne Chilischote
30 g Butter, 2 EL Currypulver
je 1/2 TL Ingwerpulver und Piment
30 g Rosinen
1/2 Tasse Kalbs- oder Hühnerfond
Salz, Pfeffer
4 EL frisch geriebene Kokosnuß (oder eingeweichte Kokosraspeln)

Die Ananas schälen, den Strunk entfernen und das Fruchtfleisch in Würfel schneiden. Die Papaya (sie sollte nicht zu weich sein) halbieren, die Kerne mit einem Löffel herausnehmen, das Fruchtfleisch aus den Schalen lösen und in Würfel schneiden. Die Bananen schälen und in Scheiben schneiden. Alles in eine Schüssel geben, mit dem Limettensaft beträufeln und zugedeckt 1 bis 2 Stunden marinieren lassen. Inzwischen die Zwiebeln schälen und in dünne Scheiben schneiden. Die Chilischote halbieren, die Kerne entfernen und das Fruchtfleisch ganz fein hacken. Die Butter in einem Wok zerlaufen lassen und die Zwiebelwürfel mit der Chilischote und dem Currypulver andünsten. Ingwer, Piment, Rosinen und Kalbsfond zugeben und weitere 5 Minuten kochen. Dann erst die Früchte hineingeben und mit Salz und Pfeffer würzen. Einmal kräftig aufkochen, dann auf die kleinste Einstellung schalten und nochmals 10 Minuten simmern. Mit Kokosraspeln bestreuen und servieren. Reis paßt hervorragend zu diesem Gericht.

GEWÜRZTE ANANAS

Diese recht scharf gewürzte Ananas paßt als pikante Beilage zu allen Fleisch- und Geflügelgerichten, aber man kann sie auch nur mit Reis servieren.

1 frische Ananas (1,2 kg Bruttogewicht)
1 EL brauner Zucker, 1 TL Kurkumapulver
2 Zwiebeln, 2 Knoblauchzehen, 3 EL Öl
2 ganze Sternanis, 1 Zimtstange
6 Gewürznelken, 50 g frische Ingwerwurzel
1 TL Salz, 1 EL Zucker, 2 Chilischoten

Die Ananas schälen, verbliebene "Augen" ausstechen. Dann die Ananas vierteln, den holzigen Strunk entfernen und die Viertel quer in jeweils 4 Stücke schneiden. In einen Topf geben und mit dem Zucker und Kurkumapulver bestreuen. So viel Wasser zugießen, daß sie bedeckt sind, und im offenen Topf 10 Minuten kochen lassen. Die Zwiebeln und den Knoblauch schälen und fein hacken. Das Öl in einem Wok oder einer großen Pfanne erhitzen. Die Zwiebeln, den Knoblauch, den Sternanis, die Zimtstange und die Nelken zugeben. Alles 2 Minuten braten. Die Ingwerwurzel schälen, fein reiben und mit 1 Tasse Wasser sowie dem Salz und Zucker zu der Zwiebelmischung geben. 3 bis 4 Minuten kochen lassen. Die Chilischoten halbieren, waschen, von den Kernen befreien und mit den abgetropften Ananasstücken im Wok 3 bis 4 Minuten ziehen lassen.

Tip: Sowohl ein pikantes Dessert als auch Beilage zu scharfen Curries.

Gebratener Reis ist ein Rezept, das vielfältig abgewandelt werden kann, zum Beispiel mit reifen Mangos oder Babacos.

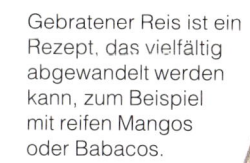

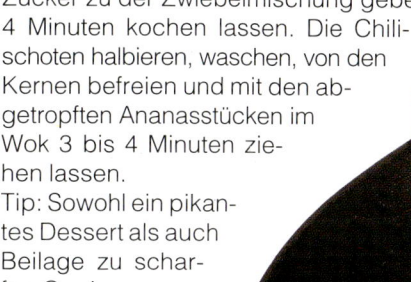

Exotisch Eingemachtes

SÜSSES UND PIKANTES DURCH UNTERSCHIEDLICHE
METHODEN KONSERVIERT: EINGEKOCHT UND EINGELEGT

Die Frage, ob "Einmachen" ein zeitgemäßes Thema ist, kann man, wenn damit das
Einmachen von Exoten gemeint ist, aus voller Überzeugung mit "ja" beantworten.
Nicht aus Gründen der Vorratshaltung, obwohl sie natürlich auch etwas für sich hat,
und schon gar nicht, um die Jahreszeiten zu überlisten, denn von denen sind tropische Früchte weitgehendst unabhängig. Es sind die völlig neuen Rezepte und Methoden, die das Einmachen mit Exoten so interessant machen. Man denke nur an die
diversen Chutneys oder Saucen und in Essig oder Alkohol eingelegte Früchte, wie
diesen Ananas-Fruchtpunsch.

ANANAS-FRUCHTPUNSCH.
Für diese in Rum eingelegten Früchte 1 große Ananas
(mindestens 1 kg) schälen, vierteln und den Strunk entfernen. "Augen" herausschneiden und das Fruchtfleisch in
Stücke schneiden. Je 2 unbehandelte Orangen und Limetten
und 1/2 unbehandelte Zitrone unter heißem Wasser sehr gut
abbürsten und in Scheiben schneiden. 250 g Zucker mit
1 Zimtstange und 4 EL Wasser aufkochen, bis der
Zucker geklärt ist. Dann die Früchte einlegen.
Etwas abkühlen lassen, 700 ml braunen Rum
unterrühren und vollständig erkalten lassen.
Den Fruchtpunsch in vorbereitete Gläser
von insgesamt 2 l Inhalt füllen und gut verschließen. Mindestens 2 bis 3 Wochen
ziehen lassen und alle 2 bis 3 Tage einmal
kräftig durchschütteln. An einem dunklen
Ort aufbewahren.

Gläser sterilisieren und Chutney einfüllen. Die Gläser gründlich waschen, dann zusammen mit den Deckeln in kochendes Wasser legen und auf einem Tuch abtropfen lassen. Das Chutney noch heiß bis zum Glasrand einfüllen und sofort verschließen. So läßt sich Chutney wie andere selbst eingemachte Konserven aufbewahren. Es ist von Vorteil, kleine Gläser zu verwenden und angebrochene Konserven im Kühlschrank aufzubewahren. Als Beilage zu Curries, Entenbrust, Entenleberterrine oder Wild servieren.

SÜSSES MANGO-CHUTNEY

2 kg grüne Mangos
(ergibt etwa 1,4 kg Fruchtfleisch)

30 g Salz, 100 g frische Ingwerwurzel

2 Knoblauchzehen, 1 EL gehackte Chilischoten

1/4 l Obstessig, 1 kg brauner Zucker

2 Sternanis, 1 Zimtstange

1 kg Zuckermelone (ergibt etwa 780 g Fruchtfleisch)

Die im Rezept angegebenen Mengen ergeben etwa 9 Gläser à 1/4 l Inhalt. Die Mangos schälen, vom Kern befreien und das Fruchtfleisch in Würfel schneiden. In eine Schüssel geben, mit den Salz bestreuen und 2 bis 3 Stunden ziehen lassen. Die geschälte Ingwerwurzel, den Knoblauch und die Chilischoten in einem großen Mörser mit etwa 1/3 des Essigs zu einer Paste zerstoßen. Die gesalzenen Mangos mit dem Zucker, Anis und Zimt und einem weiteren Drittel des Essigs etwa 30 Minuten kochen, bis die Masse dickflüssig, ähnlich einer Marmelade ist. Die Melone von Schale und Kernen befreien und das Fruchtfleisch in Würfel schneiden. Mit der Gewürzpaste zu den Mangos geben und den restlichen Essig zugießen. Weitere 20 Minuten leicht köcheln lassen und in sterilisierte Gläser füllen.

Tip: Grüne Mangos gibt es hierzulande leider im Überfluß, denn allzuoft reifen die grün geernteten Mangos nicht wie gewünscht nach. So werden die Früchte mit zunehmendem Alter zwar sehr oft weicher und geben auf Fingerdruck nach, aber wenn sie angeschnitten werden, so präsentieren sie sich grün bis gelb mit dem typischen Geruch unreifer Mangos. Für manche Chutneys, wie die beiden Rezepte auf dieser Seite, sind sie dann aber durchaus noch brauchbar.

SCHARFES MANGO-CHUTNEY

1 kg grüne Mangos
(ergibt etwa 700 g Fruchtfleisch)

25 g Salz, 250 g frische Ingwerwurzel

Saft von 2 Limetten, 1 TL Senfkörner

2 EL Chilipulver, 1,5 kg brauner Zucker

1 Ananas
(1 kg Bruttogewicht ergibt etwa 650 g Fruchtfleisch)

1/2 l Weinessig

Die im Rezept angegebenen Mengen ergeben etwa 11 Gläser à 1/4 l Inhalt. Die Mangos schälen, den Kern entfernen und das Fruchtfleisch in Würfel schneiden. In eine Schüssel geben, mit dem Salz bestreuen und 2 bis 3 Stunden ziehen lassen. Die Ingwerwurzel schälen und in dünne Scheiben schneiden. Davon die Hälfte mit dem Limettensaft, den Senfkörnern, dem Chilipulver und 2 bis 3 EL von dem Zucker zu einer Paste vearbeiten. Die Ananas schälen, halbieren und den Strunk herausschneiden. Das Fruchtfleisch in kleine Würfel schneiden und mit dem restlichen Zucker, den Ingwerscheiben, dem Essig und der Gewürzpaste etwa 10 Minuten kochen. Dabei des öfteren abschäumen. Dann die Mangowürfel zufügen und die Mischung 20 bis 30 Minuten leise köcheln lassen, bis sie eine marmeladenartige Konsistenz erreicht hat und die Mangowürfel weich sind. Heiß in sterilisierte Gläser füllen.

Tip: Chutney in kleinen Portionen einfrieren. Dafür eignen sich sowohl kleine Beutel als auch kleine, wiederverschließbare Plastikdosen. Im Mikrowellenherd läßt es sich schnell und problemlos auftauen.

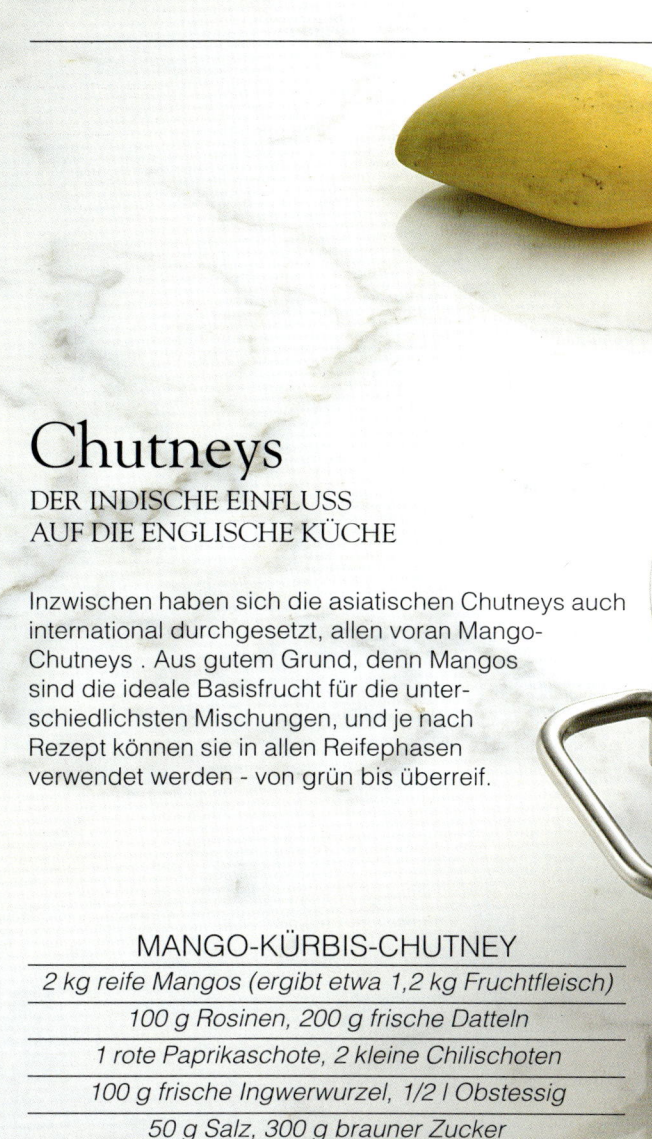

Chutneys

DER INDISCHE EINFLUSS
AUF DIE ENGLISCHE KÜCHE

Inzwischen haben sich die asiatischen Chutneys auch international durchgesetzt, allen voran Mango-Chutneys . Aus gutem Grund, denn Mangos sind die ideale Basisfrucht für die unterschiedlichsten Mischungen, und je nach Rezept können sie in allen Reifephasen verwendet werden - von grün bis überreif.

MANGO-KÜRBIS-CHUTNEY

2 kg reife Mangos (ergibt etwa 1,2 kg Fruchtfleisch)
100 g Rosinen, 200 g frische Datteln
1 rote Paprikaschote, 2 kleine Chilischoten
100 g frische Ingwerwurzel, 1/2 l Obstessig
50 g Salz, 300 g brauner Zucker
1 zerdrückte Knoblauchzehe
100 g gehackte Zwiebeln
Saft von 2 Limetten, 1 EL gemischte Senfkörner
1/2 TL Kurkumapulver
2 TL grobgehackte Pimentkörner
2 kg gelber Sommerkürbis (ergibt etwa 1,7 kg Fruchtfleisch)

Die im Rezept angegebenen Mengen ergeben etwa 8 Gläser à 1/4 l Inhalt. Den Kern der reifen Mangos entfernen, das Fruchtfleisch auslösen und in Würfel schneiden. Die Rosinen und die entsteinten Datteln grob hacken. Von der Paprikaschote und den Chilischoten die Kerne restlos entfernen und die Schoten kleinschneiden. Die Ingwerwurzel schälen und in Scheiben schneiden. Diese Zutaten mit dem Essig, Salz und Zucker vermischen und über Nacht zugedeckt ziehen lassen. Knoblauch, Zwiebeln, Saft und Gewürze zugeben. Zum Schluß den Kürbis von Kernen und Schale befreien und das Fruchtfleisch in Würfel schneiden. Zum Chutney geben und alles zum Kochen bringen. Die Hitze reduzieren und das Chutney etwa 1/2 Stunde langsam kochen, bis es eingedickt ist. Noch heiß in sterilisierte Gläser füllen und sofort verschließen.
So läßt sich Chutney mindestens ein Jahr aufbewahren. Man kann es aber auch frisch verwerten und solange im Kühlschrank lagern.

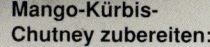

Mango-Kürbis-Chutney zubereiten:

Das Fruchtfleisch von halbierten, reifen Mangos mit einem Löffel aus der Schale lösen und in Würfel schneiden.

Alle Zutaten, bis auf den Kürbis, vorbereiten, vermischen und etwa 10 Minuten kochen. Über Nacht zugedeckt ziehen lassen.

Den gewürfelten Kürbis zufügen und das Chutney zum Kochen bringen. Etwa 1/2 Stunde bei reduzierter Hitze langsam kochen lassen.

ANANAS-CHUTNEY

Zu gegrilltem und geräuchertem Schweinefleisch paßt es am besten. Aber es harmoniert auch zu Ente, Gans und Wildgeflügel.

1 frische Ananas (1,2 kg Bruttogewicht ergibt etwa 600 g Fruchtfleisch)

50 g frische Ingwerwurzel, Saft von 1 Limette

80 g Zwiebelwürfel (1 Zwiebel), 150 g Rosinen

250 g brauner Zucker, 1 TL Salz

1/2 TL Cayennepfeffer, 1/4 TL Muskatnuß

200 ml feiner Weinessig

80 g Macadamia-Nüsse ohne Schale

Die Mengen ergeben 4 bis 5 Gläser à 1/4 l Inhalt. Die Ananas schälen, Strunk und "Augen" entfernen und das Fruchtfleisch in kleine Würfel schneiden. Die Ingwerwurzel schälen und in hauchdünne Scheiben schneiden. Alle Zutaten, bis auf die Nüsse, in einen entsprechend großen Topf geben und diese Mischung unter Rühren in etwa 45 Minuten zu Mus kochen. Dann erst die gehackten Nüsse zugeben, nochmals aufkochen und noch heiß in sterilisierte Gläser füllen.

ORANGEN-CHUTNEY

Ein besonders pikantes Chutney, das durch seine Säure auffällt und zu Geflügel, Kalb- und Schweinefleisch am besten paßt.

1 kg unbehandelte Orangen, 2 Limetten

2 Birnen, 2 kleine Chilischoten

100 g Rosinen, 250 g brauner Zucker, 1/2 TL Salz

2 TL Senfkörner, 1 TL Ingwerpulver

1/4 TL Piment, 1 Msp. Muskatnuß

1/4 l Weinessig, 1/8 l Weißwein

Die angegebenen Mengen ergeben 6 Gläser à 1/4 l Inhalt. Die äußere Schale von 1 Orange abreiben. Die Orangen und Limetten schälen und die weiße Innenhaut so gut wie möglich entfernen. Das Fruchtfleisch in kleine Würfel schneiden und die Kerne entfernen. Die Birnen schälen, das Kernhaus entfernen und das Fruchtfleisch würfeln. Die Chilischoten längs halbieren, die Kerne sorgfältig entfernen und das Fruchtfleisch fein hacken. Alle Zutaten in einen entsprechend großen Topf geben und bei Mittelhitze in 50 bis 60 Minuten unter Rühren zu Mus kochen. Noch heiß in sterilisierte Gläser füllen.

SENFFRÜCHTE

800 g Zucker, 1/4 l Wasser

1 kg vorbereitete Früchte (1 kleine Ananas von etwa 800 g, 1 kleine, feste Mango von etwa 500 g, 3 Kiwis, 2 Limetten)

40 g Senfpulver

1/2 TL Salz, 150 ml feiner Weißweinessig

Die im Rezept angegebenen Mengen ergeben etwa 8 Gläser à 1/4 l Inhalt. Den Zucker mit dem Wasser aufkochen und etwa 10 Minuten kochen. Die Früchte je nach Sorte in Stücke oder Scheiben schneiden und in diesem Sirup etwa 5 Minuten ganz leicht kochen. Die Früchte in einen Durchschlag geben, den ablaufenden Sirup auffangen und etwas abkühlen lassen. Mit dem Senfpulver und dem Salz verrühren und 1 bis 2 Stunden quellen lassen. Den Essig unterrühren, die Früchte zugeben und in sterilisierte Gläser füllen. Die Früchte sind bereits nach 2 Tagen verwendbar, halten aber gut verschlossen bis zu einem halben Jahr.

MELONE SÜSS-SAUER

(ohne Abbildung)

1 kg vorbereitete Melone, 1/4 l Zitronenessig

1 Zimtstange, 5 Nelken

Abgeriebenes von 1 unbehandelten Zitrone

400 g Zucker

Die Mengen ergeben 4 bis 5 Gläser à 1/4 l Inhalt. Die Melone in 2 cm große Würfel schneiden. Den Essig mit den Gewürzen und der Zitronenschale aufkochen und über die Melonenwürfel gießen. Zugedeckt 24 Stunden ziehen lassen. Den Essig abgießen, auffangen und mit dem Zucker aufkochen. Die Melonenwürfel in die Flüssigkeit geben und kochen, bis sie glasig sind. Noch heiß in sterilisierte Gläser füllen und verschließen.

Gewürzte Butter vielseitig verwendbar

AUF DIESE WEISE LÄSST
SICH AROMA KONSERVIEREN

Sie kann zum Würzen von kalten und warmen Speisen verwendet werden, aber auch einfach als pikanter Brotaufstrich. Oder auch wie Kräuterbutter zu gebratenem Fisch oder Fleisch serviert werden.

LIMETTENBUTTER

(im Bild ganz oben)

2 unbehandelte Limetten

2 kleine Chilischoten, 1/2 TL Salz

1 EL gehackte, frische Pfefferminze

125 g Butter

1 Limette unter fließendem, heißem Wasser abbürsten, trocknen und die Schale ganz dünn abreiben. Den Saft beider Früchte auspressen. Die Chilischoten halbieren. Die Kerne herausnehmen und das Fruchtfleisch ganz fein hacken. Alle Zutaten mit der Butter verrühren und in den leeren Limettenhälften servieren.

ORANGENBUTTER

(im Bild zweite von oben)

2 unbehandelte Orangen, 1 TL Zucker

1 EL gehackte Petersilie, 1 TL gehacktes Basilikum

1 EL scharfer Senf, 1/2 TL Salz

etwas frisch gemahlener Pfeffer, 125 g Butter

1 Orange waschen, trocknen und die Schale ganz dünn abreiben. Zusammen mit dem frisch ausgepreßten Saft beider Orangen und dem Zucker aufkochen und die Flüssigkeit bis auf etwa ein Drittel reduzieren. Die übrigen Gewürze und Kräuter zugeben. Die Butter schaumig verrühren und die Gewürzmischung unterrühren. In leere Orangenhälften füllen oder auf Folie streichen und beliebig portionieren.

ZITRONENBUTTER

(im Bild zweite von unten)

1 unbehandelte Zitrone

1/2 TL gestoßener Pfeffer

1/2 TL Salz

1 EL Zitronenmelisse

150 g Butter

Die Zitrone unter heißem Wasser gründlich waschen und bürsten, dann abtrocknen und die Schale ganz dünn abreiben. Zusammen mit dem frisch ausgepreßten Saft der Zitrone, Pfeffer, Salz und der Melisse unter die schaumig gerührte Butter mischen. Auf Pergamentpapier oder Folie streichen, im Kühlschrank ganz fest werden lassen und beliebig portionieren.

MANGOBUTTER

Sie schmeckt besonders gut als Brotaufstrich, paßt aber auch gut zu gegrilltem Fisch oder Fleisch.

(im Bild ganz unten)

*80 g Mango-Fruchtfleisch
(von einer ganz reifen Frucht)*

1 Msp. Ingwerpulver, 1/2 TL Chilisauce

je 1/4 TL Salz und gemahlener Pfeffer

2 TL Zitronensaft, 120 g Butter

Das Mango-Fruchtfleisch in kleine Würfel schneiden und durch ein Sieb passieren. Mit den Gewürzen mischen und das Ganze unter die schaumig gerührte Butter mischen. Auf Folie oder Papier streichen und erstarren lassen, anschließend portionieren.

EXOTISCH EINGEMACHTES

Das Maracuja-Frucht-
fleisch mit Orangensaft
und Zucker aufkochen.
Den Schaum mit einem
Löffel vorsichtig
abheben.

ORANGENKONFITÜRE MIT MELONE

4 unbehandelte Orangen

1,3 kg Honigmelonen (ergibt etwa 1 kg Fruchtfleisch)

1/4 l Wasser, Saft von 2 Zitronen, 1 kg Zucker

1 Päckchen Gelierpulver für 1 kg Obstmasse

Die angegebenen Mengen ergeben 8 bis 10 Gläser à 1/4 l Inhalt. Die Orangen unter heißem Wasser abbürsten und ihre Schalen hauchdünn abschälen. In dünne Fäden schneiden und 5 bis 6 Minuten lang in sprudelnd kochendes Wasser geben. Dann das Wasser abgießen. Die Melone vierteln, schälen und die Kerne entfernen. 1 kg Fruchtfleisch abwiegen und in Stücke schneiden. Das in Stücke geschnittene Fruchtfleisch mit 1/4 l Wasser glasig kochen. Die Orangen auspressen und ihren Saft mit dem Zitronensaft, den Orangenschalen, dem Zucker und dem Gelierpulver zugeben. Etwa 5 Minuten sprudelnd kochen lassen. Die Konfitüre heiß in die sterilisierten Gläser füllen und verschließen.

GEMISCHTE-EXOTEN-KONFITÜRE

(ohne Abbildung)

2 reife Guaven (etwa 300 g)

2 Papayas (etwa 600 g)

2 Maracujas (etwa 150 g Fruchtfleisch)

600 g Zucker

1/8 l frisch gepreßter Orangensaft

1 Päckchen Gelierpulver für 1 kg Obstmasse

Die Guaven und Papayas schälen (aus der Papaya die Kerne entfernen) und das Fruchtfleisch in Würfel schneiden. Die wie links beschrieben gekochte Mischung aus Maracuja, Zucker und Orangensaft zugießen, das Gelierpulver zugeben und 4 bis 5 Minuten kochen lassen. Heiß in sterilisierte Gläser füllen und verschließen.

FEIGENMARMELADE

1,2 kg frische Feigen

*Saft und abgeriebene Schale von
1 unbehandelten Zitrone*

1 kg Gelierzucker

Die im Rezept angegebenen Mengen ergeben etwa 8 Gläser à 1/4 l Inhalt. Von den Feigen die Haut abziehen, dazu ein Obstmesser am Stiel ansetzen und nach unten abziehen. Die Früchte durch den Fleischwolf drehen. Das Feigenmus mit dem Zitronensaft sowie der abgeriebenen Zitronenschale und dem Gelierzucker unter Rühren zum Kochen bringen. 1 Minute sprudelnd kochen lassen. Die Marmelade noch heiß in die vorbereiteten, sterilisierten Gläser füllen.

ANANASKONFITÜRE

(rechts im großen Bild)

*1 kg Ananas-Fruchtfleisch
(entspricht etwa 1,8 kg Frischfrucht)*

Saft von 1 Zitrone

1 kg Zucker, 5 g Zitronensäure

1 Flasche flüssiges Geliermittel

Die im Rezept angegebenen Mengen ergeben etwa 8 Gläser à 1/4 l Inhalt. Die Ananas schälen, jedoch nicht zu großzügig, sondern lieber die im Fruchtfleisch verbliebenen "Augen" mit einem spitzen Obstmesser herausstechen. Den dabei auslaufenden Saft auffangen. Die Frucht vierteln und den Strunk entfernen. 1 kg Fruchtfleisch abwiegen und in kleine Stücke schneiden. Mit Zitronensaft, Zucker und Zitronensäure mischen und 3 bis 4 Stunden durchziehen lassen. Dann die Fruchtmischung unter Rühren zum Kochen bringen. Das flüssige Geliermittel zufügen und 10 Sekunden sprudelnd kochen lassen. Die Konfitüre heiß in die sterilisierten Gläser füllen und verschließen.

Marmeladen und Gelees

KONSERVIERTE FRÜCHTCHEN SELBSTGEMACHT AM BESTEN

Zitrusfrüchte und tropische Exoten eignen sich dafür gleichermaßen gut. Aber es gibt auch unter den Exoten Früchte, die sich ganz besonders gut für Marmeladen eignen. Das sind die Sorten mit sehr ausgeprägtem Geschmack, wie Ananas, Guaven und natürlich Passionsfrüchte. Sie sind auch als würzende Zutat für Marmeladen und Gelees gefragt, die aus Früchten mit geringem Eigengeschmack zubereitet werden.

ORANGENGELEE

1 l frisch gepreßter Orangensaft
(entspricht etwa 15 Orangen, unbehandelt)

1,2 kg Gelierzucker

Die im Rezept angegebenen Mengen ergeben etwa 8 Gläser à 1/4 l Inhalt. 6 Orangen unter heißem Wasser waschen und abbürsten. Dünn abschälen, die Schale in feine Streifen schneiden und 10 Minuten in Wasser kochen, dann abseihen. Den Orangensaft durch ein sehr feines Sieb gießen. In einem entsprechend großen Topf mit dem Gelierzucker erhitzen und 3 Minuten sprudelnd kochen lassen. Abschäumen, wenn nötig, und die Schalenstreifen zugeben. Nochmals 1 Minute kochen. Das Gelee heiß in die sterilisierten Gläser füllen und verschließen (im Bild oben hinten rechts).

LIMETTENGELEE

1/4 l Zitronensaft (entspricht etwa 8 Zitronen)

1/4 l Limettensaft (entspricht etwa 10 Limetten)

3/4 l Wasser, 1,7 kg Zucker

1 Normalflasche flüssiges Geliermittel

Die angegebenen Mengen ergeben 10 bis 12 Gläser à 1/4 l Inhalt. Den frisch gepreßten Zitronen- und Limettensaft durch ein feines Sieb in einen Kochtopf gießen, den Zucker und das Wasser zufügen. Unter Rühren zum Kochen bringen und 1 Minute sprudelnd kochen lassen. Das Geliermittel zugießen und alles nochmals 10 Sekunden kochen lassen. Das Gelee heiß in die sterilisierten Gläser füllen und verschließen (im Bild oben vorne).

Mit Exoten backen

EXOTEN SIND KEIN ERSATZ FÜR HEIMISCHES OBST, SONDERN EINE ECHTE ALTERNATIVE

Mit tropischen Früchten läßt sich hervorragend backen, wenn man damit Füllungen, Cremes, Fruchtpürees oder Beläge für Obsttorten meint. Denn da liegt ihre Stärke, und hier können sie ihr volles Aroma entwickeln. Die meisten dieser Exoten taugen jedoch nicht so recht zum "mitbacken" wie zum Beispiel unsere heimischen Äpfel oder Pflaumen. Ein gutes Beispiel für fruchtige Cremefüllungen und eine gelungene Kombination von tropischem und heimischem Obst ist diese Torte.

SCHOKOLADENTORTE MIT MARACUJA-WALDERDBEER-FÜLLUNG.

Das Fruchtfleisch von 2 Maracujas in einer kleinen Kasserolle mit 45 g Zucker und dem Saft von 1 Limette 2 bis 3 Minuten kochen. Durch ein feines Sieb passieren, damit die Kerne zurückbleiben, und abkühlen lassen. 3 Eigelbe mit 45 g Zucker schaumig rühren. 1/4 l Milch aufkochen, langsam und unter Rühren den Eigelben zusetzen, dann den Maracujasirup unterrühren. Das Ganze nochmals bis kurz vor dem Siedepunkt erhitzen. 4 Blatt Gelatine in kaltem Wasser einweichen, ausdrücken und in der Creme auflösen. In der Zwischenzeit 100 g Walderdbeeren mit 2 EL Zucker und 20 ml Cognac pürieren. 1/4 l Sahne mit 1 EL Zucker steifschlagen und davon 3/4 mit einem Schneebesen unter die abgekühlte Creme ziehen. 1 Schokoladenbiskuitboden von 20 cm Durchmesser wie auf Seite 154 zubereiten und teilen. Den einen mit einem Tortenring umstellen und die Hälfte der Creme einfüllen. Unter die andere Hälfte der Creme die pürierten Walderdbeeren rühren und in einen Spritzbeutel mit großer Lochtülle geben. Die Tülle in die Maracujacreme halten und mit gleichmäßigem Druck die Erdbeercreme in Form von zwei Ringen hineinspritzen. So entsteht eine "Füllung in der Füllung". Mit dem anderen Boden abdecken und die Torte im Kühlschrank erstarren lassen. Mit der restlichen Sahne einstreichen, direkt vom Block Schokolade auf die Torte raspeln und mit Puderzucker besieben. Karambolenscheiben und Walderdbeeren sind eine attraktive Garnitur.

Grundrezept Mürbteig:

Das Mehl auf die Arbeitsfläche sieben und in der Mitte eine Mulde formen. Die weiche Butter, den Puderzucker, das Ei und das Salz hineingeben.

Mit einer Gabel oder den Fingern die Zutaten zerdrük-ken und vermischen. Dabei etwas Mehl einarbeiten.

ZUTATEN FÜR
DAS GRUNDREZEPT
MÜRBTEIG:
430 g Mehl
200 g Butter
100 g Puderzucker
1 Ei, 1/4 TL Salz

Mit einer Palette oder einem großen Messer das Mehl von außen zur Mitte schieben, bis die Zutaten grob vermengt sind.

Palette oder Messer mit beiden Händen fassen und die vermischten Zutaten, ähnlich wie bei Streuseln, zu feinen Krümeln hacken.

Mit den Händen die Krümel rasch zusammenkneten, dabei immer von außen zur Mitte drücken.

Kneten, bis der Teig eine glat-te Oberfläche hat. Keinesfalls länger, weil sonst die Butter zu warm und der Teig dadurch kurz und brüchig wird.

Den Teig in Folie hüllen und 2 bis 3 Stunden im Kühl-schrank lagern, damit er fest wird. So kann er leichter verarbeitet werden.

Auf einer bemehlten Arbeits-fläche den Teig ausrollen und zur gewünschten Form weiterverarbeiten, beispiels-weise zu einem Tortenboden.

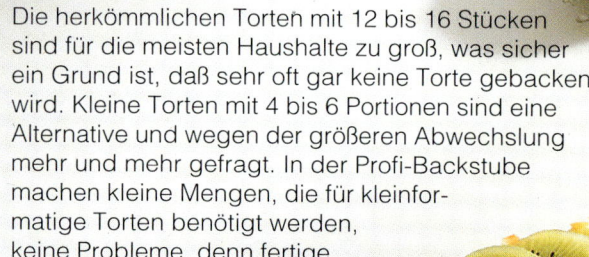

Exoten
auf Mürbteig
MEHR ABWECHSELUNG
DURCH KLEINE TORTEN

Die herkömmlichen Torten mit 12 bis 16 Stücken sind für die meisten Haushalte zu groß, was sicher ein Grund ist, daß sehr oft gar keine Torte gebacken wird. Kleine Torten mit 4 bis 6 Portionen sind eine Alternative und wegen der größeren Abwechslung mehr und mehr gefragt. In der Profi-Backstube machen kleine Mengen, die für kleinfor-matige Torten benötigt werden, keine Probleme, denn fertige Biskuitböden und Mürbteig sind meist vorrätig. Auch im Haushalt läßt sich diese Schwierigkeit meistern, denn sowohl Mürbteig als auch gebackene Biskuitböden lassen sich gut einfrieren und sind dann bei Bedarf schnell zur Hand.

KIWI-TORTE
MIT VANILLECREME

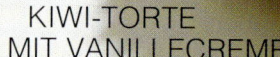

Diese Torte hat auf dem Mürbteigboden keine Biskuit-auflage, ist dafür aber reichlich mit Vanillecreme bestri-chen. Für die Vanillecreme 1/4 l Milch mit 1/2 aufge-schnittenen Vanillestange und 40 g Zucker zum Kochen bringen. 25 g Speisestärke mit 1 Eigelb und 1 EL Milch anrühren und in die kochende Milch gießen. Unter Rühren kräftig aufkochen lassen. Die Vanillestange entfernen und die Creme abkühlen lassen, dabei ab und zu durchrühren. Lauwarm auf 1 Mürbteigboden von 18 cm Durchmesser streichen. 6 Kiwis schälen, in Schei-ben schneiden und überlappend auf die Creme legen. Den Rand mit 50 g gehobelten, gerösteten Mandeln einstreuen. Die Oberfläche kann man zusätzlich mit Tortenguß bestreichen (im Bild zweite von vorne).

PAPAYA-LIMETTEN-TORTE

Limetten geben dem milden Aroma der Papaya einen kräftigeren Geschmack. 1 Mürbteigboden von 18 cm Durchmesser mit 1 EL Johannisbeermarmelade bestreichen. Darauf 1 etwa 1 cm dicken Biskuitboden von 18 cm Durchmesser setzen (wie auf Seite 154 zubereiten) und diesen mit 100 g Vanillecreme (wie für die Kiwi-Torte links zubereiten) bestreichen. 2 Papayas (700 g Bruttogewicht) schälen, die Kerne entfernen und das Fruchtfleisch in Würfel schneiden. 1 unbehandelte Limette in ganz dünne Spalten schneiden und in 1/8 l Wasser mit 60 g Zucker weichkochen, wie in der Bildfolge rechts beschrieben. Aus der Flüssigkeit nehmen und mit den Papayawürfeln auf der Torte verteilen. Die Kochflüssigkeit der Limetten mit Wasser auf 1/8 l auffüllen und mit 1/2 Päckchen Tortenguß aufkochen. Damit die Oberfläche abglänzen. Den Rand mit 50 g gehobelten, gerösteten Mandeln einstreuen (im Bild ganz hinten).

Limetten einkochen. Die Limette in dünne Spalten schneiden. Mit Wasser und Zucker so lange kochen, bis die Schale weich ist. Abseihen und den Sud für den Tortenguß verwenden.

OBSTTORTE MIT MANGOS UND WALDERDBEEREN

Nur reife, aber noch schnittfeste Mangos verwenden. 1 Mürbteigboden von 20 cm Durchmesser mit 1 EL Erdbeermarmelade bestreichen. Darauf 1 etwa 1 cm dicken Biskuitboden von 20 cm Durchmesser legen (wie auf Seite 154 zubereiten) und mit 150 g Vanillecreme (wie für die Kiwi-Torte links zubereiten) bestreichen. 2 Mangos (à etwa 400 g) von Schale und Kern befreien und das Fruchtfleisch in Spalten schneiden. Fächerförmig auf der Creme anrichten, in die Mitte einige Walderdbeeren geben und den Rand mit 50 g gehobelten, gerösteten Mandeln einstreuen. Wenn die Torte nicht sofort serviert wird, kann man die Oberfläche mit Tortenguß isolieren (dritte von vorne).

GEMISCHTE-EXOTEN-TORTE

Den Belag für diese Torte bestimmt das Marktangebot, aber die Auswahl sollte trotzdem geschmacklich und farblich harmonieren. Bei dieser Torte sind es: Mango, Kiwi, Tamarillo, Physalis, Karambole, Apfelbanane und Feige. 1 Mürbteigboden von 20 cm Durchmesser mit 1 EL Orangenmarmelade bestreichen. Darauf 1 etwa 1 cm dicken Biskuitboden von 20 cm Durchmesser (wie auf Seite 154 zubereiten) setzen und mit 150 g Vanillecreme (wie für die Kiwi-Torte links zubereiten) bestreichen. 500 g tropische Früchte ornamental (wie hier im Bild ganz vorne) oder bunt gemischt auf der Oberfläche arrangieren. Will man die Torte über Stunden frisch halten, die Oberfläche mit Tortenguß isolieren. Den Rand mit 50 g gehobelten, gerösteten Mandeln einstreuen.

Experimente mit tropischen Früchten bieten sich bei diesen kleinen Torten geradezu an, auch wenn der Tortenboden aus Mürbteig derselbe bleibt. Als Variation kann man Schokoladen-, Mandel- oder Nußbiskuits als Zwischenlage verwenden, sie mit Alkoholikas parfümieren und die verschiedensten Nüsse zum Einstreuen des Randes verwenden.

ZITRONEN-TORTE

Die französische "Tarte au citron" wird meist mit einer feinen Eiercreme mit reichlich Butter zubereitet. Diese Zitronentorte ist wesentlich leichter und luftiger, aber deswegen nicht minder schmackhaft.

Für den Mürbteig:
220 g Mehl, 110 g Butter
50 g Puderzucker, 1 Msp. Salz, 1 Eigelb
Für die Zitronencreme:
1/4 l Milch, 30 g Zucker, 30 g Speisestärke
3 Eigelb, 1 unbehandelte Zitrone
Für die Baisermasse:
200 g Zucker, 4 Eiweiß
Puderzucker zum Besieben

Die angegebenen Mengen sind für eine Kuchen- oder Springform von 26 cm Durchmesser berechnet und ergeben 12 bis 14 Portionen. Aus den Zutaten einen Mürbteig, wie auf Seite 142 beschrieben, zubereiten. Den Teig gleichmäßig dick auf einer bemehlten Arbeitsfläche ausrollen und nach der rechts gezeigten Methode die Kuchenform auslegen. Bei 190°C etwa 15 Minuten blindbacken. Blindbacken ist der Fachausdruck dafür, ein Gebäck ohne Füllung beziehungsweise mit einer "Ersatzfüllung" zu backen. Nach dem Backen die Hülsenfrüchte und das Papier entfernen und den Boden in weiteren 10 bis 15 Minuten bei gleicher Temperatur hellbraun backen. Für die Creme die Milch mit dem Zucker zum Kochen bringen. Die Speisestärke mit den Eigelben und 1 EL Milch verrühren und in die kochende Milch gießen. Unter Rühren kräftig durchkochen, bis die Creme gebunden ist. Vom Herd nehmen und das Abgeriebene und den Saft der Zitrone unterrühren. Parallel zur Zubereitung der Creme die Eiweiße steifschlagen, dabei den Zucker langsam einrieseln lassen. Weiterschlagen, bis der Eischnee schnittfest ist. Die Hälfte der Baisermasse unter die heiße Zitronencreme ziehen, diese sofort in den Mürbteigboden füllen und die Oberfläche glattstreichen. Die andere Hälfte in einen Spritzbeutel mit Sterntülle Nr. 9 füllen und die Kuchenoberfläche garnieren. Mit Puderzucker besieben und unter starker Oberhitze oder unter dem Grill leicht bräunen.

Erfrischend säuerlich

AROMATISCHE TORTEN MIT
LEICHTEN CREMES AUS ZITRONEN

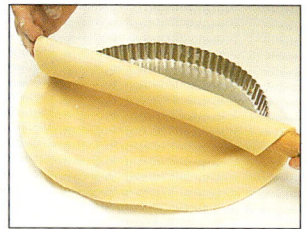

Blindbacken:

Die Form wird mit dem gleichmäßig ausgerollten Teig ausgelegt.

Aus Teigresten eine Kugel formen und damit den Teig vorsichtig an den Rand andrücken und überstehenden Teig abschneiden.

Mit Pergamentpapier auslegen und mit Hülsenfrüchten füllen, damit beim Backen die Teigränder nicht abrutschen.

Durch das Pergamentpapier lassen sich die Hülsenfrüchte nach dem Backen leicht entfernen.

BERGAMOTTE-JOGHURT-TORTE

Bergamotte, eine Zitrussorte, ist nicht sehr häufig am Markt, aber von besonderem Aroma. Das Rezept kann ohne weitere Änderungen auch mit Mandarinen zubereitet werden.

Für den Mürbteig:
220 g Mehl, 110 g Butter, 50 g Puderzucker
1 Msp. Salz, 1 Eigelb
Für die Creme:
140 g Zucker
Abgeriebenes und Saft (mindestens 1/8 l) von 3 Bergamotte-Zitronen
Saft von 2 Limetten, 3 Eigelb
6 Blatt Gelatine, 500 g Joghurt, 1/4 l Sahne
Kakaopulver zum Besieben
Für die Garnitur:
1/4 l Sahne, 1 EL Zucker, 2 Bergamotte-Zitronen

Die angegebenen Mengen sind für eine Form von 26 cm Durchmesser berechnet und ergeben 14 Portionen. Aus den Zutaten einen Mürbteig wie auf Seite 142 zubereiten, einen Mürbteigboden mit Rand herstellen und blindbacken, wie links beschrieben. Für die Creme die Zitronen unter heißem Wasser abbürsten, abtrocknen und mit einer feinen Reibe nur die äußere gelbe Schale

abreiben. Wie in der Bildfolge unten beschrieben, die Creme zubereiten und in den vorgebackenen Boden füllen. Die Oberfläche glattstreichen und die Torte im Kühlschrank erstarren lassen. Mit Kakaopulver besieben und 14 Stücke markieren. Für die Garnitur die Sahne mit dem Zucker steifschlagen und in einen Spritzbeutel mit Sterntülle Nr. 11 füllen. Auf jedes Stück eine Rosette spritzen. Die Bergamotte-Zitronen schälen, mit einem scharfen Messer 14 Filets herausschneiden und auf die Sahne-Rosetten legen.

Den Zucker mit dem Abgeriebenem und dem Saft der Zitronen sowie dem Limettensaft vermischen. Die Eigelbe zusetzen.

Die Mischung unter Rühren bis kurz vor den Siedepunkt erhitzen. Die Hitze abschalten und die eingeweichte Gelatine darin auflösen.

Etwas abkühlen lassen und mit dem Joghurt verrühren. Dann die steifgeschlagene Sahne unterziehen.

Feine Cremes

UND MÜRBTEIGBÖDEN
ALS KNUSPRIGER KONTRAST

ORANGENCREME-TORTE
MIT MARACUJAGELEE

Für das Maracujagelee:
2 Maracujas (360 g Bruttogewicht ergibt etwa 160 g Fruchtfleisch)
150 g Zucker, 1/8 l trockener Weißwein
6 Blatt Gelatine
Für die Orangencreme:
1/8 l frisch gepreßter Orangensaft, 1 EL Zitronensaft
100 g Zucker, 2 Eigelb, 6 Blatt Gelatine
3/8 l Sahne
Für den Mürbteigboden:
220 g Mehl, 110 g Butter
50 g Puderzucker, 1 Eigelb, 1 Msp. Salz
60 g gehobelte, geröstete Mandeln zum Garnieren

**Die Orangencreme-
Torte zubereiten:**

Die Maracujas hal-
bieren, das Frucht-
fleisch auslösen und
mit dem Zucker und
dem Wein in eine
Kasserolle geben.

Die Mischung kochen,
sich am Topfrand ab-
setzende Kristalle mit
Pinsel und Wasser
abwaschen. Anschlie-
ßend durch ein feines
Sieb passieren.

Den etwas abgekühl-
ten Sirup in die Form
gießen und erstarren
lassen. Darauf die
Orangencreme füllen
und den Mürbteig-
boden auflegen.

Vor dem Stürzen die
Form bis zum oberen
Rand kurz in heißes
Wasser tauchen, dann
die Torte auf eine Tor-
tenplatte stürzen.

Die Mengen sind für eine Form von 24 cm Durchmesser
berechnet. Für das Gelee das Fruchtfleisch mit Zucker
und Wein langsam zum Kochen bringen. Auftretenden
Schaum mit einem Löffel abnehmen. 4 bis 5 Minuten
kochen lassen, vom Herd nehmen und die eingeweichte und ausgedrückte Gelatine darin auflösen. Das Gelee durch ein Sieb passieren, in die Kuchenform gießen
und etwas abkühlen lassen. Für die Creme den Oran-
gen- und Zitronensaft mit dem Zucker und den Eigelben
in einer Kasserolle bis kurz vor den Siedepunkt erhitzen.
Vom Herd nehmen, die Gelatine darin auflösen und die
Creme abkühlen lassen. Kurz vor dem Erstarren die
steifgeschlagene Sahne unterrühren, auf das erstarrte
Gelee geben und glattstreichen. Aus den Zutaten einen
Mürbteigboden von 24 cm Durchmesser zubereiten wie
auf Seite 142. Damit die Orangencreme belegen. Im
Kühlschrank fest werden lassen und stürzen. Den Ku-
chenrand mit den Mandeln einstreuen.

MANGO-TORTE

Knuspriger Mürbteigboden mit Rand ist das ideale Behältnis für Mangokompott. Wird die Torte nicht binnen weniger Stunden serviert, sollte man den gebackenen Boden, wie ganz rechts beschrieben, mit Schokolade "isolieren", damit er nicht durchweicht.

Für den Mürbteigboden:
220 g Mehl, 110 g Butter
50 g Puderzucker, 1 Eigelb, 1 Msp. Salz
Für den Belag:
500 g vollreifes Mango-Fruchtfleisch (etwa 700 g Bruttogewicht)
50 g Zucker, Saft von 1 Limette, 3 Blatt Gelatine
Für die Creme:
120 g Erdbeeren, 50 g Zucker, Saft von 1 Limette
5 Blatt Gelatine, 3/8 l Sahne, 2 EL Zucker
bittere Kuvertüre zum Garnieren
Puderzucker zum Besieben

Aus den Zutaten einen Mürbteigboden mit Rand von 26 cm Durchmesser wie auf Seite 144 zubereiten. Das Mango-Fruchtfleisch in Würfel schneiden (einige Würfel zum Garnieren beiseite legen). Mit dem Zucker und dem Limettensaft in eine Schüssel geben und 1 bis 2 Stunden durchziehen lassen. Den Limettensaft sollte man nur zusetzen, wenn die Mangos nicht selbst genügend Säure haben. Die Gelatine in kaltem Wasser einweichen, nach 10 Minuten ausdrücken und auflösen. Unter das Mangokompott rühren, in den Mürbteigboden füllen und glattstreichen. Im Kühlschrank erstarren lassen. Für die Creme die gewaschenen und verlesenen Erdbeeren pürieren, mit dem Zucker und dem Limettensaft verrühren und etwas erwärmen. Die Gelatine in kaltem Wasser einweichen, ausdrücken und auflösen. Unter die Erdbeermischung rühren. Die Sahne mit 2 EL Zucker steifschlagen. Für die Garnitur etwa 1/3 von der Sahne zurückbehalten, die übrigen 2/3 unter die Erdbeercreme ziehen. Die Creme kuppelförmig auf die Mangos streichen. Mit einem Messer direkt über der Torte von der Kuvertüre Raspeln abziehen. Man kann dafür auch eine Rohkostreibe verwenden. Die zurückbehaltene Sahne in einen Spritzbeutel mit Lochtülle Nr. 9 füllen und Kringel auf jedes Tortenstück spritzen. Jeweils mit einem Mangostückchen garnieren.

PAPAYA-TORTE

Reife Papayas haben zwar ein angenehm fruchtiges Aroma, besitzen aber keine Fruchtsäure. Deswegen lassen sie sich besonders gut mit Zitrusfrüchten und Maracujas kombinieren.

Für den Mürbteigboden:
220 g Mehl, 110 g Butter
50 g Puderzucker, 1 Eigelb, 1 Msp. Salz
80 g bittere Kuvertüre zum Ausstreichen
Außerdem:
3 Papayas (à etwa 350 g Bruttogewicht)
Für die Creme:
1 Maracuja (etwa 80 g Fruchtfleisch)
Saft von 2 Limetten, 100 g Zucker
6 EL Weißwein, 3 Eigelb
5 Blatt Gelatine, 1/4 l Sahne
Für die Garnitur:
1/4 l Sahne, 1 EL Zucker
Kuvertüre für ein Schokoladen-Gitter

Die angegebenen Mengen sind für eine Form von 26 cm Durchmesser berechnet. Aus den Zutaten einen Mürbteigboden mit Rand wie auf Seite 144 zubereiten. Den Mürbteigboden mit der aufgelösten Kuvertüre ausstreichen (siehe rechts). Die Papayas schälen, die Kerne entfernen und das Fruchtfleisch längs in dicke Spalten schneiden. Kranzförmig in die Form legen und gut kühlen. Für die Creme das Maracuja-Fruchtfleisch mit dem Limettensaft und Zucker einmal aufkochen, dann durch ein feines Sieb in eine Kasserolle passieren. Den Weißwein und die Eigelbe zusetzen und unter Rühren wieder bis kurz vor dem Siedepunkt erhitzen. Sofort vom Herd nehmen und die in kaltem Wasser eingeweichte und ausgedrückte Gelatine darin auflösen. Die Mischung abkühlen lassen. Die Sahne steifschlagen und unter die fast kalte Mischung rühren. Die Creme sofort über die Papayas geben, die Oberfläche glattstreichen und die Torte im Kühlschrank erstarren lassen. Für die Garnitur die Sahne mit dem Zucker steifschlagen, jedes Stück einzeln garnieren und mit einem Schokoladen-Gitter belegen. Dafür wird temperierte Kuvertüre in eine Pergamenttüte gefüllt und auf Pergamentpapier ein Gitter in der Größe der Torte gespritzt. Mit einem heißen Messer dann das Gitter in Stücke teilen.

Den Mürbteigboden sehr dünn mit der Kuvertüre ausstreichen. Die Papayaspalten kranzförmig einlegen und mit der Creme auffüllen.

MIT EXOTEN BACKEN

TAMARILLO-TÖRTCHEN
MIT VANILLECREME UND BAISERHAUBE

500 g Tamarillos (etwa 5 Stück)
Saft von 2 Orangen, 60 g Zucker
6 Mürbteigtortelettes (à 10 cm Durchmesser)
Für die Creme:
1/4 l Milch, 60 g Zucker
1/2 Vanilleschote, 2 Eigelb
20 g Speisestärke, 2 Eiweiß
Für die Baiserhaube:
3 Eiweiß, 100 g Zucker

BAISER-TÖRTCHEN
MIT SAPODILLAKOMPOTT

Für 6 Portionen
Für die Baisermasse:
1/8 l Eiweiß (von etwa 4 Eiern)
150 g Zucker, 20 g Speisestärke
50 g Puderzucker
Für die Füllung:
500 g reife Sapodillas oder Sapoten
Saft von 2 unbehandelten Orangen
Saft von 1 Zitrone
80 g Zucker, 3/8 l Sahne
3 EL Zucker, 20 ml Rum
bittere Schokolade oder Kuvertüre

EXOTEN AUSGEBACKEN. Aus 150 g Mehl, 2 Eigelben, 1/8 l Weißwein, 1 EL Öl und Salz einen glatten Teig rühren und 20 Minuten ausquellen lassen. 2 Eiweiße mit 30 g Zucker zu Schnee schlagen und unter den Teig ziehen. Scheiben von Karambolen und Babaco eintauchen und in heißem Fett ausbacken. Mit Puderzucker besieben und mit Himbeersauce servieren.

Die Tamarillos schälen und in Scheiben schneiden. Den Orangensaft mit dem Zucker aufkochen, die Tamarilloscheiben einlegen, einmal aufkochen und im Orangensaft erkalten lassen. In den Mürbteigtortelettes verteilen. Für die Creme die Milch mit 20 g Zucker und der längs halbierten Vanilleschote aufkochen, die Schote dann herausnehmen und das Vanillemark herauskratzen. Die Eigelbe mit der Speisestärke und 1 EL von der Milch verrühren und die Mischung unter die kochende Milch gießen. Aufkochen lassen. Parallel dazu die Eiweiße mit dem restlichen Zucker zu schnittfestem Eischnee schlagen und diesen mit einem Schneebesen unter die kochende Creme rühren. Mit Hilfe eines Spritzbeutels auf die Tamarillo-Törtchen spritzen oder mit einem Löffel darauf verteilen. Für die Baiserhaube die Eiweiße steifschlagen und den Zucker langsam einrieseln lassen. Weiterschlagen, bis schnittfester Eischnee entstanden ist. In einen Spritzbeutel mit Sterntülle Nr. 11 füllen und eine Rosette über die Törtchen spritzen. Unter dem Grill oder im vorgeheizten Ofen bei Oberhitze hellbraun überbacken.

Die Eiweiße zu Schnee schlagen und den Zucker langsam einrieseln lassen. Weiterschlagen, bis er vollständig aufgelöst ist. Die Speisestärke mit dem Puderzucker vermischen und unter den Schnee ziehen. In einen Spritzbeutel mit Lochtülle Nr. 6 füllen und Spiralen von 10 cm Durchmesser auf ein mit Pergament ausgelegtes Backblech spritzen und jeweils mit einem Tupfenrand versehen. Bei 100°C 2 Stunden backen, dann die Hitze auf 50°C reduzieren und die Törtchen über Nacht im Backofen trocknen lassen. Die Backofentür sollte dabei einen Spalt offen bleiben. Für die Füllung die Sapodillas schälen, die Kerne entfernen und das Fruchtfleisch in Würfel schneiden. Von den gut gewaschenen Orangen die Schale mit einem Zesteur abschneiden. Den Saft der Orangen und der Zitrone mit 80 g Zucker aufkochen. Die Fruchtstücke einlegen und 2 bis 3 Minuten kochen. Erkalten lassen und auf die Baisertörtchen verteilen. Die Sahne mit 3 EL Zucker steifschlagen, in einen Spritzbeutel mit Lochtülle füllen und eine Spirale über die Früchte spritzen. Mit den Orangenstreifen bestreuen und mit einem Messer Schokolade vom Block direkt über die Törtchen schaben.

Brandmasse ganz tropisch gefüllt

FRÜCHTE GEBEN SAHNE-WINDBEUTELN EIN NEUES, EXOTISCHES FLAIR

Ob normal große oder ganz kleine Windbeutel, soge-nannte Profiteroles, sie sind immer eine luftige Delika-tesse, wenn sie mit Schlagsahne kombiniert werden. Mit einer zusätzlichen Füllung von Früchten, insbe-sondere von tropischen Früchten, lassen sich höchst interessante Geschmackskombinationen erzielen. Man kann die Früchte frisch, in Form von Kompott oder als Püree verwenden.

WINDBEUTEL MIT MANGO UND CURUBA
Für den Teig:
Für 16 bis 18 Windbeutel
1/4 l Wasser, 100 g Butter, 1/4 TL Salz
250 g Mehl, 5 bis 6 Eier
Für die Füllung:
Für 4 Windbeutel
1 Mango (etwa 600 g), 2 Curubas
Saft von 1 Limette, 3 EL Weißwein
50 g Zucker, 1/4 l Sahne, 1 EL Zucker
Puderzucker zum Besieben

Für die Brandmasse in einer entsprechend großen Kasserolle das Wasser mit der Butter und dem Salz aufkochen. Das Mehl auf einmal hineinschütten und mit einem Kochlöffel so lange rühren, bis sich ein Kloß gebildet hat und eine weiße Haut den Topfboden über-zieht. Jetzt ist die Masse "abgebrannt", daher auch der Name. Etwas abkühlen lassen und in eine Schüssel umfüllen, bevor die Eier nach und nach untergerührt werden. Die Masse hat die richtige Konsistenz, um spritzfähig zu sein, wenn sie geschmeidig weich ist und glänzt. Mit etwas Abstand (weil sie so stark aufgehen) auf ein mit Wasser benetztes Backblech spritzen (Stern-tülle Nr. 10) und bei 220°C im vorgeheizten Backofen schön knusprig braun backen. Die frisch gebackenen Windbeutel lassen sich gut einfrieren und bei Bedarf im gefrorenen Zustand im vorgeheizten Backofen bei 220°C schnell aufbacken. Für die Füllung das Mango-Frucht-fleisch in Würfel schneiden. Die Curubas halbieren und mit einem Löffel das Fruchtfleisch herausnehmen. In einer entsprechend großen Kasserolle den Limettensaft und den Weißwein mit 50 g Zucker einmal aufkochen. Die Früchte zugeben und nochmals kurz aufkochen, dann erkalten lassen. Die Sahne mit dem restlichen Zucker steifschlagen und übereinander in zwei Ringen auf das untere Teil der Windbeutel spritzen (Sterntülle Nr. 10). Die Früchte einfüllen, das obere Teil der Wind-beutel daraufsetzen und mit Puderzucker besieben.

Windbeutel lassen sich ganz einfach zu einem feinen, kleinen Dessert umwandeln. Brandmas-se wie im nebenstehen-den Rezept zubereiten und davon Profiteroles (kleine Windbeutel) spritzen. Die in diesem Rezept angegebenen Mengen ergeben etwa 50 Stück. Dann mit Sahne und Früchten füllen und zusätzlich noch mit Sauce begießen, zu dieser Mango-Curuba-Füllung zum Beispiel Schokoladen- oder Himbeersauce.

Luftiger Biskuit

MIT EINER FÜLLE TROPISCHER FRÜCHTE

Dieser leichteste aller Teige verträgt sich natürlich besonders gut mit zarten Cremes. Diese wiederum werden auf ideale Weise durch das Aroma tropischer Früchte ergänzt.

BISKUIT-OMELETTES

Wegen ihrer luftigen Konsistenz lassen sich diese Omelettes mit allen möglichen leichten Cremes füllen, aber ebenso mit Früchten oder Eiscreme. Sie lassen sich auch auf Vorrat herstellen, denn man kann sie problemlos einfrieren und, in Folie gewickelt, halten sie auch einige Tage bei Raumtemperatur.

Die Biskuitmasse auf ein mit Pergamentpapier ausgelegtes Backblech spritzen. Bei 220°C nach Sicht (8 bis 10 Minuten) backen. Nach dem Backen stürzen und das Papier abziehen.

5 Eigelb
100 g Zucker
1 Msp. Salz
Abgeriebenes von 1/2 unbehandelten Zitrone
80 g Mehl
30 g Speisestärke
30 g lauwarme Butter

Die angegebenen Mengen ergeben etwa 12 Omelettes. Den Teig zubereiten, wie in der Bildfolge auf der rechten Seite beschrieben wird. Dann kleine, runde Biskuitomelettes mit einem Durchmesser von 10 bis 12 cm herstellen, wie links gezeigt, und wahlweise mit den verschiedenen Füllungen kombinieren.

GEMISCHTE FRÜCHTE MIT SAHNE

(im Bild rechts ganz hinten)

etwa 250 g geschälte Früchte, zum Beispiel: 1 Kiwi, 1 Pitahaya, 1 kleine Papaya
1 EL Puderzucker
20 ml brauner Rum
1/4 l Sahne, 1 EL Zucker
Puderzucker zum Besieben

Ausreichend für 4 Omelettes. Die Früchte schälen, die Kerne der Papaya entfernen und das Fruchtfleisch in Scheiben schneiden. In eine entsprechend große Schüssel legen, mit dem Puderzucker bestreuen und mit dem Rum beträufeln. Eine Stunde zugedeckt ziehen lassen. Auf die 4 Omelettes verteilen, eventuell einige Früchte zum Garnieren zurückbehalten. Die Sahne mit dem Zucker steifschlagen, eine Omelettehälfte damit bespritzen und die andere Hälfte darüberklappen. Mit Puderzucker besieben.

TAMARILLOSAHNE

(im Bild vorne)

2 EL Tamarillopüree, 1 EL Limettensaft
1 EL Orangenlikör, 1/4 l Sahne
Puderzucker zum Besieben

Das Tamarillopüree zubereiten wie auf Seite 155 und mit Limettensaft und Likör verrühren. Mit einem Schneebesen unter die steifgeschlagene Sahne ziehen und nach Bedarf mit Puderzucker nachsüßen. Die Sahne in einen Spritzbeutel mit Lochtülle Nr. 10 füllen, Omelettes zur Hälfte bespritzen und die andere Hälfte darüberklappen. Mit Puderzucker besieben.

chen Biskuitrezepten) bei diesem Rezept die Eigelbmasse vorsichtig unter den Eischnee gehoben. Dann das mit Speisestärke vermischte Mehl darübersieben und unterheben (siehe die ersten beiden Phasen unten). Den Teig auf das mit Pergamentpapier ausgelegte Backblech fließen lassen, gleichmäßig aufstreichen - am einfachsten geht es mit einer Winkelpalette. Sofort in dem auf 230 bis 240°C vorgeheizten Backofen in 8 bis 10 Minuten hellbraun backen. Wie immer bei Angaben von Backzeit, bei der Roulade aber im besonderen, ist es angebracht, den Zustand schon vor Ablauf der Backzeit zu prüfen, denn die Roulade reagiert sofort auf zu langes Backen. Sie läßt sich dann nicht mehr rollen, sondern bricht in Stücke. Nach dem Backen am Papierrand fassen und sofort vom Blech nehmen. Auf ein leicht angefeuchtetes Tuch stürzen und abkühlen lassen (siehe die unteren Phasen).

FRUCHT-SAHNECREME

Die Mischung gibt der Sahnecreme ihr unglaublich "tropisches Aroma". Die richtige Kombination im ausgewogenen Verhältnis garantiert den feinen Geschmack, da keine Frucht dominiert.

| 2 unbehandelte Orangen, 1 Limette, 2 Maracujas |
| 120 g Zucker, 5 Blatt Gelatine, 20 ml brauner Rum |
| 3/8 l Sahne |

1 Orange unter heißem Wasser abbürsten und mit einer feinen Reibe die äußere Schale abreiben. Diese mit dem Orangen- und Limettensaft sowie dem Fruchtfleisch der Maracujas in eine Kasserolle geben. Mit dem Zucker aufkochen und 3 bis 4 Minuten weiterkochen. Durch ein feines Sieb passieren. Darin die eingeweichte und kräftig ausgedrückte Gelatine auflösen und den Rum zugeben. Abkühlen lassen und die geschlagene Sahne mit dem Schneebesen unterrühren. Von der Roulade das Papier abziehen und die Creme gleichmäßig stark aufstreichen. Leicht fest werden lassen, dann von der Längsseite her aufrollen. Will man kleine Rouladenstücke wie im Bild, die bestrichene Roulade quer teilen und die beiden Hälften ebenfalls längs aufrollen. Mit dem Puderzucker besieben und mit einem glühenden Draht oder einer Gabel Linien einbrennen.

BISKUIT FÜR EINE ROULADE

| 6 Eigelb, 80 g Zucker, 1 Msp. Salz |
| 1/2 TL abgeriebene Zitronenschale, 4 Eiweiß |
| 70 g Mehl, 20 g Speisestärke |

Die angegebenen Mengen sind für ein Blech von 36 auf 42 cm Größe berechnet. Die Eigelbe mit etwa 1/4 des Zuckers, dem Salz und der abgeriebenen Zitronenschale schaumig rühren. Die Eiweiße steifschlagen und den restlichen Zucker einrieseln lassen. Weiterschlagen, bis der Schnee absolut schnittfest ist. Damit der Teig voluminös bleibt, wird (im Gegensatz zu den übli-

Die schaumig geschlagenen Eigelbe unter den Eischnee ziehen, die Mehl-Stärke-Mischung darübersieben und vorsichtig unterziehen.

Gleichmäßig auf ein mit Pergament ausgelegtes Backblech streichen. Die Roulade nach dem Backen stürzen und das Papier abziehen.

Fruchtig aufgerollt

KLEINE FRUCHTSTÜCKCHEN IN LEICHTER SAHNECREME

BISKUIT-ROULADE MIT ANANASCREME

Das feine Ananasaroma erhält die Creme durch den konzentrierten Saft. Zusätzlich kann man über der Creme kleine Stücke von frischer, reifer Ananas verteilen und mit aufrollen. Der Ananasgeschmack kommt dann noch besser zur Geltung, allerdings läßt sich die Roulade nicht so gut schneiden.

eine Biskuitroulade
(wie im nebenstehenden Rezept)
Für die Creme:
1/4 l frischer Ananassaft
Saft und abgeriebene Schale von 1 unbehandelten Zitrone
100 g Zucker, 2 Eigelb
6 Blatt Gelatine, 1/2 l Sahne
Puderzucker zum Besieben

Aus dem frisch gepreßten Ananassaft (von einer mindestens 1 kg schweren, reifen Ananas) und allen anderen Zutaten eine Creme zubereiten, wie in der Bildfolge unten gezeigt. Dabei ist wichtig, die Grundcreme so weit abkühlen zu lassen, daß sich weder die frische, geschlagene Sahne beim Unterrühren verflüssigt, noch daß die Gelatine bereits bindet. Ist die Grundcreme zu warm, würde die Sahne flüssig werden. Nach dem Aufstreichen auf den Biskuit die Creme etwas fest werden lassen und dann erst aufrollen. Die fertige Biskuitrolle mit Puderzucker besieben und in Scheiben schneiden.

Die Ananascreme zubereiten:

Den Ananas- und Zitronensaft mit dem Zucker bis etwa zur Hälfte einkochen. Mit einer Reibe oder einem Zesteur die Zitronenschale abreiben bzw. abschälen und dazugeben.

Die Eigelbe unter den etwas abgekühlten Saft mischen. Unter Rühren bis kurz vor dem Siedepunkt erhitzen, bzw. bis die Creme dickflüssig wird.

Die Gelatine zugeben. Sie wird vorher in kaltem Wasser eingeweicht, nach etwa 5 Minuten gut ausgedrückt und dann unter die noch heiße Creme gerührt.

Die geschlagene Sahne unterrühren. Die Creme muß dazu so weit abgekühlt sein, daß die Sahne nicht wieder flüssig wird. Die fertige Creme sofort auf den Biskuit streichen.

KÄSECREME-ROULADE
MIT FRISCHER MANGO

Mangofrüchte mit faserigem Fruchtfleisch sind dafür weniger geeignet, weil sich die Roulade dann nicht so leicht und exakt aufschneiden läßt.

2 reife Mangos (à 450 g)
Für die Biskuitroulade:
6 Eigelb, 80 g Zucker, 1 Msp. Salz
1/2 TL abgeriebene Zitronenschale, 4 Eiweiß
70 g Mehl, 20 g Speisestärke
Für die Creme:
250 g trockener Quark (z.B. Schichtkäse)
2 Eigelb, 100 g Zucker, 1/8 l Milch
abgeriebene Schale von 1/2 unbehandelten Zitrone
5 Blatt Gelatine, 1/4 l Sahne
Puderzucker zum Besieben

Die Mangos schälen, den Kern entfernen und das Fruchtfleisch in Streifen schneiden. Eine Biskuitroulade herstellen, wie auf Seite 151 beschrieben. Für die Creme den Quark, wenn nötig, ablaufen lassen und durch ein feines Sieb streichen. Beiseite stellen. Die Eigelbe, den Zucker, die Milch und die abgeriebene Zitronenschale in einer entsprechend großen Stielkasserolle unter ständigem Rühren bis kurz vor dem Siedepunkt erhitzen, bis die Creme dickflüssig wird; die Profis nennen das "bis zur Rose abziehen". Die eingeweichten und wieder ausgedrückten Gelatineblätter darin auflösen und die Creme abkühlen lassen, bis sie lauwarm ist. In eine Schüssel umfüllen und den Quark darunterziehen. Die Creme soll nun so weit abgekühlt sein, daß man die steifgeschlagene Sahne mühelos unterziehen kann, ohne daß aber die Gelatine schon bindet. Die Creme gleichmäßig auf den Biskuit aufstreichen, sogleich die Mangostreifen in Längsrichtung darauflegen und etwas eindrücken. Die Creme fest werden lassen, dann erst den Biskuit aufrollen. Die fertige Roulade mit Puderzucker besieben.

BISKUIT-ROULADE
MIT FRISCHER PAPAYA

Das milde Aroma der Papaya wird durch den Geschmack der frischen Himbeeren bestens ergänzt. Auch vollreife Erdbeeren lassen sich sehr gut mit Papayas kombinieren.

eine Biskuitroulade (wie im nebenstehenden Rezept)
2 reife Papayas (à 400 g)
1 EL Puderzucker
1 EL echter brauner Rum
Für die Creme:
150 g frische Himbeeren
2 Eigelb, 90 g Zucker
1 EL Zitronensaft
4 EL Rotwein
6 Blatt Gelatine
1/2 l Sahne
Puderzucker zum Besieben

Die Papayas schälen, halbieren und die Kerne mit einem Löffel entfernen. Das Fruchtfleisch in dünne Spalten schneiden und in eine Schüssel legen. Mit dem Puderzucker besieben und mit dem Rum beträufeln. Zugedeckt und gut gekühlt etwa 30 Minuten durchziehen lassen. Für die Creme die Himbeeren in einem Mixer pürieren und durch ein Sieb streichen. Zusammen mit den Eigelben, dem Zucker, dem Zitronensaft und dem Rotwein in eine entsprechend große Kasserolle geben und unter Rühren bis kurz vor dem Siedepunkt erhitzen. Die Flüssigkeit soll dadurch etwas gebunden werden. Die eingeweichte und wieder ausgedrückte Gelatine darin auflösen, abkühlen lassen und alles in eine große Schüssel umfüllen. Die Sahne steifschlagen und mit dem Schneebesen unterrühren. Die Creme auf den Biskuit streichen und die Papayastreifen längs darauf verteilen, etwas eindrücken. Den Biskuit erst aufrollen, wenn die Sahnecreme deutlich fester geworden ist. Die fertige Roulade mit Puderzucker besieben.

"Bis zur Rose abziehen" - so bezeichnen die Fachleute das Erhitzen der Grundcreme aus Flüssigkeit, Zucker und Eigelb, bis sie merklich dickflüssiger wird. Hebt man einen Kochlöffel mit etwas Creme heraus, bleibt sie leicht angedickt darauf liegen und bildet beim Daraufblasen Kringel, die an die Form einer Rose erinnern.

Große und kleine Torten

EXOTISCHE FÜLLUNGEN
ZWISCHEN BISKUITBÖDEN

BISKUITMASSE

Von Fachleuten wird diese Methode, bei der die Eier nicht in Eiweiß und Eigelb getrennt werden, "Wiener Masse" genannt. Sie liefert auf natürliche Weise ohne chemische Treibmittel eine gleichmäßige Porung und eine relativ feine Struktur. Das folgende Rezept ist ausreichend für eine Form von 26 cm Durchmesser oder 2 Formen à 20 cm Durchmesser. Die Backzeit beträgt 30 bis 35 Minuten bei etwa 190°C. Biskuitböden lassen sich auch bestens einfrieren oder, in Folie eingeschlagen, im Kühlschrank über einige Tage frisch und geschmeidig halten.

| 5 Eier, 2 Eigelb, 150 g Zucker |
| 1/2 TL abgeriebene Zitronenschale |
| 150 g Mehl, 30 g Speisestärke |
| 90 g warme Butter |

Aus diesen Zutaten eine Biskuitmasse herstellen, wie im folgenden beschrieben:

Mit Ringen geht es leichter als mit einer Springform. Es gibt sie in allen Größen. Anstelle eines festen Bodens werden sie nur in Papier eingeschlagen. Das läßt sich nach dem Backen mühelos abziehen. Den Boden mit einem Messer aus dem Ring schneiden.

"Wiener Masse", eine Grundbiskuitmasse:

Im Wasserbad Eier, Eigelbe und Zucker mit dem Schneebesen aufschlagen, bis die Masse lauwarm ist. Das Wasser darf keinesfalls kochen.

Die Masse wieder kaltschlagen. Dabei sollten kreisende mit schlagenden Bewegungen abwechseln, damit sie deutlich an Volumen zunimmt.

Das Mehl und die Speisestärke zusammensieben, langsam einrieseln lassen und mit dem Spatel sorgfältig unterheben, bis die Zutaten völlig vermischt sind.

Zuletzt die lauwarme Butter in feinem Strahl langsam einlaufen lassen und unterziehen, bis sie ebenfalls vollständig mit ihr verbunden ist.

KIWI-ERDBEER-TORTE

Heimische Früchte und Exoten harmonieren auf das Beste, wie dieses Beispiel zeigt.

| Für den Biskuitboden: |
| 2 bis 3 Eier, 1 Eigelb, 75 g Zucker |
| 1/4 TL abgeriebene Zitronenschale |
| 75 g Mehl, 15 g Speisestärke, 45 g warme Butter |
| Für die Füllung: |
| 400 g Kiwis (5 bis 7 Stück), 200 g frische Erdbeeren |
| 20 ml Orangenlikör, 1 EL Zucker |
| 3/8 l Sahne, 30 g Zucker |
| Kakaopulver zum Besieben |

Die angegebenen Mengen sind für 10 bis 12 Portionen berechnet. Einen Biskuitboden von 20 cm Durchmesser wie links zubereiten und teilen. Kiwis schälen und in Spalten schneiden. Erdbeeren putzen, grob hacken und in eine Schüssel geben. Mit Likör und Zucker 2 bis 3 Stunden zugedeckt ziehen lassen, den Saft abnehmen. Die Sahne mit 30 g Zucker steifschlagen, eine Hälfte unter die Erdbeeren ziehen. Einen Biskuitboden dünn mit Erdbeersahne bestreichen, mit Kiwistücken belegen und die restliche Erdbeersahne darüber verstreichen. Mit dem zweiten Boden bedecken und mit dem Fruchtsaft beträufeln. Die Torte mit der restlichen Sahne einstreichen und beliebig garnieren. Mit Kakao besieben. Will man die Torte über mehrere Stunden aufheben, die Erdbeersahne mit 3 Blatt Gelatine absteifen.

TAMARILLO-TORTE

Der kräftige, etwas zusammenziehende Geschmack der Tamarillos wird durch den Orangen- und Limettensaft in bester Weise ergänzt.

Für den Biskuitboden:
5 Eier, 2 Eigelb, 150 g Zucker
1/2 TL abgeriebene Zitronenschale
150 g Mehl, 30 g Speisestärke, 90 g warme Butter
Für die Füllung:
4 reife Tamarillos (etwa 400 g)
Schale und Saft (etwa 80 ml) von 1 unbehandelten Orange
Saft von 1 Limette, 200 g Zucker
80 ml leichter Rotwein, 6 Blatt Gelatine
250 g Joghurt, 1/2 l Sahne
Schokolade zum Einstreuen der Torte

Das Tamarillopüree läßt sich problemlos einfrieren. Aber erst abkühlen lassen, bevor es entsprechend portioniert in den Tiefkühler kommt.

Die angegebenen Mengen ergeben 14 bis 16 Portionen. Einen Biskuitboden von 26 cm Durchmesser wie links zubereiten und zweimal durchschneiden. Für die Füllung die Tamarillos dünn schälen, 7 bis 8 gleichmäßige Scheiben schneiden und zum Garnieren beiseite legen. Die restlichen Tamarillos grob hacken und pürieren. Das Abgeriebene und den Saft der Orange sowie den Limettensaft, 160 g Zucker und den Rotwein zugeben. 5 bis 8 Minuten kochen und anschließend passieren. Nochmal aufkochen, vom Herd nehmen und die eingeweichte und ausgedrückte Gelatine darin auflösen. Bevor das Tamarillopüree vollständig erkaltet, den Joghurt unterrühren. Die Sahne mit dem restlichen Zucker steifschlagen und die Hälfte unter das Tamarillopüree ziehen. Damit die 2 Schichten der Torte füllen. Mit der restlichen Sahne einstreichen und mit einem Messer Schokolade (von einem Kuvertüreblock geht es leichter) darüberraspeln. Jedes Stück mit Sahne-Rosetten und einer halben Tamarilloscheibe garnieren.

Mit feinen Cremes gefüllt

ANSPRECHEND DURCH DELIKATEN
GESCHMACK UND SCHÖNES AUSSEHEN

MARACUJA-TORTE

(im Bild ganz vorne)
Für die Biskuitmasse:
4 Eier, 150 g Zucker, 30 g Speisestärke
30 g Kakaopulver, 100 g Mehl, 40 g warme Butter
Für die Creme:
2 bis 3 Maracujas (mindestens 200 g Fruchtfleisch)
120 g Zucker, je 60 ml Wasser und Weißwein
3 Eigelb, 5 Blatt Gelatine, 1/2 l Sahne
1 EL Zucker, 80 g gehobelte, geröstete Mandeln

Die angegebenen Mengen sind für eine Form von 22 cm Durchmesser berechnet. Aus den Zutaten eine Schokoladenbiskuitmasse nach der Methode "Wiener Masse" auf Seite 154 herstellen. Also Eier und Zucker zuerst warm-, dann kaltschlagen. Mehl, Stärke, Kakaopulver und zuletzt die flüssige Butter zufügen. In einem Ring von 22 cm Durchmesser bei 200°C im vorgeheizten Backofen 25 bis 30 Minuten backen. Eine Maracujacreme zubereiten, wie unten beschrieben, und die Hälfte der Sahne unterziehen. Den Biskuitboden teilen und einen Boden in den Tortenring legen. Die Creme einfüllen, die Oberfläche glattstreichen und den zweiten Boden darauflegen. Im Kühlschrank fest werden lassen. Die restliche Sahne mit 1 EL Zucker steifschlagen und damit die Torte einstreichen. Mit den Mandeln einstreuen und mit Sahne-Rosetten und Granatapfelkernen garnieren.

Maracujacreme:

Das Fruchtfleisch der Maracujas mit Wasser und Zucker zum Kochen bringen und um etwa 1/3 reduzieren.

Durch ein Sieb passieren und die mit dem Wein gemischten Eigelbe unterrühren. Bis kurz vor den Siedepunkt erhitzen.

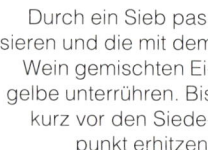

Die eingeweichte und ausgedrückte Gelatine darin auflösen. Unter die abgekühlte Flüssigkeit die steifgeschlagene Sahne ziehen.

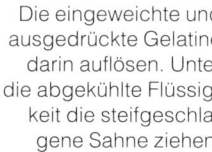

PITAHAYA-TORTE

In Kombination mit der Passionsfruchtcreme und den saftigen Pitahayas ist dies eine sehr erfrischende Torte.

(im Bild rechts hinten)
Für die Biskuitmasse:
2 bis 3 Eier, 1 Eigelb, 75 g Zucker
1/4 TL abgeriebene Zitronenschale
75 g Mehl, 15 g Speisestärke, 45 g warme Butter
Für die Creme:
4 Purpurgranadillas, Saft von 1 Limette
80 g Zucker, 3 EL Weißwein, 4 Blatt Gelatine
1/4 l Sahne, 1 EL Zucker
Außerdem:
4 Pitahayas, 20 ml Curaçao

Aus den Zutaten einen Biskuitboden von 20 cm Durchmesser wie auf Seite 154 zubereiten. Das Fruchtfleisch der Granadillas mit dem Limettensaft, Zucker und Weißwein aufkochen und durch ein feines Sieb streichen, damit die Kerne zurückbleiben. Die eingeweichte und ausgedrückte Gelatine in der Flüssigkeit auflösen. Die Pitahayas schälen und in Scheiben schneiden. In eine Schüssel legen, mit Curaçao beträufeln und etwas durchziehen lassen. Um den Biskuitboden einen Tortenring von 20 cm Durchmesser stellen. Die Sahne mit 1 EL Zucker steifschlagen und unter die fast abgekühlte Granadillacreme ziehen. Davon eine dünne Schicht auf den Biskuitboden streichen und mit Pitahayascheiben belegen. Die restliche Creme darübergießen und die Oberfläche glattstreichen, dann mit den restlichen Pitahayascheiben belegen. Im Kühlschrank erstarren lassen. Will man die Torte über Stunden frisch halten, kann man die Oberfläche mit Tortenguß isolieren.

KAKI-SCHOKOLADEN-TORTE

(in der Bildmitte)
einen Biskuitboden von 16 cm Durchmesser
Für die Creme:
3 reife Kakifrüchte
1 Purpurgranadilla
Saft von 1 Limette, 60 g Zucker
2 Eigelb, 4 Blatt Gelatine, 1/8 l Sahne
Außerdem:
80 g Marzipanrohmasse, 40 g Puderzucker
bittere Kuvertüre zum Überziehen

Der Schokoladenbiskuitboden sollte zusammen mit dem für die Maracuja-Torte hergestellt werden, denn die Mengen sind so gering, daß man sie nicht mehr gut schlagen kann. Für beide Böden die 1 1/2-fache Menge der Zutaten für die Maracuja-Torte nehmen. Für die Creme das Fruchtfleisch der Kakis und der Granadilla mit dem Limettensaft und dem Zucker aufkochen. Durch ein feines Sieb passieren und mit den Eigelben nochmals bis kurz vor den Siedepunkt erhitzen. Darin die eingeweichte und gut ausgedrückte Gelatine auflösen, abkühlen lassen und die steifgeschlagene Sahne unterzie-

hen. Den Biskuitboden einmal teilen und um einen der Böden einen Tortenring von 16 cm Durchmesser stellen. Die Creme einfüllen (etwas Creme zurückbehalten), die Oberfläche glattstreichen und mit dem zweiten Boden abdecken. Mit der zurückbehaltenen Creme die Torte nach dem Absteifen einstreichen. Die Marzipanrohmasse mit dem Puderzucker verkneten, sehr dünn und etwas größer ausrollen, als man für Oberfläche und Rand benötigt. Locker auf ein Rollholz wickeln und über der Torte abrollen. So läßt sich die Marzipandecke am einfachsten auf die Torte legen. Den Rand möglichst faltenlos und fest andrücken und überstehende Reste abschneiden. Mit der aufgelösten und temperierten Kuvertüre überziehen und ganz nach Belieben garnieren.

Die Maracuja-Torte
läßt sich auch mit Früchten als Einlage variieren. Kiwis, Mangos und Bananen passen hervorragend zum kräftigen Geschmack der Creme.

Rehrücken und Kastenkuchen
EINFACH IN FORM UND ZUBEREITUNG, ABER EIN ECHTER LECKERBISSEN

BANANEN-KUCHEN AUS JAMAIKA
(im großen Bild links)

150 g Butter, 160 g Farinzucker (brauner Zucker)
4 Eier, 400 g Bananen, 1/4 TL Salz
Mark von 1 Vanilleschote
je 1/4 TL Ingwerpulver und gemahlener Zimt
350 g Weizen-Vollkornmehl, 2 TL Backpulver
120 g grobgehackte Walnüsse
Butter und Mehl für die Form

Die angegebenen Zutaten sind für eine Kastenform von 30 cm Länge berechnet. Die Butter mit dem Zucker schaumig rühren und die Eier nacheinander unterschlagen. Die Bananen schälen, das Fruchtfleisch mit einer Gabel grob zerdrücken und zur Buttermasse geben. Die Gewürze darunterrühren. Das Mehl mit dem Backpulver und den grobgehackten Nüssen vermischen und gründlich unter die Bananenmasse arbeiten. Die Form ausbuttern und mit Mehl ausstreuen. Den Teig einfüllen, die Oberfläche glattstreichen und in dem auf 190°C vorgeheizten Backofen 45 bis 50 Minuten backen.
Tip: Vorsicht bei der Garprobe mit einem Stäbchen. Durch die saftigen Bananen ist es an dem Stäbchen schwer zu erkennen, ob der Kuchen gar ist.

Für den Orangensirup werden das Abgeriebene und der Saft der Orangen mit dem Zucker um etwa 1/3 eingekocht und mit dem Likör parfümiert. Mit diesem Sirup wird der Kuchen so lange bepinselt, bis er aufgebraucht ist.

ORANGEN-KUCHEN
(in der Bildmitte)

4 Eigelb, 150 g Zucker
Abgeriebenes von 1 unbehandelten Orange
1 Msp. Salz, 4 Eiweiß
50 g Biskuitbrösel, 30 g Mehl
150 g geriebene, ungeschälte Mandeln
Butter und Brösel für die Form
Für den Sirup:
200 ml Orangensaft
Abgeriebenes von 1 unbehandelten Orange
80 g Zucker, 20 ml Orangenlikör
100 g Fondant für die Glasur

Die angegebenen Mengen sind für eine Rehrückenform von 27 cm Länge berechnet. Die Eigelbe mit der Hälfte des Zuckers, der abgeriebenen Orangenschale und dem Salz schaumig rühren. Die Eiweiße steifschlagen, dabei den restlichen Zucker langsam einrieseln lassen. Den Eischnee unter die Eigelbmasse heben. Zum Schluß die Mischung aus Bröseln, Mehl und Mandeln unterziehen und den Teig in die vorbereitete Form füllen. Im vorgeheizten Backofen bei 190°C 40 bis 45 Minuten backen. Den Sirup, wie in der Bildfolge ganz links beschrieben, zubereiten und davon 2 EL für die Glasur abnehmen. Mit dem restlichen Sirup den Kuchen tränken. Den Fondant mit dem abgenommenen Orangensirup ganz leicht anwärmen und damit den Kuchen glasieren.

SCHOKOLADEN-EXOTEN-KUCHEN

(im großen Bild ganz rechts)

160 g Zucker, 2 Purpurgranadillas

*Abgeriebenes und Saft von je
1 unbehandelten Limette und Orange*

5 Eigelb, 4 Eiweiß

60 g Biskuitbrösel, 60 g Mehl

100 g ungeschälte, geriebene Mandeln

50 g geriebene Pecan-Nüsse

Butter und Brösel für die Form

200 g Aprikosenmarmelade

250 g bittere Kuvertüre

Die angegebenen Mengen sind für eine Rehrückenform von 27 cm Länge berechnet. 60 g Zucker mit dem Fruchtfleisch der Passionsfrüchte etwa 4 Minuten kochen, dann durch ein feines Sieb passieren. Saft und Abgeriebenes der Limette und Orange zugeben, wieder zum Kochen bringen, um etwa ein Drittel reduzieren und erkalten lassen. Die Eigelbe mit 30 g Zucker schaumig rühren und den Fruchtsirup einlaufen lassen. Die Eiweiße steifschlagen, dabei den restlichen Zucker einrieseln lassen. Den steifen Eischnee unter die Eigelbmasse heben. Zuletzt die Mischung aus Bröseln, Mehl, Mandeln und Pecan-Nüssen unterziehen. Die Form mit weicher Butter ausstreichen und mit Bröseln ausstreuen. Den Teig einfüllen und in dem auf 190°C vorgewärmten Backofen 40 bis 45 Minuten backen. Den Kuchen auf ein Gitter stürzen und am nächsten Tag mit der heißen Aprikosenmarmelade bepinseln. Mit der aufgelösten und temperierten Kuvertüre überziehen.

MIT EXOTEN BACKEN

Die Kombination von tropischen und heimischen Früchten bewährt sich bei Kuchenbelägen besonders gut. So ergänzt sich der zurückhaltende Geschmack der Papaya bestens mit dem herben Preiselbeer-Aroma. Ähnlich ist es bei den Kombinationen Mango-Sauerkirsche und Babaco-Himbeere.

PAPAYA-KUCHEN MIT PREISELBEEREN	MANGO-KUCHEN MIT SAUERKIRSCHEN
Für den Hefeteig:	Für den Hefeteig:
250 g Mehl, 20 g Hefe, 80 ml Milch	250 g Mehl, 20 g Hefe, 80 ml Milch
30 g Butter, 30 g Zucker, 1/2 TL Salz, 1 Eigelb	30 g Butter, 30 g Zucker, 1/2 TL Salz, 1 Eigelb
Abgeriebenes von 1/2 unbehandelten Zitrone	Abgeriebenes von 1/2 unbehandelten Zitrone
Für die Creme:	Für die Creme:
3/8 l Milch, 60 g Zucker, 1 Msp. Salz	1/4 l Milch, 40 g Zucker, 1 Msp. Salz, 3 Eigelb
1 Vanillestange, 1 Eigelb, 45 g Speisestärke	30 g Speisestärke, 1 EL Puderzucker
1 EL Puderzucker, 200 g Creme fraîche	100 g Marzipanrohmasse, 100 g Creme fraîche
Für den Belag:	Für den Belag:
1,2 kg reife, aber feste Papayas (etwa 4 Stück)	3 reife, aber nicht zu weiche Mangos (à etwa 400 g)
120 g Preiselbeerkompott	400 g reife Sauerkirschen (frisch oder Konserve)
Puderzucker zum Besieben	Puderzucker zum Besieben

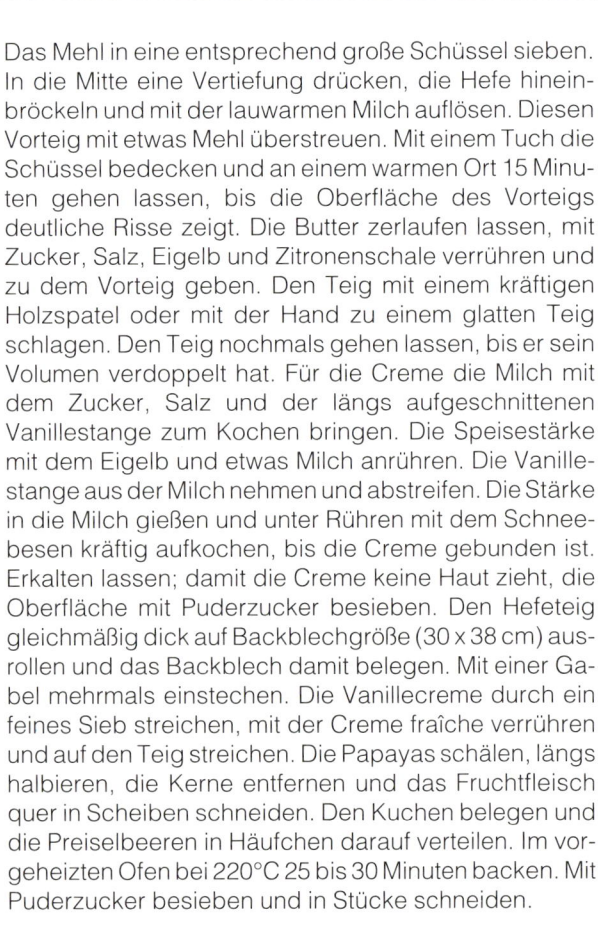

Das Mehl in eine entsprechend große Schüssel sieben. In die Mitte eine Vertiefung drücken, die Hefe hineinbröckeln und mit der lauwarmen Milch auflösen. Diesen Vorteig mit etwas Mehl überstreuen. Mit einem Tuch die Schüssel bedecken und an einem warmen Ort 15 Minuten gehen lassen, bis die Oberfläche des Vorteigs deutliche Risse zeigt. Die Butter zerlaufen lassen, mit Zucker, Salz, Eigelb und Zitronenschale verrühren und zu dem Vorteig geben. Den Teig mit einem kräftigen Holzspatel oder mit der Hand zu einem glatten Teig schlagen. Den Teig nochmals gehen lassen, bis er sein Volumen verdoppelt hat. Für die Creme die Milch mit dem Zucker, Salz und der längs aufgeschnittenen Vanillestange zum Kochen bringen. Die Speisestärke mit dem Eigelb und etwas Milch anrühren. Die Vanillestange aus der Milch nehmen und abstreifen. Die Stärke in die Milch gießen und unter Rühren mit dem Schneebesen kräftig aufkochen, bis die Creme gebunden ist. Erkalten lassen; damit die Creme keine Haut zieht, die Oberfläche mit Puderzucker besieben. Den Hefeteig gleichmäßig dick auf Backblechgröße (30 x 38 cm) ausrollen und das Backblech damit belegen. Mit einer Gabel mehrmals einstechen. Die Vanillecreme durch ein feines Sieb streichen, mit der Creme fraîche verrühren und auf den Teig streichen. Die Papayas schälen, längs halbieren, die Kerne entfernen und das Fruchtfleisch quer in Scheiben schneiden. Den Kuchen belegen und die Preiselbeeren in Häufchen darauf verteilen. Im vorgeheizten Ofen bei 220°C 25 bis 30 Minuten backen. Mit Puderzucker besieben und in Stücke schneiden.

Den Hefeteig zubereiten, wie im nebenstehenden Rezept beschrieben. Für die Creme die Milch mit dem Zucker und dem Salz aufkochen. Die Speisestärke mit den Eigelben und etwas Milch anrühren und die Milch damit binden. Kräftig aufkochen lassen, vom Herd nehmen und die Oberfläche der Creme mit Puderzucker besieben. Den Hefeteig gleichmäßig dick auf Backblechgröße (30 x 38 cm) ausrollen und das Backblech damit belegen. Die kalte Creme mit der Marzipanrohmasse und der Creme fraîche verrühren und durch ein feines Sieb streichen. Den Hefeteig damit gleichmäßig bestreichen. Die Mangos wie auf Seite 135 vorbereiten, in Spalten schneiden und auf der Creme verteilen. Die Sauerkirschen waschen, entsteinen und zwischen die Mangospalten legen. Im vorgeheizten Backofen bei 220°C 25 bis 30 Minuten backen. Mit Puderzucker besieben und in Stücke schneiden.

Variante: Babaco-Kuchen mit frischen Himbeeren. Dafür muß das obenstehende Rezept nur ganz unwesentlich verändert werden. Statt der Mangos werden 2 reife Babacos (à etwa 500 g) in Scheiben geschnitten und auf dem mit der Creme bestrichenen Kuchen verteilt. Jeweils in die Mitte der Babacoscheiben 2 bis 3 Himbeeren (insgesamt 250 g) legen und den Kuchen backen, wie oben beschrieben. Mit Puderzucker besieben.

Savarin Martinique

PASSIONSFRÜCHTE UND RUM GEBEN DIESEM FRANZÖSISCHEN HEFEGEBÄCK SEIN TROPISCHES FLAIR

In Frankreich sind Savarins als "Babas" bekannt, und die alkoholische "Baba au rhum" gehört zum Repertoire einer jeden Patisserie. Im folgenden Rezept wird eine gelungene Mischung aus Fruchtsaft und Rum zum Tränken verwendet. Und Rum harmoniert ja bekanntlich mit tropischen Früchten besonders gut. Man kann diese Savarins aber auch ohne Alkohol zubereiten, denn das Fruchtaroma des Sirups ist so stark, daß man den Rum nicht unbedingt vermißt. Gebackene Savarins lassen sich im übrigen auch bestens einfrieren.

Für den Hefeteig:
350 g Mehl, 20 g frische Hefe, 100 ml lauwarme Milch
150 g Butter, 40 g Zucker, 1/2 TL Salz
1/2 TL abgeriebene Zitronenschale, 4 Eier
Für den Sirup:
3 große Maracujas (etwa 250 g Fruchtfleisch)
1/8 l frisch gepreßter Mandarinensaft
300 g Zucker, 3/8 l Wasser, 60 ml brauner Rum
150 g Aprikosenmarmelade zum Abglänzen

Die angegebenen Mengen sind für 20 Savarinförmchen à 9 cm Durchmesser oder für 2 Formen à 15 bis 16 cm Durchmesser berechnet. Für den Hefeteig das Mehl in eine Schüssel sieben, in die Mitte eine Vertiefung drücken, die Hefe hineinbröckeln und mit der Milch auflösen. Über diesen Hefeansatz etwas Mehl streuen. Die Schüssel mit einem Tuch bedecken und an einem warmen Ort etwa 15 Minuten gehen lassen. Die Butter zerlassen, Zucker, Gewürze und Eier zufügen und die Masse mit einem Schneebesen oder Handrührgerät kurz durchrühren, aber nicht schaumig rühren. Sobald der Vorteig Risse an der Oberfläche zeigt, die Eiermasse zugeben und den Teig, am besten mit der Hand, kräftig schlagen. Er muß sich leicht ausziehen lassen, darf also nicht zu fest sein. Nochmals 15 Minuten gehen lassen. Die Formen mit Butter ausstreichen und mit Mehl bestauben, dann bis zur Hälfte der Form den Teig einfüllen. Mit einem Tuch bedecken und nochmals 10 bis 15 Minuten gehen lassen, bis sich sein Volumen verdoppelt hat. Die Backzeit für die kleinen Förmchen beträgt 12 bis 18 Minuten bei 210°C, für die großen Formen 25 bis 30 Minuten ebenfalls bei 210°C. Den Sirup kochen, wie in den Arbeitsphasen rechts gezeigt. Solange er noch warm ist, die Savarins eintauchen, bis sie sich vollgesogen haben. In diesem Zustand sind sie allerdings höchst empfindlich, also vorsichtig mit einem Schaumlöffel herausnehmen und ebenso behutsam mit der heißen Aprikosenmarmelade abglänzen.

Savarins werden meist gut gekühlt serviert. Hier mit etwas geschlagener Sahne, frischen Früchten (zum Beispiel Karambolen, Kiwis und Pitahayas) und etwas Schokoladensauce. Sehr interessant schmecken sie, wenn man sie lauwarm serviert. Dann ist der Fruchtgeschmack intensiver, allerdings auch der Rumgeschmack! Dazu paßt hervorragend eine Kugel Vanilleeis.

Maracuja-Fruchtfleisch, Mandarinensaft, Zucker und Wasser aufkochen und abschäumen. Bei geringer Hitze 2 bis 3 Minuten weiterkochen. Durch ein feines Sieb passieren, so daß nur noch die Kerne zurückbleiben. Den Rum zugießen. Die Savarins in den warmen Sirup tauchen, bis sie vollständig durchtränkt sind. Auf ein Gitter setzen und mit der heißen Aprikosenmarmelade abglänzen.

Teegebäck exotischer Machart. Zitrusfrüchte als Gewürz zu verwenden, hat Tradition. Aber Passionsfrüchte oder Baumtomaten zum Beispiel geben dem Gebäck ein überraschend neues und feines Aroma. Besonders apart harmonieren sie mit knusprigen Teigen aus Vollkornmehl und Mandeln oder Nüssen.

MARACUJA-BLUMEN

Für den Teig:
150 g Butter, 60 g brauner Zucker
1 Msp. Salz, 1 Eigelb
je 100 g Weizenmehl (Type 405) und – -Vollkornmehl
100 g geriebene Mandeln (mit Schale)
Für die Füllung:
2 große Maracujas (etwa 100 g Fruchtfleisch)
50 g Zucker, 4 EL Wasser
100 g Marzipanrohmasse, 40 ml Orangenlikör
Für die Glasur:
60 g Orangenmarmelade, 60 g Fondant

Die angegebenen Mengen ergeben etwa 50 Stück. Die weiche Butter mit dem Zucker, Salz und Eigelb auf der Arbeitsfläche oder in einer Schüssel verkneten. Dann erst Mehl und Mandeln darunterwirken. Den Teig zu einer Kugel formen und mindestens 2 bis 3 Stunden im Kühlschrank ruhen lassen, bevor er auf der bemehlten Arbeitsfläche etwa 3 mm dick ausgerollt wird. Mit einem "Blumen"-Ausstecher Plätzchen ausstechen und mit etwas Abstand auf ein ungefettetes Backblech legen. Im vorgeheizten Backofen bei 200°C in 10 bis 12 Minuten schön hellbraun backen. Für die Füllung die Maracujas halbieren, das Fruchtfleisch mit dem Zucker und dem Wasser in eine kleine Kasserolle geben. Zum Kochen bringen und etwa bis zur Hälfte einkochen. Dann durch ein Sieb streichen, damit die Kerne zurückbleiben. Die Marzipanrohmasse mit einer Hälfte dieses Sirups und dem Orangenlikör verrühren. Die Hälfte der Plätzchen damit bestreichen und jeweils ein zweites Plätzchen daraufsetzen. Für die Glasur die Orangenmarmelade erhitzen und mit einem Pinsel die Oberfläche der Plätzchen dünn bestreichen. Den Fondant mit dem restlichen Maracujasirup vermischen, ganz leicht erwärmen und die Oberfläche der Plätzchen damit bestreichen. Trocknen lassen.

BANANA-COOKIES

200 g Haferflocken, 200 g Butter
180 g brauner Zucker, 1/4 TL Salz
1 gestrichener TL Zimt, 1/4 TL Piment
1/4 TL geriebene Muskatblüte, 1 Ei
2 Bananen (maximal 400 g mit Schale)
150 g Mehl, 100 g geriebene Mandeln
200 g bittere Kuvertüre

Die angegebenen Mengen ergeben etwa 70 Stück. Die Haferflocken mit etwa 1 EL der Butter in einer Pfanne unter ständigem Rühren hellbraun rösten, dann erkalten lassen. Die restliche Butter mit dem Zucker, dem Salz sowie den Gewürzen in einer Schüssel cremig rühren. Das Ei unterziehen. Die Bananen mit einer Gabel grob zerdrücken, es dürfen durchaus noch Stückchen sichtbar sein. Dann mit der Buttermasse verrühren. Die erkalteten Haferflocken mit dem Mehl und den Mandeln mischen und unter die Buttermasse rühren. Den Teig mit Hilfe eines Teelöffels auf ein ungefettetes Backblech setzen und in dem auf 200°C vorgeheizten Backofen in 15 bis 20 Minuten knusprig braun backen. Die kalten Cookies etwa 1/2 cm tief in aufgelöste und temperierte Kuvertüre tauchen und auf Pergamentpapier absetzen.

Variante mit Datteln und Feigen: Statt der 2 Bananen werden nur 1 Banane und zusätzlich je 100 g gehackte Datteln (keine Tiefkühlware) sowie frische Feigen verwendet. Die Haut von den Feigen abziehen und das Fruchtfleisch in Stücke schneiden. Den gut gekühlten, sehr weichen Teig auf einer gemehlten Arbeitsfläche 1 cm dick ausrollen und Rondelle von 3 cm Durchmesser ausstechen. Mit entsprechendem Zwischenraum auf ein leicht gefettetes und gemehltes Backblech setzen. Bei 190°C im vorgeheizten Backofen in etwa 12 Minuten knusprig braun backen.

ORANGEN-TEEGEBÄCK

Für den Teig:
150 g Butter, 80 g Puderzucker, 1 Msp. Salz
1 EL Orangensaft
Abgeriebenes von 1 unbehandelten Orange
je 125 g Weizenmehl (Type 405) und – -Vollkornmehl
30 g geriebene Mandeln

Für die Füllung:
Abgeriebenes und Saft von 1 unbehandelten Orange
50 g Zucker, 60 g feingeriebene Mandeln
100 g Marzipanrohmasse, 20 ml brauner Rum

Für die Glasur:
200 g bittere Kuvertüre
1 EL gehackte Pistazien zum Garnieren

Die angegebenen Mengen ergeben etwa 40 Stück. Die Butter mit dem Puderzucker, dem Salz, dem Orangensaft und der abgeriebenen Orangenschale auf der Arbeitsfläche weich und cremig kneten. Das Mehl und die Mandeln unterkneten und den Teig zu einer Kugel formen. In Folie wickeln und 2 bis 3 Stunden im Kühlschrank ruhen lassen. Dann auf der bemehlten Arbeitsfläche gleichmäßig etwa 3 mm dick ausrollen und runde Plätzchen ausstechen. Auf einem ungefetteten Backblech im vorgeheizten Backofen bei 200°C in etwa 12 Minuten hellbraun backen. Die Orange (auch wenn sie unbehandelt ist) unter heißem Wasser bürsten. Abtrocknen und die Schale mit einer feinen Reibe abreiben. Den Saft auspressen und mit dem Abgeriebenen sowie dem Zucker aufkochen und etwa auf die Hälfte reduzieren. Mit den Mandeln, der Marzipanrohmasse und dem Rum verrühren. Damit die Oberfläche einer Hälfte der Plätzchen bestreichen und jeweils mit einem zweiten abdecken. Die Kuvertüre auflösen und temperieren, dann die Oberfläche der Plätzchen eintauchen. Mit den gehackten Pistazien bestreuen.

TAMARILLO-TALER

Für den Teig:
250 g Butter, 200 g brauner Zucker, 1/4 TL Salz
2 TL geriebener, frischer Ingwer
Abgeriebenes von 1 unbehandelten Zitrone
150 g feinste Haferflocken, 200 g Mehl

Außerdem:
4 Tamarillos (etwa 200 bis 250 g)
60 g Zucker, 1 EL Zitronensaft

Die angegebenen Mengen ergeben 70 bis 80 Stück. Butter, Zucker und Gewürze auf der Arbeitsfläche zu einer cremigen Masse verarbeiten, dann die Haferflocken und das Mehl unterkneten. Den Teig zu Stangen von etwa 4 cm Durchmesser rollen und diese im Kühlschrank fest werden lassen. Dann zu 1/2 cm dicken Talern schneiden und diese mit etwas Abstand auf ein ungefettetes Backblech legen, denn sie laufen beim Backen etwas auseinander. Die Tamarillos schälen und ihr Fruchtfleisch pürieren. Mit dem Zucker und Zitronensaft etwa 5 Minuten kochen und durch ein feines Sieb passieren. Abkühlen lassen und auf die Mitte der Taler jeweils eine kleine Menge geben. Bei 200°C im vorgeheizten Backofen in etwa 10 Minuten schön knusprig braun backen.

Variante mit Passionsfrüchten: Dafür wird das Fruchtfleisch von 8 Passionsfrüchten (einschließlich der Kerne) mit 150 g Mangopüree und 100 g Zucker etwa 5 Minuten gekocht. Die Mischung erkalten lassen und, wie im obigen Rezept beschrieben, auf die Mürbteigtaler geben (im Bild rechts).

Die Kerne der Passionsfrüchte sind bei diesem Haferflockengebäck höchst willkommen, weil sie es , noch etwas knuspriger machen. Zur Hälfte in bittere Schokolade getaucht, schmecken die Taler noch besser!

Frisches Konfekt

FRUCHTIGE PRALINEN AUS FRISCHEN FRÜCHTEN

Aus Trockenobst werden Pralinen schon seit jeher hergestellt, aber mit frischen Früchten sind sie ein besonderes Geschmackserlebnis - weniger süß, aber fruchtiger als Konfekt aus Trockenobst. Dies sowie die weiche Konsistenz einer frischen Frucht ergeben einen aparten Kontrast zur festen Hülle aus Schokolade oder Karamel.

KUMQUATS IM SCHOKOLADEN-MANTEL

30 Kumquats, 200 g Marzipanrohmasse
20 ml Orangenlikör, 70 g Puderzucker
bittere Kuvertüre
Orangeat zum Garnieren

Die Früchte unter heißem Wasser abbürsten, trocknen und halbieren. Die Marzipanrohmasse auf der Arbeitsfläche mit dem Likör und Zucker zu einer glatten Masse verarbeiten, mit etwas Puderzucker bestauben und etwa 4 mm dick ausrollen. Rondelle von etwa dem Durchmesser der Kumquats ausstechen, jeweils eine halbe Frucht daraufsetzen und andrücken. 2 Stunden antrocknen lassen, dann in die aufgelöste und temperierte Kuvertüre tauchen und auf Pergamentpapier absetzen. Jeweils mit einem kleinen Würfel Orangeat garnieren.

PHYSALIS IN SCHOKOLADE GETAUCHT

Nur ein Beispiel, wie sich ganz schnell ein fruchtiges Konfekt herstellen läßt. Die Physalis-Laternen eignen sich dafür besonders gut. Sie können durch ihre Hüllen sehr einfach getaucht werden, und ihr feiner, leicht säuerlicher Geschmack kontrastiert angenehm mit dem süßen Überzug. Außerdem sehen sie, wenn die Blätter der Umhüllung nicht entfernt werden, sehr attraktiv aus. Die Beeren können natürlich mit Hilfe einer Pralinengabel auch ohne Blätter getaucht werden. Es muß nicht unbedingt bittere Schokolade sein, Milchschokolade, Karamel oder Fondant eignen sich ebensogut. Gerade die harte, knackige Karamelhülle paßt gut zum frischen, weichen Inhalt.

So lassen sich alle Früchte tauchen, die nicht direkt Flüssigkeit abgeben, wie zum Beispiel Kiwi- oder Bananenscheiben, Mangowürfel, geviertelte Feigen oder entsteinte Jujuben. Solche Früchte lassen sich auch wie die links abgebildeten Kumquats mit Marzipan kombinieren. Dieses kann zusätzlich mit Alkoholika parfümiert oder mit gehackten Nüssen oder Trockenfrüchten vermischt werden. So ergeben sich geschmacklich interessante Resultate.

Bitte jedoch beachten: Frisches Konfekt ist ein Frischprodukt, das (auch im Kühlschrank) nur wenige Tage haltbar ist. Dann setzt ein Gärungsprozeß ein, der die Schokoladenhülle platzen läßt.

DATTELN
MIT PISTAZIEN-FÜLLUNG

40 frische Datteln

200 g Marzipanrohmasse

70 g Puderzucker

100 g geschälte, geriebene Pistazien

30 ml Maraschino

bittere Kuvertüre

Die Datteln entkernen, wie in der Bildfolge links beschrieben. Die Marzipanrohmasse mit dem Zucker, 80 g der Pistazien und dem Maraschino auf der Arbeitsfläche verkneten. Wie in der Bildfolge unten gezeigt, die Datteln damit füllen und 2 bis 3 Stunden trocknen lassen. In die aufgelöste und temperierte Kuvertüre tauchen, auf Pergamentpapier setzen und sofort mit den restlichen Pistazien bestreuen.

KARAMELDATTELN
MIT MANDELN GEFÜLLT

40 frische Datteln, 40 abgezogene Mandeln

1 TL weiche Butter, 200 g Zucker

Öl zum Fetten des Papiers

Die Datteln entkernen, wie unten beschrieben. Jeweils mit einer Mandel füllen und nebeneinander auf ein geöltes Pergamentpapier legen. Die Butter in einer entsprechend großen Kasserolle zerlaufen lassen und den Zucker zugeben. Unter ständigem Rühren schmelzen, dann mit Hilfe eines Löffels den Karamel in die Öffnungen der Datteln laufen lassen. Ist noch etwas Karamel übrig, als Fäden über die Datteln ziehen.

Datteln füllen und überziehen:

Die Marzipan-Pistazien-Masse mit Hilfe von etwas Puderzucker zu einer Rolle formen. In 40 gleichmäßig große Stücke schneiden.

Die Stücke länglich, der Größe der Datteln entsprechend formen. Die Datteln zwischen den Fingern aufdrücken und die Füllung einlegen.

Die Datteln so weit zusammendrücken, daß die Füllung als Streifen noch sichtbar bleibt. 2 bis 3 Stunden trocknen lassen.

Datteln entkernen:

Mit einem spitzen, kleinen Messer die Datteln auf einer Seite längs bis zum Kern aufschneiden.

Die Öffnung aufdrücken und den Kern mit der Messerspitze herauslösen. Den Stielansatz entfernen.

Mit einer Gabel (noch besser einer Pralinengabel) anstechen und so in die Kuvertüre tauchen, daß die Füllung nicht überzogen wird.

Exoten zum Dessert

EINFACH PUR ODER RAFFINIERT GEMISCHT GARANTIERT
HEIMISCHES UND EXOTISCHES OBST FRUCHTIGEN ERFOLG

Das wachsende Bedürfnis nach kultiviertem Essen hat besonders dem Dessert einen neuen Stellenwert verliehen. Mit süßen Nachspeisen ließ sich zwar schon immer gut experimentieren, mit dem Erscheinen der "Exoten" auf unseren Märkten aber eröffnen sich für die kreativen Patissiers ganz neue Möglichkeiten. Bisher unbekannte Geschmacksrichtungen lassen vollkommen neue Dessert-Ideen entstehen, und zusammen mit unseren bewährten, heimischen Früchten ergeben sich unzählige neue Kombinationen. Die neue Vielfalt beginnt schon bei Saucen und endet bei Cremes und Gelees. Aber auch ganz einfache Obstsalate aus einer einzigen Frucht oder aus unterschiedlichen tropischen Früchten raffiniert gemischte Salate bringen Abwechslung. Die Früchte an sich sind schon ein Dessert, man denke nur an eine reife Mangohälfte, die, um ein Genuß zu sein, keiner weiteren Verarbeitung oder Würzung bedarf. Voraussetzung ist nur wirklich reife Früchte guter Qualität zu verwenden. Sie können ohne große Mühe in einen Obstsalat verwandelt werden: Das Rezept unten beweist es.

TROPENFRUCHTSALAT.
Von 1 Mango (350 bis 400 g) den Kern entfernen, das Fruchtfleisch mit einem Löffel aus der Schale lösen und in Spalten schneiden. 2 Kiwis, 2 Pitahayas und 1 Tamarillo schälen und in Scheiben schneiden. 1 Mangostane halbieren und die Fruchtsegmente herausheben. Aus 1/2 kleinen Ananasmelone Kugeln ausstechen. Die Früchte auf 4 Tellern anrichten und kühl stellen. Für die Sauce 1 Maracuja halbieren, das Fruchtfleisch auslösen und mit 50 g Zucker 2 bis 3 Minuten kochen. Erkalten lassen, 20 ml braunen Rum unterrühren und über den Salat verteilen. Wer die Kerne der Passionsfrucht nicht schätzt, kann die Sauce auch vorher passieren. Mit Walderdbeeren und Minzeblättchen garnieren.

ORANGENSAUCE

200 ml frisch gepreßter Orangensaft

Schale von 1 unbehandelten Orange

90 g Zucker, 30 ml Orangenlikör

Den Orangensaft durch ein feines Sieb in eine Kasserolle gießen und mit dem Zucker und der in Streifen geschnittenen Schale einer ungespritzten oder unter heißem Wasser gut gebürsteten Orange 3 bis 4 Minuten einkochen. Dann den Orangenlikör unterrühren. Die Sauce erkalten lassen und wahlweise mit oder ohne Schalenstreifen servieren. Für 4 bis 6 Portionen.

AUS FRISCHEN FEIGEN wird diese Sauce zubereitet. 300 g reife Feigen schälen, im Mixer pürieren und 40 ml Haut Sauternes zugießen. 60 ml Zuckersirup mit 1 EL Zitronensaft erhitzen und 1 TL grobgehackten rosa Pfeffer zugeben. Erkalten lassen und mit dem Feigenpüree mischen. Für 4 bis 6 Portionen.

TAMARILLOSAUCE

3 Tamarillos

Saft von 1 Orange

Saft von 1 Limette

1 Msp. Zimtpulver

80 g Zucker

Die Tamarillos schälen und das Fruchtfleisch mit dem Orangen- und Limettensaft in einem Mixer pürieren. Dann durch ein feines Sieb passieren. Das Püree mit Zimt und Zucker verrühren und zum Kochen bringen. 2 bis 3 Minuten leise köcheln lassen. Abkühlen lassen. Die Sauce kann ganz nach Wunsch mit Rotwein oder Orangensaft verlängert werden. Für 4 bis 6 Portionen.

ANANASSAUCE

*400 g Ananas-Fruchtfleisch
(entspricht 1 mittelgroßen Ananas)*

1/8 l Zuckersirup

1/2 Vanilleschote

20 ml Cognac

Das Ananas-Fruchtfleisch zu 2/3 pürieren. Den Zuckersirup (siehe Seite 202) mit der Vanilleschote aufkochen. Das restliche Fruchtfleisch in kleine Würfel schneiden und darin 1 bis 2 Minuten kochen. Den Cognac und das Fruchtpüree zugeben und die Sauce erkalten lassen. Für 6 bis 8 Portionen.

SAUCE VON KAKIFRÜCHTEN

*3 vollreife Kakifrüchte
(etwa 300 g Fruchtfleisch)*

Saft von 2 Limetten

40 g Puderzucker

20 ml Orangenlikör

Die Kakifrüchte halbieren und mit einem Löffel das Fruchtfleisch herausschälen. In einem Mixer mit dem Limettensaft und dem Puderzucker pürieren. Zum Schluß den Orangenlikör unter die Sauce rühren. Für etwa 6 Portionen.

Süße Saucen für Exoten

BASIS, ABRUNDUNG ODER GESCHMACKLICHER KONTRAPUNKT FÜR FEINE DESSERTS

Unter den tropischen Früchten eignet sich eine ganze Reihe für Saucen besonders gut, zum Beispiel Passionsfrüchte, Guaven oder Baumtomaten. Auch aromatisch zurückhaltendere Früchte, wie Mangos, Kakis oder Litchis, lassen sich püriert in feine Saucen verwandeln. Aber es müssen nicht unbedingt Exoten sein, denn viele unserer heimischen Früchte harmonieren als Saucen ganz hervorragend mit tropischen oder Zitrusfrüchten. Es existieren so bewährte Kombinationen wie Heidelbeere mit Limette, Erdbeere mit Maracuja oder Papaya mit Preiselbeere und Zitrone. Experimente sind jedoch zu empfehlen, denn, daß Früchte überhaupt nicht zusammenpassen, ist recht selten. Es kommt nur auf die jeweils richtige Dosierung an. Für Desserts aus exotischen Früchten können aber auch alle traditionellen Saucen, wie die klassische Vanillesauce, eine Mandel- oder Schokoladensauce, Verwendung finden, oder sie werden, wie die nebenstehende Sabayon, "exotisch variiert".

SABAYON TROPIQUE

Eine delikate Version der klassischen französischen Sabayon, wenngleich vom Wein nicht mehr viel zu spüren ist, denn den Geschmack dominiert ganz eindeutig die Maracuja. Diese Sabayon entwickelt übrigens ihren ganz besonderen Charme, wenn man sie zu Fruchtsalaten, Savarins, Eiscreme oder Sorbets lauwarm serviert.

2 Maracujas (etwa 150 g Fruchtfleisch)
2 EL Wasser, 120 g Zucker, 4 Eigelb
1/8 l trockener Weißwein

Das Fruchtfleisch der Maracujas mit dem Wasser und der Hälfte des Zuckers aufkochen und bis etwa zur Hälfte reduzieren. Durch ein feines Sieb streichen, so daß die Kerne zurückbleiben. Die Eigelbe mit dem restlichen Zucker im Wasserbad warm aufschlagen, bis sich der Zucker vollständig aufgelöst hat. Dann erst den Wein zugießen und weitere 2 bis 3 Minuten warmschlagen. Den Kessel aus dem Wasserbad nehmen und die Sauce langsam kaltschlagen, sofern man sie nicht lauwarm servieren will.

Wichtig bei der Sabayon. Die Sauce darf nur vom Wasserdampf erwärmt werden, den Kessel also nicht direkt in das Wasser hängen. Zuerst den Fruchtsaft, dann erst den Wein zugießen und nur kurz erwärmen.

Wie wird Schokolade (Kuvertüre) richtig temperiert, soll sie schön gleichmäßig glänzen und sich aus den Formen lösen? Ganz einfach: Kuvertüre besteht aus Kakaomasse, Zucker und Kakaobutter. Ihr Schmelzpunkt liegt bei etwa 35°C, die richtige Temperatur zur Verarbeitung flüssiger Kuvertüre aber bei 32°C. Zunächst muß sie jedoch stärker abgekühlt werden, denn die Kakaobutter verbindet sich nur dann optimal mit der Kakaomasse, wenn sie von unten nach oben auf die 32°C "temperiert" wird und niemals umgekehrt. Bereits bei geringfügiger Überschreitung setzt sich die Kakaobutter ab, und das Temperieren muß von neuem beginnen. Kuvertüre kann während der Verarbeitung in einem Wasserbad von etwa 31°C flüssig gehalten werden und muß nur ab und zu durchgerührt werden.

Schokolade

DIE IDEALE, ESSBARE "VERPACKUNG" FÜR EXOTEN

Ganz abgesehen davon, daß man Schokoladenhülsen problemlos auf Vorrat herstellen kann, sind sie enorm praktisch, denn man kann darin Früchte in jeder Form servieren: frisch, als Kompott, als Püree oder als Creme. Man benötigt auch keine speziellen Formen. Gefäße aus allen glatten Materialien, möglichst konisch geformt, können verwendet werden, wie Back-, Gelee- oder Timbalformen aus Edelstahl, aber auch ganz simple Joghurtbecher aus Plastik. Drei Beispiele für einfache Füllungen:

PAPAYAPÜREE wird mit Limettensaft, etwas Sahne und Kirschwasser abgeschmeckt. Papayastückchen in eine Schokohülse legen und mit dem Püree auffüllen. Etwas geschlagene Sahne in Form einer Rosette aufspritzen (im großen Bild hinten).
TAMARILLOSAHNE AUF CHERIMOYAPÜREE. Eine Schokoladenhülse zur Hälfte mit leicht gesüßtem Cherimoyapüree füllen. Etwas Schlagsahne und Tamarillosauce (siehe Seite 168) vermischen und darüberspritzen. Mit gehobelten Mandeln garnieren (im großen Bild in der Mitte).
PHYSALISKOMPOTT, das mit Zimt und Nelken gekocht wurde, in eine Schokohülse füllen und mit Amarettosahne garnieren (im großen Bild ganz vorne).

Kuvertüre temperieren:

Die Kuvertüre in einem Wasserbad von etwa 50°C auflösen. Kleingeschnittene Kuvertüre zufügen und unter Rühren auflösen. So kühlt die Kuvertüre zugleich ab.

Abgekühlte Kuvertüre wird dickflüssig. In einem Wasserbad von 40°C unter ständigem Rühren auf 32°C erwärmen.

Eine Probe entnehmen. Die Kuvertüre muß in 2 bis 3 Minuten auf der Palette fest werden und gleichmäßig seidig glänzen.

Schokohülsen herstellen:

Die temperierte Kuvertüre in saubere Formen füllen und wieder ausgießen. In der Form bleibt eine dünne Schokoladenschicht zurück.

Auf einem Gitter über Pergamentpapier abtropfen lassen. Überstehende Kuvertüre abschneiden, solange sie noch nicht ganz fest ist.

Im Kühlschrank völlig hart werden lassen, dann durch drehende Bewegungen mit den Fingern lösen. Im Zweifelsfall die Form einmal anklopfen.

NESPOLA UND LIMETTEN IN BAROLO

Nespola, wie die Loquatfrüchte in Italien heißen, müssen wirklich reif sein, um ihr frisches, säuerliches Aroma zu entfalten. Unreif taugen sie nur zur Verarbeitung für Marmelade oder Gelee.

Für 4 bis 6 Portionen:
Saft von 1 Zitrone, 1/2 l Wasser
1,2 kg reife Loquatfrüchte (ergibt etwa 500 g Fruchtfleisch)
150 g Zucker, 1 Stück Zimtrinde, 1 Nelke
2 unbehandelte Limetten oder Zitronen
1/2 l Barolo (italienischer Rotwein)
Minzeblättchen zum Garnieren

Den Zitronensaft und das Wasser mischen und in eine Kasserolle gießen. Die vorbereiteten Loquatfrüchte (siehe die beiden Arbeitsphasen unten) sofort hineinlegen, weil sie sich sehr schnell dunkel verfärben. Den Zucker, die Nelke, den Zimt und die in dünne Scheiben geschnittenen Limetten zugeben und das Ganze 8 bis 10 Minuten kochen. Die Früchte mit einem Schaumlöffel herausnehmen, in eine Schüssel geben und mit dem Rotwein übergießen. Den Sud bis auf etwa ein Viertel einkochen und ebenfalls über die Früchte gießen. Möglichst über Nacht gut zugedeckt im Kühlschrank ziehen lassen. Vor dem Servieren mit einem Minzeblättchen garnieren.

Loquats vorbereiten:

Wirklich reife Früchte lassen sich mühelos schälen. Mit einem scharfen Messer die Schale einritzen und abziehen.

Die Loquats halbieren und die Kerne entfernen. Das Kernhaus entfernen und die Früchte sofort in Zitronenwasser legen.

MELONEN-POTPOURRI MIT MARACUJASAUCE

Nur ein Beispiel, wie sich Melonen verfeinern lassen. Die nicht gerade sehr geschmacksintensiven Früchte lassen sich gut mit Fruchtsaucen oder Wein kombinieren. Für das folgende Potpourri sollten verschiedene Melonensorten, die gerade am Markt sind, verwendet werden. Die geschmacklich verwandte Papaya paßt ebenfalls gut dazu.

800 g Papaya- und Melonenkugeln (Zuckermelone, grüne Wassermelone, Ananas-Wassermelone)
Für die Sauce:
2 Maracujas, 60 g Zucker
Saft von je 1 Orange und Limette
1 EL Scheiben von frischem Ingwer
4 EL trockener Weißwein

Die Papaya und die Zuckermelone halbieren und die Kerne entfernen. Aus dem Fruchtfleisch (möglichst mit unterschiedlich großen Ausstechern) Kugeln herausschälen. Die Wassermelonen ebenfalls halbieren und, da die Kerne bei diesen Sorten im Fruchtfleisch sitzen, versuchen, möglichst wenige dieser Kerne mit herauszuschälen. Für die Sauce die Maracujas halbieren und das Fruchtfleisch mit einem Löffel auslösen. Mit dem Zucker, dem Orangen- und Limettensaft und den Ingwerscheiben in eine entsprechend große Kasserolle geben und zum Kochen bringen. Etwa 5 Minuten bei schwacher Hitze leise köcheln lassen, anschließend durch ein feines Sieb passieren. Die Sauce nochmals aufkochen, wenn nötig, abschäumen und erkalten lassen. Mit dem Weißwein verrühren und über die Früchte gießen. Die Papaya- und die Melonenkugeln auf Tellern oder in Schälchen anrichten und mit der Maracujasauce übergießen.

Variante: Diese Maracujasauce schmeckt ganz hervorragend, wenn sie mit 100 ml halb steif geschlagener Sahne verrührt wird. Dadurch wird sie milder, hat weniger Säure und paßt sich mehr dem Aroma der Melonen an, harmoniert aber auch mit vielen anderen Desserts.

MELONENKUGELN IN TAVEL. Cantaloup-Melonen halbieren und Kugeln ausstechen. Die Melonenkugeln in 10 ml Zitronen- oder Limettensaft und 20 ml Cassislikör marinieren. Kurz im Kühlschrank durchziehen lassen, dann in gekühlte, tiefe Cocktailschalen geben und mit dem ebenfalls gut gekühlten Tavel (Roséwein) übergießen. Mit frischer Pfefferminze garnieren und servieren.

Gelee und Grütze

DIE KÜHLEN UND FRISCHEN
SOMMERDESSERTS FÜR HEISSE TAGE

GRÜTZE AUS BABACO UND KARAMBOLEN

(im kleinen Bild links)
3/8 l trockener Weißwein
120 g Zucker
Saft von 1 Limette
2 Purpurgranadillas, 1 Nelke
2 Karambolen
1 Babaco
30 g Speisestärke
20 ml trockener Sherry
4 Erdbeeren zum Garnieren

Karambole und Babaco sind von sehr zartem Geschmack. Deshalb ist das kräftige Aroma der Passionsfrucht (Purpurgranadilla) bei dieser Grütze tonangebend.

Den Weißwein mit dem Zucker, dem Limettensaft, dem Fruchtfleisch der Granadillas und der Nelke aufkochen, bis der Zucker gelöst ist. Die Früchte unter heißem, fließendem Wasser abbürsten und ungeschält in Scheiben schneiden. Portionsweise in dem Weißwein ganz kurz blanchieren (höchstens 1 Minute) und wieder herausnehmen. Die Speisestärke mit dem Sherry anrühren und in den kochenden Wein gießen. Mit dem Schneebesen kräftig durchrühren und kochen, bis die Flüssigkeit gebunden und klar ist. Die blanchierten Früchte hineingeben, und gut kühlen. Auf Tellern anrichten mit den Erdbeeren garnieren und servieren.

ORANGENGELEE

(ohne Abbildung)
1/2 l frisch gepreßter Orangensaft
Saft von 1 Zitrone
16 Blatt Gelatine
1/8 l trockener Weißwein
300 g Zucker

Die angegebenen Mengen sind für eine Form von 1 l Inhalt berechnet. Den Orangen- und Zitronensaft durch ein feines Sieb gießen. Die Gelatine in 1/2 l kaltem Wasser einweichen. Den Weißwein mit etwa 1/3 des Fruchtsafts und dem Zucker aufkochen, damit er sich vollständig löst. Vom Herd nehmen und die ausgedrückte Gelatine darin auflösen. Diese Mischung zu dem restlichen Fruchtsaft gießen, auf Eis kaltrühren und in die Form füllen. In 3 bis 4 Stunden im Kühlschrank fest werden lassen. Das Gelee darf beim Stürzen keinen weichen Kern haben, da es sonst auseinanderbricht.

MARACUJAGELEE IN EINER KIWANO

Das besonders kräftige Aroma der Maracuja ergänzt sich bestens mit dem erfrischenden, kernreichen Fruchtfleisch der Kiwano. Je nachdem, wie groß das Dessert ausfallen soll, kann man es pro Portion in einer ganzen oder halben Kiwano servieren.

(im Bild hinten)
4 große Maracujas, Saft von 2 Orangen
150 g Zucker, etwa 1/4 l trockener Weißwein
7 Blatt Gelatine, 2 bis 4 Kiwanos
40 ml Orangenlikör

Das Fruchtfleisch der Maracujas mit dem Orangensaft und Zucker 2 bis 3 Minuten kochen, dann durch ein Sieb in einen Meßbecher passieren. Mit dem Weißwein bis auf 1/2 Liter auffüllen. Die in kaltem Wasser eingeweichte und ausgedrückte Gelatine auflösen und unter die Flüssigkeit rühren. Erkalten lassen und in ein entsprechend großes Gefäß gießen, um eine etwa 1 cm hohe Geleeschicht zu erhalten. Im Kühlschrank fest werden lassen. Vor dem Stürzen das Gefäß ganz kurz in heißes Wasser tauchen und das Gelee auf eine Unterlage stürzen. In Würfel von etwa 1 cm Kantenlänge schneiden und in die gut gekühlten Kiwanos füllen. Mit dem Orangenlikör beträufeln.

WEINGELEE MIT EXOTEN

Die Auswahl wird wohl meist nach dem Angebot zusammengestellt. Es sollte nur jeweils eine Kombination aromastarker und milder Früchte sein.

(in der Bildmitte)
1/4 l trockener Weißwein, Saft von 1 Limette
120 g Zucker, 5 Blatt Gelatine
400 g vorbereitete, tropische Früchte

Den Wein, Zitronensaft und Zucker erhitzen, bis der Zucker gelöst ist. Die ausgedrückte Gelatine darin auflösen und das Gelee abkühlen lassen. Mit den in Scheiben oder in Stücke geschnittenen Früchten schichtweise in Gläser füllen. Die einzelnen Schichten immer erst im Kühlschrank fest werden lassen, bevor die nächste eingefüllt wird.

CAMPARIGELEE MIT KAKIFRUCHT

(im Bild vorne)
100 g Zucker, Saft von 2 Limetten
5 Blatt rote Gelatine, 1/4 l Weißwein
60 ml Campari, 2 reife Kakifrüchte

Den Zucker mit dem Limettensaft kochen, bis er sich aufgelöst hat. Darin die in kaltem Wasser eingeweichte und ausgedrückte Gelatine auflösen. Den Wein und den Campari zugießen, die Mischung auf Eis kaltrühren und in Förmchen füllen. Die Kakifrüchte schälen, das Fruchtfleisch in Würfel schneiden und in das Gelee geben. Im Kühlschrank erstarren lassen, stürzen und mit Schlagsahne und Kakisauce (siehe Seite 168) anrichten.

Gelatine einweichen. Blattgelatine in reichlich kaltem Wasser ausquellen lassen und nach 10 Minuten ausdrücken. 15 g Pulvergelatine mit mindestens 1/8 l kaltem Wasser einweichen, sie saugt es innerhalb weniger Minuten vollständig auf.

Wieviel Gelatine für Gelee?

So wenig wie möglich, denn Gelee schmeckt am besten, wenn es nur ganz leicht gebunden ist. Das ist unproblematisch bei Gelees, die in Gläsern serviert werden; soll Gelee aber gestürzt werden, muß es seine Form behalten, und dafür ist eine Mindestmenge Gelatine notwendig. Die beiden im Handel befindlichen Sorten, Blatt- und Pulvergelatine, können in gleicher Dosierung verwendet werden. Will man ganz sicher gehen, kann man auch die Blattgelatine wiegen. Ein Blatt wiegt im Durchschnitt 2,1 g. Für leichte Gelees in Gläsern benötigt man auf 1/2 l Flüssigkeit 8 bis 10 g Gelatine oder 5 Blatt. Für gestürzte Gelees benötigt man auf 1/2 l Flüssigkeit 14 bis 16 g Gelatine oder 7 bis 8 Blatt. Berücksichtigen muß man noch die Wassermenge, die beim Einweichen von der Gelatine aufgenommen wird. Bei 8 Blatt sind es etwa 50 ml und bei Pulvergelatine (15 g werden mit 1/8 l Wasser eingeweicht) die gesamte Wassermenge. Bei der Verwendung von großen Formen (1,5 l sollte die Obergrenze sein) muß der Gelatineanteil etwas erhöht werden, da das Gelee durch das höhere Eigengewicht nach dem Stürzen mehr Stabilität benötigt.

DESSERTS

SAPODILLAS
IN RUM-SAUCE:
gefüllte Schokoladen-
törtchen als eigenstän-
diges Dessert. 300 g
reife Sapodillas (etwa
4 Stück) schälen, das
entkernte Fruchtfleisch
würfeln. Mit 50 g Zucker
und dem Saft von 1 Li-
mette 2 bis 3 Minuten
kochen. 20 ml Rum
zugießen und auf 4 bis
6 Schokohülsen vertei-
len. Mit steifgeschlage-
ner Sahne sowie Tama-
rillogelee garnieren.

FEIGEN IN ANANASSAUCE
MIT COGNACSAHNE

4 reife Feigen
300 g Fruchtfleisch von 1 Ananas (entspricht etwa 1 kleinen Frucht)
80 g Zucker, 1 EL Zitronensaft, 40 ml Cognac
1/8 l Sahne, 1 EL Zucker
etwas Tamarillo- oder Erdbeergelee

Die Feigen schälen und in Scheiben schneiden oder vierteln. Die Hälfte des Ananas-Fruchtfleischs pürieren und mit Zucker und Zitronensaft kochen, bis der Zucker vollständig gelöst ist. Durch ein Sieb passieren. Das restliche Fruchtfleisch klein würfeln, zur Sauce geben und kurz aufkochen. Abkühlen lassen und die Hälfte des Cognacs unterrühren. Die Feigen auf 4 Tellern arrangieren und mit der Ananassauce übergießen. Die Sahne mit dem Zucker steifschlagen, mit dem restlichen Cognac parfümieren und dazu reichen. In selbstgemachten oder fertig gekauften Schokoladenhülsen (siehe Seite 170) sieht sie besonders schön aus. Mit etwas Tamarillo- oder Erdbeer-gelee verzieren.

PHYSALIS IN GRANATAPFELSAUCE
MIT EINEM KLEINEN WINDBEUTEL

1 großer Granatapfel (etwa 400 g)
80 g Zucker
Saft von 1 Limette
1 Stück Zimtrinde
1/8 l kräftiger Rotwein (wie Burgunder)
400 g Physalis
4 kleine Windbeutel
1/8 l Sahne, 1 EL Zucker
Puderzucker zum Besieben

Den Granatapfel halbieren und die Kerne herauslösen. 2 EL Kerne zurückbehalten, den Rest mit dem Zucker, Limettensaft, der Zimtrinde und dem Rotwein aufkochen. Bei schwacher Hitze köcheln lassen, bis die Flüssigkeit etwa bis zur Hälfte reduziert ist. Inzwischen die Physalis aus den Hüllen nehmen und halbieren. Zusammen mit den zurückbehaltenen Granatapfelkernen in die Sauce geben, einmal aufkochen, die Zimtrinde entfernen und das Ganze erkalten lassen. Auf 4 Tellern anrichten und jeweils mit einem kleinen, mit der geschlagenen Sahne gefüllten Windbeutel servieren.

GUAVENMOUSSE
MIT ORANGENSAUCE

3 Guaven

(etwa 350 g ergeben etwa 250 g Fruchtfleisch)

1 EL Zitronensaft, 110 g Zucker

20 ml Orangenlikör, 5 Eigelb, 3 Blatt Gelatine

3 Eiweiß, 1/8 l Sahne

4 EL Orangensauce (siehe Seite 168)

Schokoladenblättchen zum Garnieren

Die Guaven schälen, das Fruchtfleisch in Stücke schneiden und pürieren. Dann durch ein Sieb streichen. Mit dem Zitronensaft, der Hälfte des Zuckers, dem Likör und den Eigelben schaumig rühren. Die Gelatine einweichen, wenn sie gequollen ist, wieder ausdrücken und auflösen. Unter die Eigelbmasse rühren. Die Eiweiße zu Schnee schlagen, dabei den restlichen Zucker einrieseln lassen. Parallel dazu die Sahne steifschlagen. Zuerst den schnittfesten Eischnee unter die Eigelbmasse ziehen, dann die Sahne unterheben. Sofort in ein entsprechend großes Gefäß füllen und im Kühlschrank (in 3 bis 4 Stunden) fest werden lassen. Mit einem Löffel Nocken abstechen (3 pro Portion) und auf 4 Tellern arrangieren. Mit jeweils 1 EL der Orangensauce umgießen und mit Schokoladenblättchen garnieren.

BABACO MIT GRANADILLASAUCE
UND TAMARILLOSAHNE

1 Babaco (etwa 600 g)

1/4 l trockener Weißwein

Saft von 1 Limette, 100 g Zucker

4 Purpurgranadillas (Passionsfrüchte)

1/8 l Sahne, 1 EL Zucker

2 EL Tamarillosauce (siehe Seite 168)

Schokoladenblümchen zum Garnieren

Die Babaco unter fließendem, heißem Wasser abbürsten, abtrocknen und in Scheiben schneiden. Den Weißwein mit dem Limettensaft und dem Zucker aufkochen, bis der Zucker geklärt ist. Die Babacoscheiben in mehreren Portionen in dieser Flüssigkeit 1 bis 2 Minuten blanchieren und wieder herausnehmen. Die Granadillas halbieren und das Fruchtfleisch zu der Weinmischung geben. Diese Sauce bei schwacher Hitze langsam bis zur Hälfte reduzieren und erkalten lassen. Die Babacoscheiben auf 4 Tellern anrichten und mit der kalten Sauce übergießen. Die Sahne mit dem Zucker und der Tamarillosauce mischen und steifschlagen. Mit einem Löffel auf die Teller geben oder mit Hilfe eines Spritzbeutels Rosetten aufspritzen und diese mit Schokoladenblümchen garnieren.

Fruchtige Cremes

EINFACH ZUBEREITET -
AM BEISPIEL REIFER MANGOS

Die Mango gehört zu den Früchten, die die Natur als "fertiges" Dessert liefert. Einzige Voraussetzung: Die Frucht muß absolut reif sein, nur dann ist sie ausreichend süß und hat auch genügend eigene Säure, zumindest bei einigen Sorten, beispielsweise der "Manila". In diesem Fall genügt es, das Fruchtfleisch von Schale und Kern zu lösen und zu pürieren, fertig ist die Mangocreme. Püree von Sorten mit wenig eigener Fruchtsäure kann man mit Zitronensaft oder besser noch mit etwas Limettensaft abschmecken; fehlt es an Süße, kann das Püree mit Puderzucker oder Zuckersirup (siehe Seite 202) nachgesüßt werden.

MANGOPÜREE IN SCHOKOLADE. So läßt sich mit naturbelassenem Mangopüree ein schnelles Dessert bereiten. Die Hülsen aus Schokolade kann man selbst herstellen oder im Handel kaufen. Frisches Mangopüree in die Hülsen füllen und steifgeschlagene Sahne aufspritzen. Eventuell mit Schokoladenraspeln garnieren und mit Puderzucker besieben.

MANGO-SAHNECREME
(im Bild hinten rechts)

350 g Mango-Fruchtfleisch (= 500 g Bruttogewicht)
2 EL Zuckersirup, 3/8 l Sahne
30 g Zucker, 4 EL Schokoladensauce

Das Fruchtfleisch pürieren, wenn nötig süßen. Die Sahne mit dem Zucker steifschlagen und 2/3 unter das Fruchtfleisch rühren (siehe die Arbeitsfolgen unten rechts). Die Creme auf 4 Gläser verteilen und mit einer Sahne-Rosette garnieren, dazu die restliche Sahne mit einem Spritzbeutel und Sterntülle aufspritzen. Jeweils 1 Löffel Schokoladensauce darübergießen.

Nur vollreif ein vollkommener Genuß.
Mangopüree aus vollreifen Früchten ist ein schnelles, aber feines Dessert. Völlig naturbelassen oder ganz nach Wunsch süß oder sauer abgeschmeckt (im Bild rechts). Mit Joghurt angereichert, ergibt es eine ebenso einfache wie schmackhafte Variante (links hinten).

Mangopüree:

Das Fruchtfleisch der Mangohälften mit einem Eßlöffel aus der Schale lösen und in Würfel schneiden.

Das den Kern umgebende Fruchtfleisch mit einem Messer abschaben. Dabei den Kern festhalten.

Mit dem Pürierstab geht es am einfachsten. Das Fruchtfleisch läßt sich so in einer entsprechend großen Schüssel mühelos zerkleinern.

Für die Sahnecreme:

Das pürierte Fruchtfleisch, nur wenn nötig mit etwas Zuckersirup oder Puderzucker nachsüßen.

Die steifgeschlagene Sahne mit einem Schneebesen unter das Mangopüree ziehen und die Creme in Gläser füllen.

Charlotten

KUNSTVOLLE KREATIONEN
MIT BISKUIT UND CREMES

Diese Süßspeisen kamen im
19. Jahrhundert aus England.
Unterschiedliche Formen
werden mit Weißbrot- oder
Biskuitscheiben ausgeklei-
det, dann mit Obst und
feinen Cremes gefüllt. Diese Meisterwerke der Patisserie
bilden die Krönung auf jedem
süßen Büfett.

Eine Charlotte, wie diese mit
Kakifrüchten gefüllte, ist schon ein
recht kompliziertes Gebilde, und die
Herstellung bedarf einiger Mühe.
Gaumen und Auge kommen da-
bei aber auf ihre Kosten.

Süß und
heiß serviert

GEBRATEN ODER GRATINIERT
ENTWICKELN EXOTEN IHR VOLLES AROMA

GRATINIERTE KARAMBOLEN
AUF VANILLECREME

2 Karambolen, 20 ml Rum
1 EL Puderzucker
Für die Creme:
1/4 l Milch, 1/2 Vanillestange
1 EL Zucker, 2 Eigelb
20 g Speisestärke
2 Eiweiß, 60 g Zucker
Außerdem:
4 Mürbteigtortelettes (à 10 cm Durchmesser)
Puderzucker zum Besieben

Die Karambolen waschen, trocknen und in Scheiben schneiden. In eine Schüssel geben und mit dem Rum beträufeln. Mit dem Puderzucker besieben und 30 Minuten zugedeckt ziehen lassen. Für die Creme die Milch mit

EXOTENGRATIN
MIT TAMARILLOSAUCE

500 g reife, tropische Früchte
20 ml brauner Rum
2 EL brauner Zucker
Außerdem:
300 ml Milch, 80 g Zucker
1/2 Vanillestange, 4 Eigelb, 20 g Mehl
4 Eiweiß, 100 ml Sahne
40 g gehobelte Mandeln zum Bestreuen
Puderzucker zum Besieben
Tamarillosauce (siehe Seite 168)

Unter die Vanillecreme vorsichtig den Eischnee, dann die geschlagene Sahne ziehen. Die Masse mit einem Löffel über die Früchte verteilen.

Die Früchte, in diesem Fall Papaya, Tamarillo, Physalis, Rambutan und Kiwi, schälen und entsprechend zerkleinern. In 4 Gratin- oder Eierpfännchen verteilen und mit Rum beträufeln. Mit Zucker bestreuen und zugedeckt 1 Stunde durchziehen lassen. Die Milch mit der Hälfte des Zuckers und der längs aufgeschnittenen Vanillestange zum Kochen bringen. Die Eigelbe mit dem Mehl und 1 bis 2 EL der heißen Milch verrühren. In die kochende Milch gießen, unter kräftigem Rühren die Milch binden und etwa 1 Minute durchkochen. Vom Herd nehmen, die Vanillestange entfernen und die Creme abkühlen lassen. Dabei mehrmals durchrühren, damit keine Haut entsteht. Die Eiweiße zu Schnee schlagen, den restlichen Zucker einrieseln lassen und den schnittfesten Schnee unter die Creme ziehen. Dann die geschlagene Sahne unterziehen und die Masse auf dem Obst verteilen. Mit den Mandeln bestreuen und bei 200°C im vorgeheizten Ofen hellbraun backen. Mit Puderzucker besieben und mit Tamarillosauce servieren.

der längs aufgeschnittenen Vanillestange und 1 EL Zucker zum Kochen bringen. Inzwischen die Eigelbe mit der Speisestärke und 1 EL der Milch verrühren und damit die kochende Milch binden. Kräftig durchkochen lassen. Parallel dazu die Eiweiße steifschlagen, dabei den Zucker langsam einrieseln lassen. Diesen Eischnee mit einem Schneebesen unter die kochende Creme ziehen. Die Creme in die Mürbteigtortelettes füllen und die Oberfläche mit den marinierten Karambolenscheiben belegen. Mit Puderzucker besieben und die Törtchen unter dem Grill gratinieren, bis der Puderzucker an den Rändern der Karambolen leicht karamelisiert.

GEBRATENE KAKISCHEIBEN MIT LITCHIREIS

Für den Milchreis:
60 g Rundkornreis, 1/4 l Milch
60 g Zucker, 1/4 TL Salz
Schale von 1/2 unbehandelten Zitrone
250 g Litchis
1/8 l Sahne, 1 EL Zucker
Außerdem:
2 reife Kakifrüchte
Puderzucker zum Besieben, 30 g Butter
4 EL Schokoladensauce
Zitronenmelisse zum Garnieren

Den Reis in einem Sieb so lange unter fließendem Wasser waschen, bis das abfließende Wasser klar bleibt.

Die Milch mit dem Zucker und dem Salz sowie der ganz dünn abgeschnittenen Zitronenschale erhitzen. Den Reis zugeben und unter Rühren zum Kochen bringen. Bei sehr schwacher Hitze 25 bis 30 Minuten zugedeckt ausquellen lassen, währenddessen aber nicht umrühren. Die Zitronenschale entfernen und den Milchreis erkalten lassen. Die Litchis schälen, halbieren und den Kern entfernen. Das Fruchtfleisch in grobe Stücke schneiden und unter den Milchreis rühren. Die Sahne mit dem Zucker steifschlagen und zum Schluß unter den Reisbrei heben. Auf 4 Teller verteilen. Die reifen Kakifrüchte schälen, den Stielansatz herausschneiden und jede Frucht in 4 Scheiben schneiden. Mit dem Puderzucker besieben. Die Butter in einer entsprechend großen Pfanne zerlaufen lassen, die gezuckerten Kakischeiben einlegen und bei kräftiger Hitze von beiden Seiten kurz braten. Mit Schokoladensauce umgießen und mit Zitronenmelisse garnieren.

MANGOREIS MIT HEISSEN TAMARILLOHÄLFTEN

1 reife Mango (etwa 500 g)
Für den Milchreis:
60 g Rundkornreis, 1/4 l Milch
80 g Zucker, 1/4 TL Salz, 2 Eiweiß
Außerdem:
2 Tamarillos
Puderzucker zum Besieben
20 g Butter
Pfefferminzblättchen zum Garnieren

Die Mango halbieren und den Kern entfernen. Mit einem Löffel das Fruchtfleisch herausheben und in Würfel schneiden. Den Reis (mit der Hälfte des Zuckers), wie im Rezept links beschrieben, kochen. Während der Reis abkühlt, die Eiweiße mit dem restlichen Zucker zu stei-

Guaven schmecken heiß besonders gut. Die Guavenscheiben kräftig mit Puderzucker besieben und mit reichlich Butter in der Pfanne von beiden Seiten braten.

fem Schnee schlagen und zusammen mit dem gewürfelten Mango-Fruchtfleisch unter den Milchreis heben. Auf 4 Teller verteilen. Die Tamarillos schälen, längs halbieren und die Schnittflächen dick mit Puderzucker besieben. In einer entsprechend großen Pfanne die Butter zerlaufen lassen, die Tamarillohälften mit den Schnittflächen nach oben in die Pfanne legen und mit geschlossenem Deckel bei mittlerer Hitze braten. Auf die Teller legen und mit dem Bratsaft begießen. Mit den Pfefferminzblättchen garnieren.

CREPES MIT KUMQUATFÜLLUNG

Grundrezept für 16 Crêpes à 15 cm Durchmesser:
100 g Mehl, je 1/8 l Milch und Wasser
1 Msp. Salz, 1 EL Zucker, 2 Eier, 2 Eigelb, 25 g Butter
120 g Butter zum Ausbacken
Für die Füllung:
Für 4 Portionen
100 ml Orangensaft, 50 g Zucker
1 Msp. Ingwerpulver, 300 g Kumquats
Außerdem:
8 Crêpes (wie im Rezept oben), 30 g Butter
je 20 ml Rum und Orangenlikör
1/8 l Sahne, 1 EL Zucker
Schokoladenraspel zum Garnieren

Für einen gleichmäßig dünnen Fettfilm abgeschäumte Butter in die Pfanne gießen, schwenken und die restliche Butter zurückgießen. Mit einer Kelle abgemessenen Teig hineingeben.

Für den Teig das Mehl in eine Schüssel sieben und zuerst Milch und Wasser unterrühren. Dann Salz, Zucker, Eier und Eigelbe und zum Schluß die geklärte Butter zufügen. Glattrühren und das Mehl mindestens 1 Stunde ausquellen lassen. Den Teig vor dem Backen nochmals durchrühren. Die Crêpes wie links backen und zwischen 2 Tellern im Backofen warm halten.
Für die Füllung Saft, Zucker und Ingwerpulver aufkochen, abschäumen und auf die Hälfte reduzieren. Die gewaschenen Kumquats halbieren und darin erhitzen. Die Crêpes in zerlassener Butter wenden. Die Kumquats mit Sauce, Rum und Likör zugeben und aufkochen. Mit Schlagsahne und Schokoraspeln garnieren.

CREPES MIT TAMARILLOSAUCE

4 Tamarillos, Saft von 1 Limette
90 g Zucker, 60 g Marzipanrohmasse
20 ml Kirschwasser
8 Crêpes (wie im nebenstehenden Rezept)
2 Eiweiß
Puderzucker zum Besieben

Die Tamarillos schälen und 2 davon im Mixgerät zusammen mit dem Limettensaft pürieren. Durch ein mittelfeines Sieb passieren, damit die Kerne zurückbleiben, und mit 40 g Zucker in einer entsprechend großen Kasserolle aufkochen. 2 bis 3 Minuten leise köcheln. Die Marzipanrohmasse in kleine Würfel schneiden, in eine Schüssel geben und das Kirschwasser sowie die Hälfte der Tamarillosauce zufügen. Diese Mischung cremig verrühren. Damit 4 Crêpes dünn bestreichen, jeweils mit 1 Crêpe abdecken und mit der restlichen Sauce begießen. Von links und rechts zu einem Streifen einschlagen und auf 4 Tellern anrichten. Die Eiweiße mit dem restlichen Zucker zu steifem Schnee schlagen und auf die Crêpes spritzen (Sterntülle Nr. 7). Unter dem Grill hellbraun überbacken. Die beiden restlichen Tamarillos in Scheiben schneiden und um die Crêpes legen. Mit Puderzucker besieben.

Eine geschmacklich ganz aparte Variante, vorausgesetzt man hat eine wirklich reife Mango zur Hand: Statt der Tamarilloscheiben wird Mango-Fruchtfleisch gewürfelt und mit 2 EL Tamarillosauce gemischt.

CREPES MIT MARACUJA UND CREME CHANTILLY

30 g Butter, 2 Maracujas, 100 g Zucker

Abgeriebenes und Saft von 1 unbehandelten Orange

Saft von 1 Limette

8 Crêpes (wie im nebenstehenden Rezept)

40 ml brauner Rum, 1/8 l Sahne, 1 EL Zucker

Mark von 1/2 Vanillestange

Melisseblättchen zum Garnieren

Die Butter in einer entsprechend großen Pfanne zerlaufen lassen. Die Maracujas halbieren und das Fruchtfleisch zusammen mit dem Zucker in die Butter geben und unter Rühren aufkochen, bis der Zucker gelöst ist. Mit einer feinen Reibe die äußere Schale der Orange vorsichtig abreiben, damit keine weiße, bittere Schale mitabgerieben wird. Mit dem Orangen- und Limettensaft zugeben und alles 2 bis 3 Minuten kochen. Die Crêpes einlegen, den Rum darübergießen und bei reduzierter Hitze einige Minuten weiterkochen. Auf 4 Tellern anrichten. Die Sahne mit 1 EL Zucker und dem ausgekratzten Vanillemark halb steif schlagen und über die heißen Crêpes geben. Mit Melisseblättchen garnieren.

Eine etwas herbe Variante: Dafür wird der Orangensaft durch Grapefruitsaft ersetzt und statt Rum Campari verwendet. Der kräftige Geschmack der Maracujas und das "Bittere" von Grapefruit und Campari ergänzen sich auf interessante Weise.

CREPES MIT GUAVEN, HIMBEEREN UND ORANGENSAUCE

100 ml Orangensaft (etwa 2 Früchte)

Saft von 1 Limette

40 g Zucker, 2 Guaven

20 g Butter, 2 EL Puderzucker

100 g frische Himbeeren

4 Crêpes (wie im nebenstehenden Rezept)

Den Orangen- und Limettensaft mit dem Zucker aufkochen und etwa bis zur Hälfte reduzieren. Die Guaven schälen und in Scheiben schneiden. In einer entsprechend großen Pfanne die Butter zerlaufen lassen, die Guavenscheiben einlegen und mit dem Puderzucker bestreuen. 2 bis 3 Minuten dünsten, dann die frischen Himbeeren zugeben und die Orangensauce darübergeben. Die Crêpes auf 4 Teller legen, jeweils etwas Füllung auf eine Hälfte der Crêpes geben und die andere Hälfte darüberklappen.

Die Lulo (eine Quito-Orange) als Füllung ist eine äußerst delikate Variante: Ihr süß-säuerlicher Geschmack harmoniert ganz ausgezeichnet mit der Orangensauce. Anstelle der Guaven die gleiche Menge an geschälten Lulofrüchten in Scheiben schneiden, aber nur kurz erhitzen, weil sie sonst breiig würden. Etwas geschlagene Sahne paßt übrigens gut dazu.

SOUFFLE
MIT EXOTISCHEN FRÜCHTEN

Das Soufflé ist der Inbegriff einer lockeren, luftigen Süßspeise. Zu Unrecht hat es noch immer den Ruf, kompliziert in seiner Zubereitung zu sein und empfindlich auf Zubereitungsfehler zu reagieren. Denn ein Soufflé ist nicht schwieriger als viele andere Desserts, wenn man einige wichtige Grundregeln beachtet. Das folgende Rezept garantiert ein erprobt gutes Resultat.

Die Soufflémasse in die mit exotischen Früchten ausgelegte Souffléform geben. Bis etwa 1 cm unter den Rand der Form einfüllen.

Für 6 bis 8 Portionen
50 g Butter, 50 g Mehl, 1/2 Vanilleschote, 1/4 l Milch
4 Eier, 70 g Zucker
Butter und Zucker für die Form
Außerdem:
300 g Früchte (beispielsweise Mangos und Tamarillos)
20 ml Orangenlikör
Puderzucker zum Besieben

Die im Rezept angegebenen Mengen sind für eine Souffléform von 18 cm Durchmesser berechnet. Für die Mehlbutter zunächst die weiche Butter mit dem Mehl verkneten, zu einer Rolle formen und in Scheiben schneiden. Die längs aufgeschnittene Vanilleschote in die Milch geben und aufkochen. Die Vanilleschote wieder herausnehmen und noch anhaftendes Vanillemark in die Milch geben. Die Milch mit der Mehlbutter binden. Dazu die Scheibchen nacheinander in die kochende Milch geben und mit einem Schneebesen unterrühren. Weiterrühren, bis das Mehl die Flüssigkeit gebunden hat und eine glatte Masse entstanden ist. Die Eigelbe vom Eiweiß trennen und die Eigelbe nacheinander unter die abgekühlte Masse rühren. Den Zucker auf einmal zu den Eiweißen geben, dann zu Schnee schlagen. Diese Methode ergibt zwar nicht so viel Volumen, der Schnee wird aber fester und widerstandsfähiger. Den Eischnee mit der Soufflémasse "melieren"; das heißt, die Masse zuerst in eine Schüssel umfüllen und ein Viertel des Eischnees unterrühren, damit die Masse leichter und dadurch aufnahmefähiger für den übrigen Eischnee wird. Dann den restlichen Eischnee vorsichtig unterziehen. Die Souffléform mit flüssiger, fast kalter Butter gleichmäßig dünn ausstreichen und mit Zucker ausstreuen, dabei darauf achten, daß der Boden und die Ränder lückenlos bedeckt sind. Anschließend mit den vorbereiteten Früchten auslegen und diese mit dem Orangenlikör beträufeln. Die Soufflémasse über die Früchte gießen und die Form in ein etwa 4 bis 5 cm hohes, heißes Wasserbad stellen und in den auf 200°C vorgeheizten Backofen schieben. Die Wassertemperatur sollte 80°C möglichst nicht überschreiten, deshalb die Hitze reduzieren. 40 bis 50 Minuten garen. Sollte das Soufflé nach Ende der Backzeit nicht braun genug sein, kann man es bei Oberhitze noch weitere 5 bis 10 Minuten im Backofen bei 200°C fertig backen. Das Soufflé mit Puderzucker besieben, sobald es aus dem Backofen kommt, und sofort servieren.

Heiße Früchtchen

DURCH FACHGERECHTES FLAMBIEREN WIRD ALKOHOL ZUM "GEWÜRZ"

"Desserts mit zweifelhaftem Ruf" könnte man sie nennen, weil sie oft nur wegen des Feuerzaubers zelebriert werden, und die Qualität nach der Höhe der Flammen eingestuft wird. Aber die umstrittene Praxis des Flambierens kann bei seriösem Umgang mit Alkohol zu sehr guten Ergebnissen führen, denn Spirituosen, vor allem kräftig schmeckende Liköre, werden durch das Flambieren sozusagen reduziert. Durch das Abbrennen verfliegt der Alkohol, und zurück bleibt die geschmackliche Essenz als Gewürz für Frucht-Desserts. Zum Flambieren eignet sich eine ganze Reihe exotischer Früchte.

EXOTISCH GEMISCHT AUS DER PFANNE

Die Zusammenstellung der Früchte kann man getrost dem Marktangebot überlassen. Sie müssen entsprechend zerkleinert, also in Scheiben oder Stücke geschnitten werden, um in der Pfanne möglichst schnell durch und durch heiß zu werden.

40 g Butter
400 g vorbereitete, gemischte Früchte
30 g Puderzucker
Saft von 2 Limetten und von 1 Orange
40 ml brauner Rum

Die Butter in einer entsprechend großen Pfanne zerlaufen lassen und die Früchte einlegen. Mit dem Puderzucker besieben und nur durch das Bewegen der Pfanne die Früchte etwas schütteln. Den Limetten- und Orangensaft darübergießen und 2 bis 3 Minuten köcheln lassen. Dann den Rum darübergießen, die Früchte vorsichtig wenden, damit sie nicht auseinanderfallen, und servieren. Halb steif geschlagene Vanille-Sahne paßt gut dazu.

FLAMBIERTE BANANEN

3 reife Bananen (etwa 500 g)
70 g Butter, 80 g brauner Zucker (Farinzucker)
Saft von 1 Limette und von 2 Orangen
Abgeriebenes von 1 Orange
40 ml Orangenlikör, 10 ml Arrak

Die Bananen schälen und längs durchschneiden. 40 g Butter in einer Pfanne zerlassen und die Bananen von beiden Seiten bei starker Hitze kurz anbraten und warm stellen. Die restliche Butter in der Flambierpfanne zerlassen und den Zucker darüberstreuen. Unter ständigem Rühren schmelzen, dann den Limetten- und Orangensaft sowie die abgeriebene Orangenschale zugeben. Die Sauce etwa 2 bis 3 Minuten bei starker Flamme einkochen. Den Orangenlikör und den Arrak zugießen, die Pfanne etwas schräg halten, den Alkohol anzünden und abbrennen lassen. Die angebratenen Bananen zusammen mit dem Bratfond zugeben und in der Flüssigkeit nochmals richtig erhitzen.

LIMETTEN-GRANITE MIT KAKIFRUCHT UND HIMBEERSAUCE.

Den Saft von 4 Limetten mit 1 EL gehackter, frischer Ingwerwurzel, 1 Nelke und 80 g Zucker mischen und einmal aufkochen. Wenn der Zucker vollständig aufgelöst ist, die Flüssigkeit durch ein feines Sieb seihen und 1/2 l Wasser oder trockenen Weißwein zugießen. In einem entsprechend flachen Gefäß (die Flüssigkeit sollte darin nicht höher als 2 cm stehen) im Tiefkühlschrank oder im Tiefkühlfach frieren lassen und, wie auf den nächsten Seiten beschrieben, weiterverarbeiten. 2 reife Kakifrüchte schälen, das Fruchtfleisch in Würfel schneiden und auf 6 Gläser verteilen. Darauf das Granité geben und wiederum mit Kakifrüchten belegen. Mit jeweils 1 EL Himbeersauce krönen und mit einem Minzezweig garnieren. Für 6 Portionen.

Eiskalt tropisch

GRANITE ODER EISPARFAIT, FERTIG-EISCREME ODER SELBSTGEMACHT - EIN HIMMLISCHES VERGNÜGEN

Die Tropenfrüchte, gleichgültig ob sie wie Maracujas ein kräftiges Aroma haben oder wie Karambolen einen verhaltenen Geschmack, entwickeln ihre Höchstform erst in Extremen - heiß oder eiskalt. Sie sind eine wahre Bereicherung für die Patisserie: Die Geschmackskombinationen von Eiscremes, Sorbets und Halbgefrorenem können durch die Exoten vervielfacht werden, denn fast alle tropischen Früchte lassen sich nicht nur untereinander, sondern auch mit unseren heimischen Früchten kombinieren. Gestoßenes Eis, einfach nur mit Fruchtpüree oder mit Fruchtsaft übergossen, ist an sich ein komplettes Eis-Dessert. Gleichzeitig ist es das Grundrezept sowohl des persischen "Sharbate", eigentlich ein Granité, von dem sich unser Sorbet herleitet, als auch von "frio-frio", einer im ganzen karibischen Raum beliebten Erfrischung. Dort werden am Straßenrand kleine Tüten aus Pappe feilgeboten, gefüllt mit gemahlenem Eis, über das einfach ein Schuß Fruchtsirup nach Wahl gegossen wird. Die Palette reicht von Ananas bis Tamarillo. Diese einfachen Granités sind die ideale Erfrischung, die man sich auch bei uns an warmen Sommertagen in Erinnerung rufen sollte. Ein simples, aber deswegen nicht minder feines Beispiel ist das Granité links im Bild.

Granité

EINE KÖSTLICHE ERFRISCHUNG AUS
FRUCHTSAFT, CHAMPAGNER ODER WEIN

CHAMPAGNER-GRANITE
MIT TROPISCHEN FRÜCHTEN

Für 8 bis 10 Portionen
(im großen Bild hinten)
70 g Puderzucker, Saft von 1 Limette
0,7 l trockener Champagner
tropische Früchte nach Wahl
8 bis 10 EL Orangensauce (siehe Seite 168)

Puderzucker und Limettensaft verrühren. Den Champagner unterrühren, in ein sehr flaches Gefäß gießen und frieren lassen, wie unten ausführlich gezeigt. In mit Früchten ausgelegte Gläser füllen. Mit Früchten dekorieren und mit jeweils 1 EL Orangensauce übergießen.

CHIANTI-MANDARINEN-GRANITE
MIT KIWIS

Für 8 bis 10 Portionen
(im großen Bild vorne)
120 g Zucker, 1/4 l Mandarinensaft
Saft von 1 Zitrone
0,7 l Chianti Classico (mit möglichst wenig Gerbsäure)
4 bis 5 Kiwis

Den Zucker mit dem Mandarinen- und Zitronensaft einmal aufkochen, abkühlen lassen und mit dem Wein mischen. In einem entsprechend flachen Gefäß frieren lassen. Das Granité mit einem Löffel abschaben und mit den geschälten und in Scheiben geschnittenen Kiwis in Gläsern anrichten.

Champagner-Granité zubereiten:

Puderzucker und Limettensaft verrühren. Den Champagner zugießen, die Flüssigkeit in ein flaches Gefäß füllen und frieren lassen.

Am Rand der Form gefriert Granité immer zuerst. Es kann hier entnommen oder immer wieder unter den noch flüssigen Teil in der Mitte gemischt werden.

Die gefrorene Schicht mit einem Löffel abschaben. Durch den relativ niedrigen Zuckergehalt bilden sich beim Gefrieren kleine Kristalle, deren Körnung durch die Häufigkeit des Rührens variiert werden kann.

Sorbet

EIS, DAS IN JEDER GEWÜNSCHTEN KONSISTENZ ZUBEREITET WERDEN KANN

Die Sorbet-Konsistenz ist einerseits abhängig von dem Zuckergehalt und andererseits von der Gefrierzeit. Zum Frieren sollte man eine Sorbetiere (kleine Eismaschine) zur Verfügung haben, denn nur in einem solchen Gerät werden Sorbets auch entsprechend luftig und cremig. Es ist zwar auch eine manuelle Zubereitung möglich (siehe die Bildfolge unten rechts), aber das Ergebnis ist nicht vergleichbar. Wichtig bei der manuellen Methode ist, die Sorbetmischung in möglichst kurzen Abständen mit dem Schneebesen durchzurühren, damit erst gar keine großen Eiskristalle entstehen können. Die Rezepte brauchen für die manuelle Methode nicht verändert zu werden.

TAMARILLO-SORBET

Für 8 bis 10 Portionen
160 g Zucker
300 ml Wasser, 1 Nelke
500 g Tamarillos (Baumtomaten)
Saft von 2 Limetten

Zuerst den Zucker mit dem Wasser und der Nelke aufkochen und klären, dann die Nelke entfernen. Die Tamarillos schälen, in einem Mixer pürieren und durch ein Sieb streichen, damit die Kerne zurückbleiben. Mit dem Zuckersirup und dem Limettensaft vermischen und frieren lassen. Die Zubereitung ist unten ausführlich beschrieben. Das Sorbet schmeckt am besten, wenn es noch schön cremig weich ist. In dieser Konsistenz läßt es sich mittels Spritzbeutel mit Sterntülle Nr. 12 in vorgekühlte Gläser füllen. Halb steif geschlagene Vanille-Sahne paßt besonders gut dazu.

Ob dunkelrote oder gelbe Tamarillos, das Sorbet-Rezept bleibt unverändert, denn geschmacklich unterscheiden sie sich kaum.

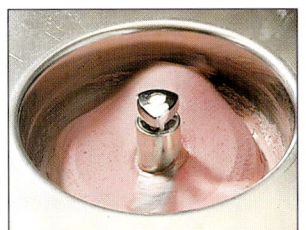

Tamarillo-Sorbet zubereiten:

Den Zucker mit Wasser und Nelke aufkochen. Das Fruchtfleisch der Tamarillos pürieren und den Limettensaft unterrühren.

Das Fruchtpüree durch ein feines Sieb streichen und den abgekühlten Zuckersirup (die Nelke vorher entfernen) darunterrühren.

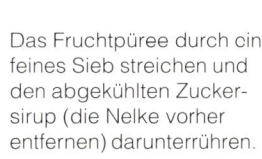

In die vorgekühlte Sorbetiere gießen und ganz nach Geschmack mehr oder weniger cremig frieren.

"Manuelle Methode":

Die Sorbetmischung in einer möglichst weiten Schüssel im Gefrierfach frieren. Nach 30 Minuten das erste Mal durchrühren.

Wiederholt in möglichst kurzen Abständen durchrühren. Je öfter es gerührt wird, desto geschmeidiger wird es. Allerdings verlängert sich die Gefrierzeit entsprechend.

SORBET VON PURPURGRANADILLA MIT SAUERKIRSCHSAUCE

Für etwa 8 Portionen
Für das Sorbet:
150 g Purpurgranadilla-Fruchtfleisch (etwa 6 Früchte)
150 g Zucker, Saft von 2 Orangen und 1 Limette
je 1/8 l Wasser und trockener Weißwein
20 ml brauner Rum, 1 Eiweiß
Für die Sauce:
250 g Sauerkirschen, 70 g Zucker
1 Msp. Zimt, 1/8 l Wasser
Minzeblättchen zum Garnieren

Die Purpurgranadillas halbieren und das Fruchtfleisch auslösen. Mit 120 g Zucker, dem Orangen- und Limettensaft sowie dem Wasser in eine entsprechend große Kasserolle geben. Zum Kochen bringen und bei schwacher Hitze 3 bis 4 Minuten leise köcheln. Durch ein feines Sieb passieren und abkühlen lassen. Weißwein und Rum unterrühren. Das Eiweiß steifschlagen und den restlichen Zucker langsam einrieseln lassen. Den schnittfesten Eischnee mit einem Schneebesen unter die Sorbetmischung rühren. In die Sorbetiere gießen und cremig rühren. Für die Sauce die Kirschen entsteinen und mit dem Zucker, Zimt und Wasser in einer Kasserolle weichkochen. Dann in einem Mixer pürieren, durch ein Sieb streichen und erkalten lassen. Das Sorbet in einen Spritzbeutel mit Sterntülle füllen und pro Portion 3 Rosetten auf einen Teller spritzen. Mit je 1 EL Sauerkirschsauce umgießen und mit Minzeblättchen garnieren.

GUAVEN-SORBET MIT SAHNE UND SCHOKOLADENSAUCE

Für etwa 8 Portionen
Für das Sorbet:
450 g Guaven (etwa 4 Stück)
1 Granatapfel (250 g)
100 g Puderzucker, Saft von 1 Zitrone
1/4 l Roséwein (wie Tavel)
etwa 8 EL Schokoladensauce
Für die Garnitur:
1/8 l Sahne, 1 EL Zucker
gehackte Pistazien zum Bestreuen

Die Guaven schälen und das Fruchtfleisch würfeln. Den Granatapfel halbieren und die Kerne auslösen. Die gewürfelten Guaven und die Granatapfelkerne mit dem Zucker und dem Zitronensaft in einem Mixer pürieren. Das Püree durch ein Sieb passieren, damit die Kerne zurückbleiben. Mit dem Wein verrühren und in einer Sorbetiere cremig frieren. Auf vorgekühlte Teller Rosetten spritzen oder mit einem Eis-Portionierer (Größe 16) Kugeln ausstechen. Mit jeweils 1 EL Schokoladensauce umgießen, die Sauce mit einem Faden aus Sahne garnieren und diesen zu Ornamenten verziehen. Die Sahne mit dem Zucker steifschlagen und je eine Sahne-Rosette aufspritzen. Mit den Pistazien bestreuen.

Delikate Variante mit reifen Mangos. Statt Guaven und Granatapfel wird Mango-Fruchtfleisch püriert und wie oben weiterverarbeitet.

SORBET VON GRAPEFRUIT UND MINNEOLA MIT TAMARILLOSAUCE

Für etwa 8 Portionen
Für das Grapefruit-Sorbet:
180 g Zucker, 200 ml Wasser
200 ml Saft von Pink Grapefruits (2 bis 3 Früchte)
Saft von 1 Zitrone
1/4 l trockener Weißwein, 60 ml Campari, 2 Eiweiß
Für das Minneola-Sorbet:
250 ml Saft von Minneolas (4 Früchte)
Saft von 1 Limette, 120 g Zucker
300 ml trockener Weißwein, 2 Eiweiß
Außerdem:
etwa 8 EL Tamarillosauce (siehe Seite 168)
kleine Makronen zum Garnieren

Für das Grapefruit-Sorbet Zucker und Wasser zu Sirup kochen und erkalten lassen. Grapefruit- und Zitronensaft mischen, durch ein feines Sieb seihen und den Wein, Campari und Zuckersirup zugießen. Den halb steifen Eischnee kräftig unter die Mischung rühren. Schaumig frieren, das heißt, oft umrühren oder in der Sorbetiere zubereiten. Für das Minneola-Sorbet den Saft der Minneolas und der Limette mit dem Zucker aufkochen und erkalten lassen. Mit dem Wein mischen und den Eischnee darunterschlagen. In der Sorbetiere cremig frieren. Mit Hilfe eines Spritzbeutels mit Sterntülle Nr. 12 auf vorgekühlte Teller spritzen. Mit je 1 EL Tamarillosauce umgießen und mit Makronen garnieren.

SORBET VON KIWI MIT MELONENKUGELN UND PAPAYASAUCE

Für 8 bis 10 Portionen
Für das Sorbet:
150 g Zucker, 1/4 l Wasser
450 g Kiwis (etwa 5 bis 6 Stück)
Saft von 1 Limette
1/4 l trockener Weißwein, 1 Eiweiß
Für die Sauce:
1 Papaya (etwa 400 g)
30 g Puderzucker, Saft von 1 Orange
20 ml Orangenlikör
Außerdem:
1 Ananas-Melone (etwa 1 kg)

Den Zucker mit dem Wasser kurz aufkochen und erkalten lassen. Die Kiwis schälen und in einem Mixer pürieren. Mit dem Limettensaft, Wein und Zuckersirup verrühren. Das Eiweiß zu steifem Schnee schlagen und unter die Sorbetmischung rühren. In der Sorbetiere geschmeidig frieren und mit einem Spritzbeutel mit Sterntülle Nr. 12 in Form von Rosetten auf die Teller spritzen. In der Zwischenzeit für die Sauce die Papaya schälen, halbieren und das Fruchtfleisch in Würfel schneiden. Mit dem Zucker und dem Orangensaft pürieren, dann den Likör unterrühren. Die Sorbet-Rosetten mit Melonenkugeln und etwas Sauce umgeben.

Sorbet-Rosetten oder Sorbet-Kugeln können tiefgekühlt für kurze Zeit aufbewahrt werden, um sie bei Bedarf schnell und reibungslos mit den übrigen Zutaten servieren zu können. Aber möglichst nicht länger als 20 Minuten, sonst ist das Sorbet vollständig gefroren und hat seine Geschmeidigkeit verloren.

Die Tortelettes werden mit Kuvertüre "isoliert", bevor das Mangokompott eingefüllt wird. Darauf kommt eine Kugel Kirscheis, dann wird das Ganze in Baisermasse gehüllt und kurz überbacken.

MANGO-KIRSCHEIS-TÖRTCHEN

Für das Mangokompott:
1 reife Mango (etwa 400 g), 1/8 l Weißwein
40 g Zucker, 2 TL Speisestärke, 2 EL Orangensaft
Außerdem:
4 Mürbteigtortelettes (à 10 cm Durchmesser)
Kuvertüre zum Ausstreichen
4 Kugeln Kirscheis (Eis-Portionierer Größe 16)
Für die Baisermasse:
3 Eiweiß, 100 g Zucker
Schokoröllchen zum Garnieren

Die Mango schälen, den Kern entfernen und das Fruchtfleisch in Würfel schneiden. Den Wein mit dem Zucker aufkochen. Die Speisestärke mit dem Orangensaft anrühren und damit den Wein binden. Kräftig kochen, bis die Flüssigkeit klar ist, dabei mit dem Schneebesen rühren. Die Mangowürfel unterrühren und das Kompott erkalten lassen. Die Tortelettes mit der im Wasserbad aufgelösten Kuvertüre ausstreichen, das erkaltete Mangokompott einfüllen und jeweils eine Kugel Kirscheis daraufsetzen. In das Gefrierfach stellen. Die Eiweiße steifschlagen, dabei den Zucker langsam einrieseln lassen. Den Eischnee in einen Spritzbeutel mit Sterntülle füllen und über das Eis spritzen (siehe die Bildfolge links). Unter dem rotglühenden Grill ganz kurz überbakken. Mit Schokoladenröllchen garnieren, mit etwas Puderzucker besieben und sofort servieren.

Exoten Eisdesserts

GANZ EINFACH MIT FERTIG-EISCREME

Mit exotischen Früchten und Eiscreme sind unzählige Kombinationen möglich. Der Perfektionist wird das Eis natürlich selbst zubereiten, jedoch schneidet eine gute Fertig-Eiscreme im Verhältnis von Zeitersparnis zu Qualität recht gut ab, und die Auswahl ist groß.

LIMETTENCREME
MIT KARAMBOLE UND VANILLEEIS

Eine Geschmackskombination, die durch die Erdbeersauce vortrefflich ergänzt wird.

Für die Creme:
1 Eigelb, Saft von 3 Limetten
20 ml Orangenlikör, 80 ml fruchtiger Weißwein
60 g Zucker, 3 Blatt weiße Gelatine, 1/4 l Sahne
Für die Erdbeersauce:
150 g frische Erdbeeren, 2 TL Zitronensaft
1 EL Puderzucker
Außerdem:
2 Karambolen
4 Kugeln Vanilleeis (Eis-Portionierer Größe 16)
Zitronenmelisse zum Garnieren

Das Eigelb mit dem Limettensaft, dem Likör, dem Weißwein und dem Zucker in einer Stielkasserolle bis kurz vor
dem Siedepunkt erhitzen, dabei ständig mit einem Schneebesen rühren. Die in kaltem Wasser eingeweichte Gelatine ausdrücken und in der heißen Creme auflösen,
dann alles abkühlen lassen. Die Sahne steifschlagen
und unter die fast kalte Creme ziehen. In die Gläser
füllen und im Kühlschrank fest werden lassen. Die
Erdbeeren waschen und den Stielansatz abzupfen. Die
Erdbeeren pürieren und mit dem Zitronensaft sowie
dem Puderzucker verrühren. Die Karambolen unter fließendem Wasser abbürsten und in Scheiben schneiden. Auf der Creme anrichten und
mit der Erdbeersauce übergießen.
Auf jede Portion eine Kugel Vanilleeis geben und mit Melisseblättchen garnieren.

ORANGENGELEE
MIT KAKI UND CASSIS-EIS

Die Säure der Orangen und der Johannisbeeren harmoniert mit der milden Kaki bestens.

Für das Gelee:
1/4 l frisch gepreßter Orangensaft
50 g Zucker, 80 ml Weißwein
3 Blatt Gelatine, 20 ml Orangenlikör
Außerdem:
2 Kakifrüchte
1/8 l Sahne, 2 TL Zucker
12 kleine Kugeln Cassis-Eis
(Eis-Portionierer Größe 40)

Den frisch ausgepreßten Orangensaft mit dem Zucker
und dem Weißwein in einer Kasserolle erhitzen und
einmal aufkochen lassen. Die in kaltem Wasser eingeweichte Gelatine ausdrücken und darin auflösen. Den
Likör zugeben und das Gelee erkalten lassen. In die
Gläser gießen und fest werden lassen. Die Kakifrüchte
schälen und das Fruchtfleisch in Stücke schneiden. Auf
dem Gelee verteilen. Die Sahne mit dem Zucker cremig
rühren und über die Früchte gießen. Erst kurz vor dem
Servieren schlagen, da sie sonst zusammenfällt. Darauf
die Eiskugeln setzen.

Eine delikate Variante: Grapefruitgelee mit Vanilleeis.
Für das Gelee werden 1/4 l frisch gepreßter Grapefruitsaft, 70 g Zucker, 80 ml Weißwein, 40 ml Campari und
3 Blatt Gelatine nach obigem Rezept zubereitet und mit
Vanilleeis serviert.

PHYSALIS-QUARKCREME
MIT KIRSCHEIS

Für die Quarkcreme:
120 g Quark (10 % Fett)
1 EL Limettensaft
40 g Zucker
20 ml Mandellikör
1 Msp. Ingwerpulver
150 g Joghurt, 1/8 l Sahne
250 g Physalis (Kap-Stachelbeere)
Außerdem:
4 Kugeln Kirscheis (Eis-Portionierer Größe 16)

Den Quark zusammen mit dem Limettensaft, dem Zukker, dem Mandellikör und dem Ingwerpulver mit einem Schneebesen schaumig rühren. Den Joghurt zugeben und unterrühren, dann erst die steifgeschlagene Sahne unterheben. Die Physalis aus der Hülle zupfen, halbieren und unter die Creme mischen, jedoch einige Früchte zum Garnieren zurückbehalten. Die Creme auf die Teller verteilen und jeweils mit einer Kugel Kirscheis krönen. Zum Schluß mit den restlichen Physalis dekorieren.

Variante: Eine ganz delikate Alternative, die mit der Quarkcreme besonders gut harmoniert, ist, die Physalis durch "Mora de Castilla" (kolumbianische Brombeeren) zu ersetzen und dazu Schokoladeneis zu servieren.

BANANEN MIT VANILLEEIS
UND GRANATAPFELSAUCE

Für die Sauce:
2 Granatäpfel, 40 g Zucker
1 EL Zitronensaft, 60 ml Rotwein
Außerdem:
1/8 l Sahne, 1 EL Zucker
Mark von 1/2 Vanillestange
4 Apfelbananen, 1 EL Butter
4 Kugeln Vanilleeis (Eis-Portionierer Größe 16)
Minzeblättchen zum Garnieren

Für die Sauce die Granatäpfel halbieren und die Kerne mit einem Löffel herauslösen. Mit dem Zucker, dem Zitronensaft und dem Rotwein 4 bis 5 Minuten kochen, dann durch ein feines Sieb passieren. Erkalten lassen. Die Sahne mit dem Zucker und dem Vanillemark cremig rühren. Die Bananen schälen und halbieren. In einer Pfanne die Butter erhitzen und die Bananen darin zuerst auf der Schnittseite goldgelb braten, wenden und auf der runden Seite 1 Minute braten. Heiß auf Tellern anrichten und je eine Eiskugel und einen Löffel von der Vanille-Sahne dazugeben, dann die Granatapfelsauce zugießen. Mit Minzeblättchen garnieren.

MANGO MIT SCHOKOLADENEIS UND HIMBEERSAUCE

*1 große Mango oder 2 kleine Mangos
(etwa 400 g Bruttogewicht)*

Für die Sauce:

200 g frische Himbeeren

40 g Zucker, 1 Msp. Zimt

Außerdem:

*4 Kugeln Schokoladeneis
(Eis-Portionierer Größe 16)*

*geschlagene Sahne und gehackte Pistazien
zum Garnieren*

Die Mango halbieren und schälen. Das Fruchtfleisch in dünne Spalten schneiden und fächerförmig auf den Tellern anrichten. Für die Sauce die Himbeeren pürieren und mit dem Zucker und dem Zimt aufkochen. Dann durch ein feines Sieb passieren und erkalten lassen. Je eine Eiskugel neben die Mangos auf die Teller setzen und etwas Sauce dazugeben. Mit einer Sahne-Rosette garnieren und diese mit gehackten Pistazien bestreuen.

Variante: Zu der Kombination von Schokoladeneis und Himbeersauce passen auch Zuckermelone, Papaya oder Pitahaya bestens.

ERDBEEREIS MIT GUAVENSAUCE

*2 reife Guaven
(etwa 300 g Bruttogewicht)*

20 ml brauner Rum, 1 TL Zitronensaft

1 Msp. Ingwerpulver

40 g Puderzucker, 100 ml Sahne

1 EL Erdbeermark oder -sauce

4 Kugeln Erdbeereis (Eis-Portionierer Größe 16)

Die Guaven - sie sollen wirklich vollreif und süß sein - längs halbieren, mit einem Löffel das Fruchtfleisch herauslösen und durch ein feines Sieb passieren, damit die Kerne zurückbleiben. Die Schalen der Guaven gut kühlen. Das Fruchtfleisch mit dem Rum, Zitronensaft, Ingwer, Zucker und der Sahne zu einer cremigen Sauce verrühren. Auf die Teller verteilen. Das Erdbeermark in eine Spritztüte füllen, kreisförmig auf die Guavensauce spritzen und mit einem Messer zu Ornamenten "verziehen". Die Eiskugeln in die gekühlten Guavenhälften geben und auf die Creme setzen.

Variante: Zu der Guavensauce paßt auch Zitroneneis hervorragend. Die Sauce wird dekorativ mit Schokoladensauce durchzogen und das Ganze mit gerösteten Mandelscheiben bestreut.

Mit einem
Löffel läßt sich aus
der reifen Annone das Fruchtfleisch
am einfachsten herausheben.

Die geschlagene Sahne mit
einem Schneebesen unter die
kalte Fruchtcreme rühren.

Soufflés,
Parfaits
und
Torten

EISTORTE MIT
SCHUPPENANNONEN

Im wirklich reifen Zustand entwickelt sie, ähnlich wie die verwandte Cherimoya, ein unvergleich-
liches Aroma. Unterstützt von der Säure
einer Limette, ist sie eine Delikatesse.

3 Eigelb, 60 g Zucker, 1/8 l Milch
200 g Fruchtfleisch von Schuppenannonen oder Cherimoyas (entspricht 2 Früchten)
Saft von 1 Limette
1/4 l Sahne, 1 EL Zucker
1 Schokoladenbiskuitboden von 20 cm Durchmesser (siehe Seite 154)
Für die Garnitur:
1/8 l Sahne, 1/2 EL Zucker
Schokolade, Streifen von Orangenschalen
Baiser-Rosetten

Die Eigelbe mit der Hälfte des Zuckers schaumig rühren. Die Milch mit dem restlichen Zucker aufkochen,
langsam unter Rühren zu den Eigelben geben und
nochmals bis kurz vor dem Siedepunkt erhitzen. Das
Fruchtfleisch der Annonen durch ein feines Sieb passieren, damit die Kerne zurückbleiben. Zusammen mit
dem Limettensaft unter die Eiercreme rühren. Die Sahne mit dem Zucker steifschlagen und unter die vollständig abgekühlte Creme rühren. Den Schokoladenbiskuitboden einmal auseinanderschneiden, mit einem entsprechend großen Tortenring umstellen und die Creme
einfüllen. Mit dem zweiten Boden abdecken und im
Tiefkühlfach oder in der Tiefkühltruhe frieren lassen. Die
Sahne mit dem Zucker steifschlagen und damit die
Torte einstreichen. Den Rand mit einem Garnierkamm
riefen. Mit einem Messer direkt vom Block Schokolade
über die Torte schaben. Darüber Streifen von Orangenschalen verteilen und mit Baiser-Rosetten garnieren.

TAMARILLO-EISPARFAIT

Basis für ein echtes Parfait ist die englische Creme, also eine Sauce mit reichlich Eigelb, die der Bayerischen Creme ähnlich ist. Der kräftige Geschmack der Tamarillos, unterstützt durch die Maracujas, garantiert ein tropisches Flair.

Für 8 bis 12 Portionen
Für das Parfait:
6 Eigelb, 200 g Zucker, 1/4 l Milch
3 Tamarillos, 1 Maracuja
1/4 l Sahne
Außerdem:
6 Lulofrüchte (Quito-Orangen)
80 g Zucker, 2 EL Wasser
Saft von 1 Limette, 1/8 l Sahne, 1 EL Zucker
Zitronenmelisse zum Garnieren

Die Zutaten sind für eine Form oder mehrere Formen von insgesamt 1,5 l Inhalt berechnet. Die Eigelbe mit der Hälfte des Zuckers schaumig rühren. Die Milch mit dem

restlichen Zucker aufkochen und mit einem Schneebesen langsam unter die Eigelbmasse rühren. Dann nochmals bis kurz vor dem Siedepunkt erhitzen. Die Tamarillos schälen, die Maracuja halbieren und das Fruchtfleisch auslösen. Beide Früchte pürieren und durch ein feines Sieb streichen, damit alle Kerne zurückbleiben. Unter die Eiercreme rühren. Die Sahne steifschlagen und unter die vollständig abgekühlte Creme rühren. In die Form füllen und im Tiefkühlfach frieren lassen. In der Zwischenzeit die Lulofrüchte schälen (Vorsicht, die Schale ist sehr hart) und in Scheiben schneiden. Zucker, Wasser und Limettensaft aufkochen und klären, dann die Fruchtscheiben einlegen. Nach 2 Minuten vom Herd nehmen und erkalten lassen. Die Sahne mit dem Zucker steifschlagen. Das Parfait in Scheiben schneiden und mit der Lulo und Sahne-Rosetten servieren. Mit der Zitronenmelisse garnieren.

ORANGEN-EISSOUFFLE

Eissoufflés sind besonders luftige Eis-Desserts, eben einem Soufflé nachempfunden. Natürlich muß man ihm nicht die Form eines Soufflés, also über den Rand der Form hinaus, geben. Die Masse kann auch in anderen Formen (zum Beispiel einer Kastenform) gefroren und dann in Stücke geschnitten werden.

Für 4 bis 6 Portionen
4 Eigelb, 125 g Zucker, 2 Blatt Gelatine
150 ml frisch gepreßter Orangensaft
20 ml Orangenlikör, 2 Eiweiß
1/8 l Sahne, 1 EL Zucker
in Streifen geschnittene Schale von 3 Orangen zum Bestreuen
Baiser-Rosetten und Kumquats zum Garnieren

Die Eigelbe mit der Hälfte des Zuckers cremig schlagen. Die eingeweichte und gut ausgedrückte Gelatine unterziehen und im Wasserbad unter ständigem Rühren erwärmen, bis die Masse so dick ist, daß sie einen Löffel

leicht überzieht. Von der Kochstelle nehmen und den durchgeseihten Orangensaft sowie den Orangenlikör unterrühren. In eine große Rührschüssel umfüllen und im Kühlschrank etwa 30 Minuten erkalten lassen, bis die Masse sirupähnlich ist. Die Eiweiße steifschlagen, dabei den restlichen Zucker nach und nach einrieseln lassen. Den Eischnee mit einem Schneebesen unter die abgekühlte Orangencreme heben. Die Sahne mit 1 EL Zucker steifschlagen und mit einem Kochlöffel sorgfältig unterziehen. Die Souffléförmchen jeweils mit einem Streifen Pergamentpapier umgeben, das mit Klebeband verschlossen wird. Die Förmchen, wie bei einem gut aufgegangenen Soufflé, über den Rand hinaus füllen. Die gedünsteten Orangenstreifen fein hacken und damit die Oberfläche bestreuen. Im Tiefkühlfach oder in der Truhe frieren (4 bis 5 Stunden), die Papiermanschette entfernen und mit halbierten Kumquats und Baiser-Rosetten garnieren.

Das Soufflé etwas über den Rand der Förmchen einfüllen, damit es nach dem Entfernen der Papiermanschette wie ein echtes gebackenes Soufflé mit der typischen Haube wirkt.

MARGARITA.
4 cl Tequila, je 2 cl Triple sec und frisch
gepreßten Limettensaft in einem Shaker
kräftig schütteln und in ein vorgekühltes,
mit einem feinen Salzrand versehenes
Glas abseihen.
Für eine Frozen Margarita werden die
Zutaten im Mixer mit crushed ice lange
gemixt, dann in ein vorgekühltes, mit einem
feinen Salzrand versehenes Glas gegossen.

Exotisch Mixen

KLASSISCHE UND MODERNE DRINKS
MIT UND OHNE ALKOHOL

Alkoholische Mixgetränke, deren unentbehrlicher Bestandteil der Saft einst exotischer Zitrusfrüchte ist, wurden durch Klassiker wie die Margarita (im Bild links) bekannt. Durch das wachsende Angebot völlig neuer exotischer Früchte sind in den letzten Jahren moderne Varianten alkoholischer Mixgetränke entstanden. Ein Beispiel hierfür ist dieser Champaya (im Bild unten); Papayas, Hauptbestandteil dieses Drinks, sind durch ihren süßen, aber dezenten Geschmack vielfältig kombinierbar, auch mit edlem Champagner wie hier.

Durch den Trend, sich gesundheitsbewußt zu ernähren und weniger Alkohol zu konsumieren, kommen Klassiker wie Milk-Shakes zu neuen Ehren. Und auch nichtalkoholische Drinks aus Früchten und Fruchtsäften werden durch immer "exotischere" Zutaten weiterentwickelt. Alle Rezeptangaben verstehen sich für jeweils eine Person.

CHAMPAYA.

Das obere Viertel von 1 Papaya zackenförmig abschneiden. Das Fruchtfleisch vorsichtig aushöhlen und von den Kernen befreien. Die Hälfte des Fruchtfleischs mit 1 cl Zuckersirup, je 0,5 cl Grenadine Sirup und frisch gepreßtem Limettensaft sowie etwas crushed ice und einem kleinen Schuß Champagner in einem Mixer kräftig durchmixen. Anschließend in die ausgehöhlte Papaya gießen und mit Champagner auffüllen. Die Papaya in eine halb mit crushed ice gefüllte Schale setzen. Mit einem Zweig frischer Minze und einer Limettenscheibe ohne Schale dekorieren und mit 2 dicken Strohhalmen servieren.

PASSION FLOWER

2 reife Purpurgranadillas (Passionsfrüchte) halbieren.
Ihr Fruchtfleisch auslösen und mit 2 Barlöffeln Erdbeer-
sirup, 5 cl kaltem Wodka und Eiswürfeln in einem Shaker
kräftig schütteln. In ein vorgekühltes Glas abseihen;
sollten dabei einige Kerne der Passionsfrüchte mit in
das Glas gelangen, sollte man sich nicht daran stören.

Ernst Lechthaler, Barchef im München Park Hilton, entwickelte die Drinks für dieses Kapitel. Bei seinen eigenen Kreationen
verfolgt er die Philosophie, ausschließlich frische Früchte
sowie frisch gepreßte Säfte zu verarbeiten (wegen
der Vitamine) und vorwiegend nur eine Sorte
Alkohol für jeden Drink zu verwenden. Dabei
ist zu beachten, daß das Aroma des Cocktails
umso intensiver ist, je reifer die Früchte sind.
Außerdem sollte frisches Obst sofort im An-
schluß an die Vorbereitung verarbeitet werden,
um sämtliche Mineralstoffe und Vitamine zu
erhalten. Bei der Verwendung von Sirup wird
empfohlen, reinen Fruchtsirup zu verwenden.

Crushed ice:

Einige Eiswürfel in ein
Geschirrtuch geben
und es an seinen Enden
zusammennehmen.

Mit einer leeren Flasche
oder der flachen Seite
eines Fleischklopfers
zerkleinern.

Die zerkleinerten Eis-
würfel, das crushed ice,
mit Hilfe eines Löffels in
eine Schüssel füllen.

Tips: Unter "Mixer" ist ein elektrischer Mixer zu
verstehen, bei dem im Becher ein starkes Messer einge-
baut ist, das Früchte und Eiswürfel schnell und fein zerkleinern kann.
Mit crushed ice servierte Drinks sollten nur mit einem
dicken Strohhalm gereicht werden, da dünne Strohhal-
me zu leicht verstopfen. Unter der Mengenangabe ganz
wenig crushed ice ist etwa 1/2 EL zu verstehen, unter
wenig etwa 1 EL, unter etwas 2 EL oder 1/2 Barschaufel
und unter crushed ice 4 EL oder 1 Barschaufel.

Fruchtig und hochprozentig

EXOTIC SURPRISE

Das Fruchtfleisch von 1/2 reifen gelben Pitahaya, 2 cl Zitronensaft, 4 cl kalten Pitù (Zuckerrohr-Branntwein aus Brasilien), 1 Prise Salz sowie je 1 cl Mandel- und Zuckersirup mit etwas crushed ice in einem Mixer gut durchmixen. In ein vorgekühltes Glas gießen und mit einer dünnen Scheibe Pitahaya (ohne Schale) dekorieren (links im Bild).

PAPAGENO

2 cl Zitronensaft, 4 cl Orangensaft, je 1 cl Zuckersirup und Grenadine, 4 cl Gin und das Fruchtfleisch von 1/4 reifen Papaya (in Stücke geschnitten) in einen Mixer geben. Zusammen mit etwas crushed ice kräftig durchmixen und in ein vorgekühltes Glas gießen (im Bild in der Mitte).

SYMPHONY

Je 4 cl Gin und frisch gepreßten Klementinensaft, je 2 cl frisch gepreßten Limettensaft und Mandarinensirup sowie 3 Spritzer Eiweiß in einem Shaker schütteln. In ein vorgekühltes Glas abseihen. Mit einem Zweig frischer Minze zwischen zwei kleinen runden Klementinenschalen dekorieren (rechts im Bild).

Vorgekühlte Gläser:

Eine Methode, Gläser vorzukühlen, ist, sie im Tiefkühlfach zu "frosten". So kann man immer einige Gläser gekühlt auf Vorrat legen.

Oder man füllt das Glas mit crushed ice auf und kühlt es so lange, bis es durchgekühlt und angelaufen ist.

Champagner exotisch variiert

EIN PRICKELNDES VERGNÜGEN FÜR BESONDERE GELEGENHEITEN

MELODY

Das Fruchtfleisch von 1/5 reifen Ogenmelone von den Kernen befreien und in Stücke schneiden. Zusammen mit 2 Barlöffeln Zuckersirup, 1 Barlöffel Bananenlikör sowie ganz wenig crushed ice in einem Mixer durchmixen. In ein vorgekühltes Glas gießen und vorsichtig mit wenig, gekühltem Champagner auffüllen (im Bild links).

ROYAL CHAMPAGNE

Die Hüllen von 10 reifen Physalis entfernen, anschließend die Früchte pürieren und durch ein Sieb passieren. Mit ganz wenig crushed ice, 2 cl Zuckersirup und einem kleinen Schuß Champagner in einem Mixer durchmixen. In ein vorgekühltes Glas gießen und mit gekühltem Champagner auffüllen (im Bild vorne).

PIÑA ROYAL

Rinde und Strunk von 1/2, etwa 1 cm dicken Scheibe einer reifen Ananas entfernen und das Fruchtfleisch in Stücke schneiden. Zusammen mit je 1 cl Zucker- und Ananassirup, ganz wenig crushed ice sowie einem kleinen Schuß Champagner in einem Mixer durchmixen. In ein vorgekühltes Glas gießen und vorsichtig mit wenig, gekühltem Champagner auffüllen (im Bild rechts hinten).

Zuckersirup, ein Basisprodukt für die Bar:

Zucker und Wasser im Verhältnis 1 : 1 in einer Kasserolle zum Kochen bringen. Rühren, damit sich der Zucker gleichmäßig auflöst.

Kocht der Sirup, nicht mehr rühren, da der Zucker sonst kristallisieren könnte. Mit Pinsel und Wasser sich am Topfrand absetzende Kristalle aufweichen und abwaschen. Etwa 1 Minute kochen.

Die Zusammensetzung von Zucker und Wasser im Verhältnis von 1 : 1 ergibt einen "Universalsirup", der ideal auf Vorrat herzustellen ist. 500 g Zucker und 1/2 l Wasser ergeben etwa 800 ml.

ERNEST'S EXOTIC

Das Fruchtfleisch von 1/4 reifen Mango in Stücke schnei-den. Zusammen mit je 1,5 cl Zitronensaft und Mango-sirup, 0,5 cl Zuckersirup und etwas crushed ice sowie einem kleinen Schuß Champagner in einem Mixer durch-mixen. In ein vorgekühltes Glas gießen und mit gekühl-tem Champagner auffüllen (im Bild links).

LYCHEE DREAM

5 reife Litchis von Schale und Kern befreien. Das Frucht-fleisch zusammen mit 1 Spritzer Zitronensaft, je 0,5 cl Zucker- und Mandelsirup, 4 cl chinesischem Litchiwein, ganz wenig crushed ice und einem kleinen Schuß Champagner in einem Mixer durchmixen. In ein vorge-kühltes Glas gießen und mit gekühltem Champagner auffüllen (in der Bildmitte).

FIGARO

1 cl Zitronensaft, 2 cl Zuckersirup und 5 Barlöffel fri-sches Feigenmus (siehe Bildfolge rechts) mit ganz wenig crushed ice und einem kleinen Schuß Champa-gner in einem Mixer durchmixen. In ein vorgekühltes Glas gießen und mit wenig, gekühltem Champagner auffüllen (im Bild rechts vorne).

Mit frischem Feigenmus zubereitet:

3 größere reife Feigen halbieren. Das Fruchtfleisch auslösen, pürieren und durch ein feines Sieb passieren. Ergibt 5 Barlöffel Feigenmus.

In einem Mixer das frische Feigenmus mit allen Zutaten, ganz wenig crushed ice und einem kleinen Schuß Cham-pagner durchmixen.

Heiß und pikant

EINE NOVITÄT: EXOTEN
"HOT AND HOT" GEMIXT

EXOTIC MARY

2 Tamarillos (Baumtomaten) halbieren, das Fruchtfleisch herauslösen, pürieren und durch ein Sieb streichen. Zusammen mit 4 cl Wodka, je 1 Prise Salz, Pfeffer und Paprika, 1 Spritzer Worcestersauce und ganz wenig crushed ice in einem Mixer kräftig mixen. In ein vorgekühltes Glas gießen und mit 1 Stange Staudensellerie dekorieren (im Bild vorne links).

HOT ROSELLA

10 cl Rosella Sirup, 2 cl Zitronensaft, 5 cl Lamb's navy Rum (40 %) mit einem Schuß heißen Wasser erhitzen, aber nicht kochen lassen, da sonst der Alkohol verdunstet. In ein hitzebeständiges Punchglas gießen und mit einer Scheibe Zitrone dekorieren (in der Bildmitte).

HOT MARACUJA PUNCH

Den Punch zubereiten, wie in der Bildfolge unten beschrieben, und noch heiß in ein hitzebeständiges Punchglas gießen (im Bild vorne rechts).

Maracuja "glühen":

2 Maracujas (gelbe Passionsfrüchte) halbieren und das Fruchtfleisch mit einem Löffel auslösen.

1/8 l trockenen Weißwein und 2 Barlöffel Bienenhonig in die Kasserolle geben.

2 cl Klementinensaft zugießen und die Mischung unter Rühren zum Kochen bringen.

Durch ein Sieb passieren, die Flüssigkeit auffangen und, wenn nötig, nochmals erhitzen. Heiß servieren.

Eiskalt und süß

TROPISCHE DRINKS
MIT KARIBISCHEM FLAIR

MARACANA

Das Fruchtfleisch von 2 Maracujas (gelben Passionsfrüchten), je 1 cl Maracuja- und Zuckersirup sowie 5 cl Gin mit Eiswürfeln in einem Shaker kräftig schütteln. In ein vorgekühltes Glas abseihen. Sollten dabei einige Kerne von der Maracuja in das Glas gelangen, sollte man sich daran nicht stören (im Bild vorne links).

EXOTIC RUM PUNCH

Das Fruchtfleisch von 1 Purpurgranadilla (Passionsfrucht) pürieren und passieren. 1 dünne Scheibe von einer reifen Ananas (etwa 1 cm dick) von Rinde und Strunk befreien und in Stücke schneiden. Beides mit 1 cl Zitronensaft, 4 cl Orangensaft, 2 cl Grenadine, je 3 cl Lamb's pale gold Rum und Myer's Rum sowie etwas crushed ice in einem Mixer kräftig durchmixen. In ein zu 1/3 mit crushed ice gefülltes Glas gießen, mit einem Zweig frischer Minze dekorieren und mit einem dicken Strohhalm servieren (in der Bildmitte).

CARIBBEAN DREAM

1 dicke Scheibe einer Baby-Ananas (etwa 4 cm dick) von Rinde und Strunk befreien und in Stücke schneiden. Mit 3 cl Kokosnußcreme, je 1 cl Sahne und Mangosirup, je 3 cl Lamb's pale gold Rum und Myer's Rum, 4 cl Orangensaft sowie etwas crushed ice in einem Mixer kräftig durchmixen. In ein zu 1/3 mit crushed ice gefülltes Glas gießen, mit einer Scheibe Baby-Ananas (ohne Rinde) sowie 2 Ananasblättern dekorieren und mit einem dicken Strohhalm servieren (im Bild ganz hinten).

CAIPIRINHA ALL'ERNESTO

1 unbehandelte reife Limette vorbereiten, wie in der Bildfolge unten beschrieben. Auf die ausgepreßten Limettenstücke 30 bis 40 g flüssigen Bienenhonig geben und so lange verrühren, bis der Honig vollständig aufgelöst ist. 6 cl kalten Pitù zugießen und das Glas bis zum Rand mit crushed ice auffüllen. Abschließend den Drink nochmals gut durchrühren und mit einem kürzeren dicken Strohhalm servieren (im Bild ganz rechts).

Limetten zerstoßen:

Die Limette mit der Hand auf der Arbeitsfläche weichdrükken und in Achtel schneiden.

Die Limettenschnitze in einen Tumbler geben und mit einem Holzmörser zerstoßen.

Erfrischend ohne Alkohol

FRÜCHTE UND FRUCHTSÄFTE PUR: DER "VITAMIN-COCKTAIL" FÜR JEDE TAGESZEIT

GRANADA

Je 2 cl Zitronen- und Orangensaft, 6 cl Grapefruitsaft und 1 cl Mandelsirup mit Eiswürfeln in einem Shaker schütteln. In ein zu 1/3 mit crushed ice gefülltes Glas abseihen. 1 cl Grenadine Sirup vorsichtig über den Drink gießen. Mit einer Scheibe Orange dekorieren und mit einem Strohhalm servieren (vordere Reihe links).

COCO BELLA

1 dünne Scheibe Ananas von Rinde und Strunk befreien und in Stücke schneiden. Mit 12 cl selbstgemachter Kokosnußmilch (siehe Seite 71), je 2 cl Kokosnußcreme und Sahne, 4 cl Klementinensaft und etwas crushed ice in einem Mixer durchmixen. Dann in ein zu 1/3 mit crushed ice gefülltes Glas gießen. Mit einem Zweig frischer Minze dekorieren und mit einem dicken Strohhalm servieren (vordere Reihe rechts).

FITNESS TIME

1/3 von einer reifen Banane, geschält und in Stücke geschnitten, 1 cl Zitronensaft, 3 cl Bananensirup, 12 cl Orangensaft und etwas crushed ice in einem Mixer kräftig durchmixen. In ein zu 1/3 mit crushed ice gefülltes Glas gießen und mit einem Schuß Sodawasser aufgießen. Mit einer Scheibe von einer Karambole (Sternfrucht) dekorieren und mit einem dicken Strohhalm servieren (hintere Reihe ganz links).

KIWI DREAM

4 Barlöffel frisches Kiwimus (entspricht etwa 1 Kiwi), 1 cl Zitronensaft, 3 cl Kokosnußcreme und 10 cl frisch gepreßten Orangensaft mit etwas crushed ice in einem Mixer kräftig durchmixen. In ein zu 1/3 mit crushed ice gefülltes Glas gießen. Mit einer Kiwischeibe (ohne Schale) dekorieren und mit einem dicken Strohhalm servieren (hintere Reihe Mitte).

TROPIC STAR

1 reife Kaki schälen, pürieren und passieren. Mit 4 cl Orangensaft, je 2 cl Mandarinensirup und frisch gepreßtem Limettensaft sowie etwas crushed ice im Mixer durchmixen. In ein vorgekühltes Glas gießen (hintere Reihe rechts).

WASSERMELONEN-MILCH-MIX

Das Fruchtfleisch von 1/8 Wassermelone (mittlere Größe) von den Kernen befreien und in Stücke schneiden. In einem Mixer mit 8 cl kalter Frischmilch, 1 cl Mandelsirup und 2 Eiswürfeln durchmixen und in ein vorgekühltes Glas gießen. Mit einem Parisienne-Stecher 2 Wassermelonen-Kugeln ausstechen und diese mit einem dicken Strohhalm durchbohren. Den Drink damit und mit einem Zweig frischer Minze dekorieren (links hinten).

MANGO-MILCH-MIX

1/4 von einer reifen Mango (von Schale und Kern befreit), 16 cl kalte Frischmilch, 2 cl Mangosirup und 1 Spritzer frisch gepreßten Limettensaft in einem Mixer mit 2 Eiswürfeln kräftig durchmixen. In ein gekühltes Glas gießen (links vorne).

GUAVEN-MILCH-MIX

1 reife Guave schälen, das Fruchtfleisch mit 12 cl kalter Frischmilch pürieren und passieren. Mit 1 cl frisch gepreßtem Limettensaft, 2 cl Zuckersirup und 2 Eiswürfeln in einem Mixer durchmixen. In ein gekühltes Glas gießen und mit einem dicken Strohhalm servieren. Mit einer Limettenscheibe dekorieren (rechts vorne).

Milk-Shakes
VERFEINERT MIT FRÜCHTEN

Mit diesen Spezial-
messern lassen sich
die Früchte leicht und
attraktiv teilen, aber es
geht natürlich auch mit
einem einfachen Mes-
ser. Ein entsprechender
Ring oder Ausstecher
sorgt für einen gleich-
mäßigen Schnitt.

Mit fruchtiger Füllung

MELONEN, ANANAS UND PAPAYAS:
DIE IDEALEN BEHÄLTNISSE FÜR EXOTISCHE
ERFRISCHUNGEN

So serviert sehen diese Erfrischungen nicht nur
schön aus, in diesen natürlichen Behältnissen bleiben sie auch ohne weitere Kühlung eine begrenzte
Zeit frisch, vorausgesetzt die Früchte wurden vorher im Kühlschrank gekühlt.

ERNST'S ANANAS DAIQUIRI

Das obere Viertel einer kleineren Ananas gerade abschneiden. Das Fruchtfleisch vorsichtig aushöhlen und
vom Strunk befreien. Etwa 30 g vom Fruchtfleisch mit
3 cl Zitronensaft, 2 cl Ananassirup, 5 cl Lamb's pale
gold Rum und etwas crushed ice im Mixer kräftig durchmixen und in die zu 1/3 mit crushed ice gefüllte Ananas
gießen. Die Frucht in eine halb mit crushed ice gefüllte
Glasschüssel setzen. Mit einem dicken Strohhalm servieren (im Bild ganz hinten).

EXPECTATION

Das obere Viertel von 1 Wassermelone zackenförmig abschneiden. Das Fruchtfleisch vorsichtig aushöhlen und von den Kernen befreien. Jeweils etwa
20 g Fruchtfleisch mit 2 cl Zitronensaft, 1 cl Mandelsirup, 4 cl Grapefruitsaft sowie 4 cl Aperol im Mixer
mit ganz wenig crushed ice durchmixen und in die
ausgehöhlte Wassermelone gießen. Mit Pfefferminze
garnieren. Vor dem Servieren kurz umrühren und mit
einem Schöpfer in vorgekühlte Gläser füllen (im Bild
zweite von hinten).

CHAMPAGNER-PAPAYA

Ideal sind Früchte von etwa 1,5 kg Gewicht, denn diese
Menge ergibt jeweils etwa 4 Portionen. Wenn das Fas-
sungsvermögen der Papaya nicht ausreichen sollte,
kann ein Drink auch im Glas serviert werden. Die Kappe
von 1 Papaya mit einem Zackenmesser abschneiden
und mit einem Löffel die Kerne entfernen. Etwa die
Hälfte des Fruchtfleischs mit einem Löffel herausschaben und zusammen mit je 4 cl frischem Limettensaft,
Zuckersirup und Orangenlikör im Mixer pürieren. Die
Papaya zu 1/3 mit crushed ice füllen und mit dem
Fruchtpüree übergießen. Mit trockenem Champagner
auffüllen (im Bild zweite von rechts).

PINEAPPLE-MELON

Diese süße Variante einer Wassermelone schmeckt in
dieser Kombination besonders gut. Von 1 Ananasmelone (etwa 1,5 kg Gewicht oder 2 entsprechend kleinere
Früchte) die Kappe abschneiden und das Fruchtfleisch
in Form von Kugeln ausstechen. 2/3 des Melonen-
Fruchtfleischs mit 250 g frischem Ananas-Fruchtfleisch
im Mixer pürieren. 4 cl Zitronensaft, 4 cl Zuckersirup,
2 cl Mandelsirup und 6 cl braunen Rum zugeben,
nochmals schaumig aufmixen und in die zu 1/3 mit
crushed ice gefüllte Frucht gießen. Mit den zurückbehaltenen Melonenkugeln garnieren und mit einem
Strohhalm servieren (im Bild unten).

Energiegehalte und Inhaltsstoffe

in 100 g eßbarem Anteil

Fruchtart	kJ	kcal	Wasser (g)	Eiweiß (g)	Fett (g)	Kohlen-hydrate (g)	Mineral-stoffe (g)	Carotin (µg)	Vitamin B1 (µg)	Vitamin B2 (µg)	Nicotin-amid (µg)	Vitamin C (mg)
Acerola	96	23	89,2	0,2	0,2	5,0	0,5	170	20	75	410	1700
Aki	923	218	69,2	5,0	20	4,6	1,2	560	130	140	1400	25
Ananas	236	56	85,3	0,5	0,2	12,3	0,4	60	80	30	220	19
Avocado	958	227	68,0	1,9	23,5	1,9	1,4	70	80	150	1000	13
Banane	383	90	73,9	1,2	0,2	20,4	0,8	230	45	55	650	12
Brotfrucht	323	76	72,0	1,5	0,3	16,8	0,9	20	100	40	1000	20
Cashew-Apfel	253	60	85,6	1,0	0,7	12,3	0,4	760	30	20-200	220	250
Cherimoya	265	62	74,1	1,5	0,3	13,4	0,8	-	90	110	1100	14
Durian	-	-	61,5	2,7	1,8	-	1,1	-	450	350	1200	40
Feige	262	62	80,2	1,3	0,5	13,0	0,7	50	46	50	420	3
Granatapfel	314	75	82,5	0,7	0,6	16,7	0,7	40	50	20	300	7
Grapefruit	164	38	89,0	0,6	0,2	7,4	0,4	15	50	25	240	45
Guave	144	34	81,0	0,9	0,5	5,8	0,7	220	30	40	1000	275
Jaboticaba	312	73	83,5	0,5	1,8	13,8	0,4	-	10	20	300	17
Jackfrucht	286	67	73,1	1,1	0,5	14,6	1,0	235	30	110	600	9
Jujube	-	-	73,5	1,4	0,3	-	0,7	10	30	40	800	60
Kaki	294	69	81,0	0,6	0,3	16,0	0,7	-	25	30	230	16
Kaktusfeige	154	36	86,4	1,0	0,4	7,1	0,3	40	18	30	380	25
Karambole	99	23	91,2	1,2	0,5	3,5	0,4	90	50	30	400	35
Kiwi	195	46	83,8	1,0	0,6	8,0	0,7	370	17	50	410	70
Kokosnuß	1535	363	44,8	3,9	36,5	4,8	1,2	-	60	8	380	2
Kumquat	270	64	83,9	0,7	0,3	14,5	0,6	210	85	80	500	40
Limone	132	31	91,0	0,5	2,4	1,9	0,2	10	28	20	170	45
Litchi	316	74	81,2	0,9	0,3	16,8	0,5	-	50	50	530	40
Longan	316	74	81,5	1,0	0,8	15,8	0,9	-	30	140	300	55
Loquat	214	51	87,0	0,55	0,2	11,8	0,5	800	20	30	200	4
Lulo	190	45	88,5	1,0	0,2	9,7	0,6	130	60	40	1500	65
Mameyapfel	233	55	86,5	0,5	0,4	12,3	0,3	120	20	40	400	14
Mandarine	195	46	86,7	0,7	0,3	10,1	0,7	340	60	30	200	30
Mango	239	56	82,0	0,6	0,3	12,5	0,5	3000	45	50	700	40
Mangostane	327	77	81,3	0,6	0,6	17,3	0,2	-	500	15	40-600	3
Orange	178	43	85,70	1,0	0,2	9,19	0,48	90	79	42	300	50
Papaya	52	12	87,9	0,5	0,1	2,3	0,6	560	30	40	300	80
Passionsfrucht	280	67	75,80	2,40	0,4	13,44	0,90	-	20	100	2100	24
Physalis	303	73	82,5	2,3	1,1	13,3	0,8	900	60	40	2000	28
Rambutan	301	71	82,0	1,0	0,1	16,5	0,4	-	10	60	400	55
Rosenapfel	137	32	85,0	0,6	0,3	6,8	0,4	100	20	30	800	20
Sapodilla	291	69	77,7	0,5	0,9	14,6	0,5	40	20	20	200	12
Sapote	398	94	67,6	1,4	0,5	20,9	0,9	60	40	20	2000	25
Tamarillo	235	56	86,0	1,7	0,8	10,6	0,9	1300	80	40	1100	24
Tamarinde	-	-	38,7	2,3	0,2	-	2,1	10	300	80	1000	3
Wassermelone	149	35	93,2	0,6	0,2	7,7	0,4	200	45	50	150	6
Zitrone	153	36	90,2	0,7	0,6	3,2	0,5	15	50	20	170	55
Zuckermelone	231	54	87,0	0,9	0,1	12,4	0,4	1750	60	20	600	30

Quellen: Souci, Fachmann, Kraut 1987 und 1989/90.

Exoten-Lexikon

Dieses Register enthält alle umgangssprachlichen Namen in Deutsch, Englisch und Französisch sowie (*in kursiv*) alle wissenschaftlichen Namen, die im warenkundlichen Teil dieses Buches erwähnt werden. Die fettgedruckten Seitenziffern beziehen sich auf die Abbildungen.

REGISTER

Küchenpraxis und Rezepte

Literaturverzeichnis

Bauckmann, M.: Kiwi. Stuttgart 1987.

Brücher, H.: Tropische Nutzpflanzen. Ursprung, Evolution und Domestikation. Berlin 1977.

Byrd, Graf A.: Tropica. Color Cyclopedia of Exotic Plants and Trees. Second edition, East Rutherford/N.J.

Dassler, E.: Warenkunde für den Fruchthandel. Südfrüchte, Obst und Gemüse nach Herkünften und Sorten. Berlin, Hamburg 1969.

Der kleine Souci-Fachmann-Kraut. Lebensmitteltabelle für die Praxis, hrsg. von der Deutschen Forschungsanstalt für Lebensmittelchemie, bearb. von Senser, F. und Scherz, H. Stuttgart 1987.

Encke, F., Buchheim, G. und Seybold, S.: Zander. Handwörterbuch der Pflanzennamen. 13. Aufl., Stuttgart 1984.

Esdorn, I. & Pirson, H.: Die Nutzpflanzen der Tropen und Subtropen in der Weltwirtschaft. 2. Aufl., Stuttgart 1973.

Foong, C.H. und Yong, H.-S.: Malaysian Fruits in Colour. Kuala Lumpur/Malaysia 1987.

Franke, W.: Nutzpflanzenkunde. 4. Aufl., Stuttgart 1989.

Gomes, P.: Fruticultura Brasileira. Sao Paolo 1983.

Gysin, H.-R.: Tropenfrüchte. Aarau, Stuttgart 1984.

Hoyos Fernandez, J.: Frutales en Venezuela, Sociedad de Ciencias Naturales, la Salle, Monografia No. 36. Caracas/Venezuela 1989.

Indian Council of Agricultural Research: The Mango - A Handbook. New Delhi 1967.

Kranz, B.: Das große Buch der Früchte. München 1981.

Liebster, G.: Warenkunde Obst & Gemüse, Band 1 Obst. München 1988.

Lötschert, W. und Beese, G.: BLV Bestimmungsbuch Pflanzen der Tropen. München.

MacMillan, H.F.: Tropical Planting and Gardening. 5. Aufl., New York 1962.

Mansfeld, R.: Verzeichnis landwirtschaftlicher und gärtnerischer Kulturpflanzen, Bde. 1 bis 4, hrsg. von Schultze-Motel, J. Berlin 1986.

Manualia Nicolai, Gruppe Ernährung: Lexikon der tropischen, subtropischen und mediterranen Nahrungs- und Genußmittel, hrsg. von Schenk, E.-G. und Naundorf, G. Herford 1966.

Nagy, St.: Tropical and Subtropical Fruits. Westport/Connecticut.

National Academy of Sciences: Underexploited Tropical Plants with Promising Economic Value. Washington 1975.

Page, P.E.: Tropical Tree Fruits for Australia, Queensland Department of Primary Industries. Brisbane 1984.

Pijpers, D., Constant, J.G. und Jansen, K.: Fruit uit alle windstreken. Een kleurrijke, smaakvolle gids met aanwijzingen voor het gebruik van ruim 400 soorten en rassen. Amsterdam 1985.

Purseglove, J.W.: Tropical Crops. Monocotyledons & Dicotyledons, Vol. 1 und 2. London 1968.

Ray, R. und Walheim, L.: Citrus. How to Select, Grow and Enjoy. Tuscon/Arizona 1980.

Rehm, S. (Hrsg.): Handbuch der Landwirtschaft und Ernährung in den Entwicklungsländern. Band 4 Spezieller Pflanzenbau in den Tropen und Subtropen. 2. Aufl., Stuttgart 1989.

Rehm, S. und Espig, G.: Die Kulturpflanzen der Tropen und Subtropen. Anbau, wirtschaftliche Bedeutung, Verwertung. Stuttgart 1976 und 2. Aufl., Stuttgart 1984.

Samson, J.A.: Tropical Fruits. London 1980.

Sarmiento Gómez, E.: Frutas en Colombia. Ediciones Cultural Colombiana Ltda. Bogota/Colombia 1986.

Singh, R.: Fruits. New Delhi 1969.

Souci-Fachmann-Kraut. Die Zusammensetzung der Lebensmittel Nährwert-Tabellen 1989/90, hrsg. von der Deutschen Forschungsanstalt für Lebensmittelchemie, bearb. von Scherz, H. und Senser, F. 4. revidierte und ergänzte Auflage. Stuttgart 1989.

Stoll, K. und Gremminger, U.: Besondere Obstarten. Vom Reichtum seltener, südländischer und wildwachsender Früchte. Stuttgart 1986.

Sturrock, D.: Fruits for Southern Florida. Stuart/Florida 1980.

Bildnachweis

Zeichnung Vorsatz und Seite 215: Peter Schimmel; 1 Foto Seite 15: Freshcon, Hamburg; 3 Fotos Seite 18: Dr. Magda Bauckmann; 1 Foto Seite 19: Kranz; 1 Foto Seite 22, 5 Fotos Seite 23, 2 Fotos Seite 49, 1 Foto Seite 53, 1 Foto Seite 91, 1 Foto Seite 92, 2 Fotos Seite 98: Hans-Georg Levin; 1 Foto Seite 26, 4 Fotos Seite 64, 1 Foto Seite 68, 1 Foto Seite 94, 1 Foto Seite 102: Gerhard Bumann; 1 Foto Seite 30: Bernd Lischke; 2 Fotos Seite 63, 2 Fotos Seite 76, 2 Fotos Seite 83: Hans-Rudolf Gysin; 1 Foto Seite 65: Andreas Bärtels; 7 Fotos Seite 66, Reproduktion aus der Dattelbroschüre von Carmel: AGREXCO; 1 Foto Seite 66: Komplettbüro; 1 Foto Seite 68, Reproduktion aus "The Romance of a palm: Coco de mer": Philippe Perdereau; 2 Fotos Seite 78: Adolf Müller; 1 Foto Seite 80; Werner Grandjot; 1 Foto Seite 87, 2 Fotos Seite 100: Ulla Mayer-Raichle; 1 Foto Seite 92: Dr. Reiner Schulze van Loon; 1 Foto Seite 93, Reproduktion aus "Citrus. How to Select, Grow and Enjoy", Ray/Walheim; 1 Foto Seite 96, 1 Foto Seite 99, 1 Foto Seite 101: Friedrich Strauß.

Wir danken

allen, die durch ihre Beratung, Hilfe und tatkräftige Unterstützung zum Gelingen dieses Buchs beigetragen haben, insbesondere: AGREXCO, Büro Frankfurt; Caribbean Exotics, Camilo Peñalosa Londoño, Medellin/Kolumbien; Citrus Marketing Board of Israel, Frau Wagner, Hamburg; Consulado-Geral do Brasil, Brasilianisches Generalkonsulat, Silas Leite da Silva, München; Cyprus Embassy Trade Centre, A.D. Antoniades, Köln; Fruchthof Bremen, Erwin Stier; Firma Pascchual Hermanos, Zitrus-Export-Firma, Herr Valls, Valencia/Spanien; Ing.agr. Martin Hürner, Seltisberg/Schweiz; I.C.E. München, Frau Zels; Internationale Frucht-Import-Gesellschaft Weichert & Co., Herr Heuer, Hamburg; Firma J.A. Kahl, Herr Böckler, München; Komplettbüro, Agentur für Kommunikation GmbH, Frau Kroemer; Franz Lantenhammer, München; Bernd Lischke, Buhlenberg; Herrn Mull, Agrar Consult GmbH; Niederbayerische Lehr- und Versuchswirtschaft für Obstbau, Adolf Müller, Deutenkofen; Obstbauinstitut der FH und TU Weihenstephan, Herr Schimmelpfeng, Freising; Emeritus Professor Henry Y. Nakasone, Honolulu/Hawaii; The Outspan Organisation, Herr Meyer-Ort und Frau Christiane Johanssen, Hamburg; Philippine Mango Exporters Foundation, Angelita Madulid, Manila; Proexpo Bogota, Mario H. Correa Jimenez; Proexpo Hamburg, Jorge Riaño; Südafrikanische Botschaft, Herr Müller, München; Friedrich Strauß, Dipl. Gartenbauingenieur, Au/Hallertau; Türkisches Generalkonsulat, Wirtschafts- und Handelsrat, München; Versuchszentrum Laimburg, Klaus Platter, Tramin/Südtirol; Yim Chee Peng, Culinary Studios Pte. Ltd., Singapore; Zimpelmann, Fruchtimport, Großmarkt, München; Zitrus-Export-Komitee, Frau Siguant, Frankfurt.

Copyright	© 1990 by Teubner Edition Postfach 1440 • D-8958 Füssen
Produktbeschaffung	Stephanie Kircher
Fotos	Christian Teubner, Dorothee Gödert, Kerstin Mosny
Rezeptentwicklung	Christine Reuhland, Walburga Streif
Redaktion	Martina Kittler, Hildrun Lachmann (Lexikon und Warenkunde) Sabine B. Seitz (Küchenpraxis)
Layout/Desk Top Publishing	Birgit Braun (Lexikon und Warenkunde) Susanne Mühldorfer (Küchenpraxis)
Herstellung	Birgit Braun
Reproduktion der Farbbilder	PHG-Lithos GmbH, Martinsried
Druck	J. Fink, Ostfildern
Alleinauslieferung für den gesamten Buch- und Fachhandel	Gräfe und Unzer GmbH Isabellastraße 32 • D-8000 München 40

ISBN 3-7742-1839-0